법학입문

Introduction to Law

한국외국어대학교 명예교수
(주)KSS해 운 상근감사

법학박사 **이균성** 저

육법사

머 리 말

이 책은 법학을 전공할 학생들이나 법에 대해 알고 싶어 하는 독자들을 위해, 그리고 어느 누구라도 읽기 편하고 이해하기 쉽게 쓰고자 노력하였다.

어느 분야든지 기초를 든든히 하고, 그 위에 더 노력해서 전공의 길로 나가거나 그 기초지식을 활용하여 더욱 발전하려면, 첫 걸음을 잘 내디뎌야 한다. 더욱이 법학은 다른 어떤 학문보다도 많은 부문으로 분화하여 제각기 이론적 체계가 잘 정립되어 있으며, 그 각 부문은 서로 긴밀하게 연관이 되어 있다.

따라서 법학공부에는 어떤 부문으로 접근해 나가고자 해도, 공통적으로 요구되는 지식체계의 터득과 그 심화・응용에 적합한 법적 사고력(소위 legal mind)을 갖추도록 해야 한다.

이 책은 독자들이 법학공부의 기본자세를 가다듬어가는 데 지름길로 이끌 친근한 길잡이 구실을 하고 단단한 디딤돌이 될 수 있을 것이라고 믿고 또한 기대한다. 독자 여러분은 이 책을 늘 가까이 두고 좋은 친구로 삼아 끈기 있게 읽으면서 자신의 것으로 삼기 위해 기초적인 개념과 요점을 꼭 서브노트 하여 암기할 것을 당부한다. 영국 철학자 베이컨이 독서는 완성된 사람을 만들고 필기는 정확한 사람을 만든다고 한 말이 적어도 독자 여러분을 통해 실현될 것을 기원한다.

이 책은 지난 20여 년간 대학과 여러 기관에서 법의 이해와 법학의 기초에 관한 강의를 하면서 끊임없이 보완해 온 교안을 필자가 봉직하고 있는 회사((주) KSS해운)에서 사내 학습용으로 사용하기 위하여 대폭 부연하고 정리해 만든 책자를 다시 손질하고 다듬은 것이다. 이렇게 책이 되어 나올 때까지 도와준 여러 제자들에게 고마움의 뜻을 마음에 새기고자 한다.

또한 필자의 대학원 시절부터 근 40년 동안 든든한 지음(知音) 지기로 법학공부를 돌보아 온 육법사 백 욱 사장의 호의로 세상물정 모르는 필자의 갖가지 귀찮고 까다로운 주문사항을 마다않고 용납하면서 이만큼 곱게 꾸민 책을 펴내주신 데 대해 백 사장께 재삼재사 사의를 표한다.

2009년 2월 1일

저자 이 균 성

차 례

법학입문

제 1 부 법의 이해

제 1 장 법과 법이해체계

제 2 장 권리의무의 의의

제 3 장 권리의무의 주체

제 4 장 권리의무의 변동

제 5 장 권리의무의 실현

제 2 부 법학의 기초

제 1 절 법의 의의

제 2 절 법의 목적

제 3 절 법의 분류

제 4 절 법의 연원

제 5 절 법의 효력

제 6 절 법의 적용

제 7 절 법의 발전

제 1 부 법의 이해

제 1 장 법과 법이해체계

Ⅰ. 법의 의의

1. 법의 목적

사람은 다른 사람들과 함께 모여 사회를 이루어 살아간다. 사회에서는 다같이 자유롭고 공평하게 살면서 행복을 누리고 번영하고자 하는 것이 누구에게나 바람이고 그러는 것이 보람이다. 그러자면 사람들의 행동이나 삶의 과정에 질서가 있어야 한다.

그러나 사람들이 사회 속에서 서로 접촉하면서 살아나가자면 좋은 일만 있는 것이 아니다. 서로 자기의 주의·주장만 내세우고 자기중심으로 살아갈려고만 한다면 혼란과 다툼이 그치지 않을 것이다. 이러한 혼란을 없애고 다툼을 해결하여 화평스럽고 질서를 유지함으로써 잘 살 수 있도록 하기 위해서는, 사람들이 해야 하고 해서는 안 될 도리를 지키며 살도록 해야 될 것이다. 이러한 해야 할 것과 하지 말아야 할 도리의 기준이 규칙(規則) 또는 규율(規律)이다.

이 규칙은 사회생활을 하는 모든 사람이 만족할만한 것이 아니면 사회의 평안과 질서는 유지되지 않고 사람들은 행복하게 살지 못할 것이다. 따라서 규칙은 어느 누구 편에도 치우치지 않고 모두가 받아들일 수 있는 것이어야 한다.

이와 같은 규칙, 곧 이른바 보편적 타당성(普遍的妥當性)이 있는 규칙을 사회규범(社會規範) 또는 그냥 규범(規範)이라고 한다.

2. 법과 사회규범

사회규범에는 여러 가지가 있을 수 있는데, 그 대표적인 것이 관습, 법, 도덕, 종교이다. 원시공동사회에서는 이들이 구별되지 않고 서로 뒤섞여 있었는데, 그것을 원시규범(原始規範) 또는 습속(習俗)이라고 한다.

이들이 서로 명확히 구분되고 있는 것은 아니지만, 대체로 관습(慣習)은 사람들이 오랫동안 반복해서 살아가는 중에 자연스럽게 규칙으로 받아들여지게 된 것을 가리킨다. 법(法)은 인위적인 규범으로, 경찰이나 법원과 같은 조직화한 사회인 국가의 공권력(公權力)에 의해 그 준수가 뒷받침되고 있는 것을 말한다.

법(法)이라는 규범을 강제적으로 실시하여 질서를 유지해 나가는 정치적으로 조직화한 사회를 국가라고 한다. 국가(國家)가 있으면 법이 있기 마련이고, 국가는 주로 법에 의해 질서가 유지되고 지탱되어 가는 것이다. 이 의미에서, 국가는 「법질서 단체(法秩序團體)」라고도 말할 수 있다.

그 밖에, 도덕(道德)은 각자의 양심에 따른 선(善)을 목적으로 한 삶을 사는 데 필요한 행실의 기준을 가리킨다. 그리고 종교(宗敎)는 절대자에게 귀의(歸依)하게 된 신앙인이 순복하여야 할 절대자의 명령과 가르침이라고 할 수 있다.

인간사회는 이들 규범들이 각기 적절히 기능을 분담하여 작용하고 조화를 이룸으로써 사회질서의 유지로 인간의 행복·화평을 가져올 수 있는 것이다.

규범(規範) 중에서, 법은 발현형태가 여러 가지이고, 또 각기 그 기능과 성질을 서로 달리하는 많은 종류가 있다. 그 중에서도 특히 법을 그것이 규율하는 생활관계의 실체 또는 내용이 무엇인가를 표준으로 삼아 구분하면, 크게 공법과 사법으로 분류할 수 있다.

「공법(公法)」이란 사람들이 국민 또는 공민으로서, 즉 국가나 지방자치단체 기타 공공단체의 일원으로서 또는 이들과의 관계에서 살아가는 생활관계를 규율하는 법을 가리킨다.

「사법(私法)」은 가족을 이루고 의식주(衣食住) 문제에 대해 일반시민 또는 사인(私人)으로서 꾸려나가는 생활관계를 규율하는 법을 말한다.

헌법·행정법·형법·민사소송법·형사소송법 등이 공법에 속하고, 민법(民法)·상법(商法)·어음법·수표법 등은 사법에 속한다.

노동법(勞動法), 사회보장법(社會保障法), 독점규제법·각종 사업법 등의 경제법(經濟法)은 공법과 사법의 두 가지 성질을 함께 가진 중간 영역의 법인데, 널리 「사회법(社會法)」으로 불리우고 있다.

Ⅱ. 사법의 구조

1. 가족법과 재산법

근대법의 중심적 지위를 차지하고 있는 사법(私法)은 사람의 사생활관계 중에서 어떤 부문을 규율하는가에 따라, 크게 두 가지의 법 분야, 즉 가족법과 재산법으로 나누어지고 있다.

「가족법(家族法)」은 사람이 가족을 이루고 살아가면서 겪게 되는 생활관계를 규율하는 법이다. 과거에는 신분법(身分法)이라고 하였다. 신분은 쉽게 벗어날 수 없는 일정한 사회적인 지위를 가리킨다. 가족관계, 특히 부모자녀·형제자매 등의 관계는 한 번 맺어지면 다른 어떤 관계보다 벗어나기가 힘든 관계라고 하여 그렇게 불렀던 것이다. 그러나 신분이라고 하면 비민주적인 봉건제도 아래서의 계급사회(階級社會)를 연상하게 된다. 그래서 근래에 와서는 신분법이라는 말은 잘 사용되지 않고 알기 쉽게 「가족법」이라고 부른다.

아무튼, 가족법은 크게 친족법과 상속법으로 구분된다.

「친족법(親族法)」은 혼인(婚姻)과 그것에 이은 친자관계(親子關係)의 경우와 같이, 가족들이 이 세상에서 살고 있는 동안의 가족들 간의 연결관계 또는 수평적(水平的)인 연락관계를 규율하는 법이다.

「상속법(相續法)」은 가족의 일원이 세상을 떠난 경우 그 사람이 남긴 재산을 남은 다른 가족이 이어받는 수직적(垂直的)인 연락관계를 규율하는 법이다.

이러한 가족법은 민법의 중요한 부문이 되고 있는데, 우리나라 민법 제4편 친족법(제767조~제995조)과 제5편 상속편(제997조~제1118조)의 규정이 기본적인 「법원(法源－*법의 존재형식 또는 인식자료)」이 되어 있다.

「재산법(財産法)」은 사람의 사적(私的)인 경제생활관계를 규율하는 법이다. 가족생활관계를 규율하는 법을 가족법이라고 한다면, 경제생활에 관한 법이면 「경제법」이라고 불러야 하지 않을까 하는 의문이 있을 수 있다. 그런데 사람이 경제생활을 해 나가는 데에는 경제적 욕망을 충족시켜 주는 유형·무형의 재화(財貨)가 필요하다.

이러한 재화를 통틀어 추상적으로 「재산(財産)」이라고 부른다. 이러한 재산을 획득하고 소유하고 이를 유통시키고 분배하는 것 등이 경제생활관계를 규율하는 법의 내용이다. 그렇기 때문에, 사람의 경제생활관계를 규율하는 법을 경제법이라고 하지 않고 「재산법」이라고 관용(慣用)하고 있는 것이다. 한편, 독점규제법 등 「경제법(經濟法)」은 공법과 사법의 중간적 성질의 독립한 법부문으로 존립하고 있는 점에 유의할 필요가 있다.

2. 재산법의 체계

재산법은 이른바 사경제(私經濟)의 주체인 가계(家計)나 기업(企業) 모두에 대하여 적용되는 일반법(一般法)과 기업(企業)에 특유한 경제생활관계만 규율하는 특별법(特別法)으로 대별된다.

전자 곧 일반법인 재산법은 가족법과 함께 일반사법(一般私法)인 「민법(民法)」에 속하고, 후자 곧 특별법으로서의 재산법은 특별사법(特別私法)의 중요 분야인 「상법(商法)」인 것이다.

그 밖에, 경제생활관계에 관련된 무형(無形)의 권리 또는 재산권을 종이에 기재하여 유형화한 유가증권(有價證券)에 관한 법규 곧 「유가증권법(有價證券法)」도 재산법의 일종이라고 할 수 있다.

이상과 같은 사법(私法), 특히 재산법(財産法)은 사람의 사생활관계의 질서를 유지할 것을 목적(目的)으로 하고, 이 목적 달성을 위해 여러 종류의 법규, 즉 「성문법(成文法)」과 「불문법(不文法－*관습법 · 조리법 또는 판례법)」으로 존재하고 있다.

이러한 사법을 이루고 있는 다종다양한 법원(法源) 내지 법규 또는 이러한 법원이나 법규에서 규율하고 있는 생활관계 곧 법률관계(法律關係)는, 그 내용을 분석하면 사회의 구성분자 간의 권리의무관계(權利義務關係)가 기초가 되어 있다는 것을 알 수 있다. 따라서 사법, 나아가 널리 법 또는 법률에 관한 체계적인 공부는 권리의무(權利義務)에서부터 출발할 필요가 있는 것이다.

3. 권리의무 중심의 법체계 이해

권리의무(權利義務)를 중심으로 하는 실정법상의 법규(法規)의 내용은, ①

권리와 의무가 무엇이며 어떤 종류가 있고 각종의 권리·의무는 어떻게 구분되는가 하는 「권리의무의 의의(意義) 및 분류(分類)」, ② 누가 권리를 취득하고 의무를 부담하게 되는가 하는 「권리의무의 주체(主體)」, ③ 권리의무는 어떻게 전개되고 어떤 원인이 있어야 또는 어떻게 하여야 그것을 취득하고 부담할 수 있는가 하는 「권리의무의 변동(變動)과 그 원인 곧 법률요건(法律要件)」, ④ 권리의무는 어떻게 그 내용이 구체화되는가 하는 「권리의무의 실현(實現)」 등으로 나누어 파악할 수 있다.

이 중에서, ②의 권리의무의 주체(主體) 및 ③의 권리의무관계의 변동과 그 원인 곧 법률요건(法律要件)에 관한 문제는 전체적인 법체계상으로 2대 지주(支柱)의 지위를 차지하고 있다. 특히, ③의 법률요건은 법률을 전공하지 않은 사람에게 가장 생소한 것일 수 있다. 먼저의 권리·의무의 의의 내지 그 구분에 관한 ①의 문제는 ②·③의 문제에 대한 토대를 이루는 것이다.

그리고 ④의 문제는 권리의 행사 또는 의무의 이행으로 권리의무가 목적을 달성하게 되는 것을 가리킨다. 권리의무의 실현(實現)이 여의치 않거나 의무의 불이행이 있는 경우에는, 당사자 간의 분쟁(紛爭)으로 이어진다. 이를 해결하기 위해 소송 내지 강제집행 등을 포함한 여러 가지 수단 내지 절차가 인정된다. 또한 분쟁이 발생한 경우 당사자가 자기 측에 유리한 지위를 확보하기 위해 사전에 인적·물적 담보제도를 이용하는 방법 등도 인정된다.

이상과 같은 권리의무(權利義務) 중심의 법체계의 실체는 근대법제의 확립 이래 민법(民法) 등 실정법(實定法) 속에 스며들어 있다. 특히, 근대법 체계의 2대 지주인 위 ②·③의 문제는 「만법(萬法) 중의 기본법」이라고 할 수 있는 민법의 총칙(總則)에서 구체적으로 드러나고 있다. 여기서의 법리(法理)를 바탕으로 민상법(民商法)은 물론, 나아가 행정법·소송법 등 각 부문의 법제가 전개되고 있는 것이다.

본서는 이제부터 권리의무 중심의 법체계에 따른 서술로써, 법에 관한 이해를 제대로 충실히 하고 법학의 이론적 기초를 단단히 다지는 데 지름길로 이끌 길잡이와 디딤돌의 구실을 하고자 하는 것이다.

Ⅲ. 사법의 기본원칙

1. 권리능력 평등의 원칙

오늘날의 법은 개인의 자유와 평등을 이상으로 하여 그 체제를 확립하고 있으며, 특히 그 체계가 권리(權利)를 본위로 구성되어 있는 근대사법(近代私法)은 다음과 같은 기본원칙이 구체화되고 있다.

먼저, 「권리능력 평등(權利能力平等)의 원칙」으로, 모든 자연인(自然人) 곧 개인(個人)은 국적·신분·직업·성별·연령 등에 의한 차별이 없이 똑같이 권리의무의 주체가 될 자격이 있다. 사법의 기본법인 민법(民法)이 신분(身分)을 초월하여 모든 국민에게 공통적으로 적용되고 있는 것은 당연히 이 원칙을 전제로 한다.

2. 재산권 존중의 원칙

사람은 외계(外界)의 재물(財物)을 이용하지 않으면 의식주(衣食住) 등의 기초적인 경제생활을 꾸려나갈 수 없다. 따라서 사람이 재물을 통하여 누리는 경제적 이익을 존중하고, 아울러 법률적으로도 보호해야만 한다. 이러한 경제적 이익이 「재산권(財産權)」으로서 법률에 의해 보장된다. 이것이 「재산권 존중(財産權尊重)의 원칙」 또는 「사유재산제도(私有財産制度)」이다.

재산권 존중의 원칙 또는 사유재산제도는, 사람의 원초적(原初的)인 욕망을 기초로 하고 또한 모든 재산권 중에서도 가장 기본이 되는 소유권(所有權)에 초점을 맞추어 파악하면 「소유권 절대(所有權絶對)의 원칙」으로 나타난다. 이는 아무런 인위적인 구속을 받지 않고 재화에 대한 완전하고 원만한 지배가 보장되는 근대적 소유권을 의미하고, 「소유권의 자유(自由)」라고도 한다.

3. 사적자치의 원칙

사유재산제도가 그 이상(理想)을 충분히 실현하기 위해서는, 단순히 개인의 재산권이 법률적으로 보장되고 다른 사람의 침해로부터 보호된다는 정적(靜

的)인 면에서뿐만 아니라 재산권(財産權)의 변동(變動)의 면에서도 그 자유가 보장되어야 한다.

따라서 현재의 사법(私法)에서는, 사인(私人) 상호간의 재산권의 변동에 관한 법률관계에 관하여, 행위자가 의욕(意慾)하는 바에 따라 자율적으로 이를 결정하여야 한다는 요청을 좇아 「사적자치(私的自治)의 원칙」 또는 「개인의사자치(個人意思自治)의 원칙」이 인정된다. 이는 의사표시를 요소로 하는 법률행위의 면에서 「법률행위 자유(法律行爲自由)의 원칙」으로, 나아가 법률행위 중에서 가장 중요한 계약의 면에서는 「계약자유(契約自由)의 원칙」으로 발현되고 있는 것이다.

4. 과실책임의 원칙

「과실책임(過失責任)의 원칙」은, 계약 위반 내지 채무의 불이행 또는 불법행위(不法行爲) 등의 위법(違法)한 행위로 다른 사람에게 손해(損害)를 끼치더라도 행위자에게 귀책사유, 즉 고의(故意) 또는 과실(過失)이 없으면 그 손해를 배상할 책임이 없다는 원칙을 가리킨다.

사람이 사적자치의 원칙 아래 각자 자유경쟁으로 창의(創意)를 발휘하여 사회생활관계를 처리하도록 함으로써, 당사자의 이익뿐 아니라 사회 전체의 번영을 가져오도록 하는 것이 바람직한 일이다.

그러한 활동 과정에 다른 사람에게 손해를 끼치는 일이 있을 수 있다. 이에 법이 일일이 간섭하여 그 손해를 배상하도록 한다면 개인의 자유로운 활동은 위축되고, 나아가 사회의 발전을 저해하게 된다. 따라서 행위자(行爲者)에게 고의 또는 과실이 있는 경우에만 피해자의 손해를 배상하게 하는 것이 바람직하다는 취지에서, 이 과실책임(過失責任)의 원칙이 인정되는 것이다.

이 과실책임의 원칙은, 앞에 나온 사적자치(私的自治)의 원칙이 개인의 의사에 의한 적극적인 활동 곧 「자기실현(自己實現)」의 면에서 계약자유의 원칙으로 기능을 하는 것인 데 대하여, 그 소극적인 제재(制裁) 부담의 면 곧 「자기책임(自己責任)」으로 나타나는 것이라고 할 수 있다. 따라서 과실책임의 원칙은 「자기책임(自己責任)의 원칙」으로 불리우기도 한다.

이상과 같은 사법의 기본원칙은 개인의 자유(自由)와 평등(平等)을 기초로 하는 민주주의(民主主義)의 발전과 보조를 맞추어 법률제도로 확립된 것이다. 그러나 이는 어디까지나 원칙(原則)이다. 현재 사회의 진전과 함께, 적극적으로 공공복리(公共福利)를 실현하고 또한 소극적으로 그 폐해를 시정하기 위한 각종 예외적인 법률제도가 등장함으로써, 이들 원칙은 끊임없이 발전적으로 수정·보완되어 가고 있음에 유의할 필요가 있다.

Ⅳ. 가족법

1. 가족법의 이념

본서는 권리의무 중심의 법체계에 관한 기초를 다루는데, 그것도 주로 사법 중의 재산법(財産法)을 대상으로 한다. 다만, 여기서는 잠깐 상식적으로 알아두어야 할 우리나라 가족법의 내용에 관하여 간단히 언급해 둔다.

가족법은 민법 제4편 「친족」의 규정 및 제5편 「상속」의 규정으로 이루어져 있다. 우리나라 가족법은 종래 우리나라 고유의 도덕과 관습을 반영한 법규라는 주장에도 불구하고, 가족법을 포함하고 있는 민법전(民法典)이 1958년에 제정된 이후 여자와 남자 사이의 평등 곧 「양성평등(兩性平等)」이나 「가족민주주의(家族民主主義)」의 이념을 충실히 실현하고 있지 못하다는 비판과 그것에 대한 개선 내지 개편의 논의가 끊임없이 있어 왔다.

그 결과, 가족법은 민법전 제정 이후 양성평등·가족민주주의 등의 실현을 뒷받침하기 위해 여러 차례의 개정이 있었다. 그 중에서도 1990년과 2005년의 개정이 가장 특기할 개정으로 평가되고 있다.

그런데 우리나라의 전통적인 가족제도를 보면, 결코 일반 사람들이 생각하는 것과 같은 남존여비적(男尊女卑的)이고 가부장적(家父長的)인 가족제도였다고만 몰아세울 것이 아니었다. 비록 성리학의 영향으로 과거 「주(周)」나라 시대의 종법 제도와 「동성동본 불혼(同姓同本不婚)」에 바탕을 둔 경국대전(經國大典)이 정립되기는 하였지만, 그 후에도 오랫동안 남자가 혼인 후 여자 집에 머물러 생활하는 혼인풍속인 「남귀여가혼(男歸女家婚)」이 지배하였다. 혼인한 딸이 친정 부모와 조상의 제사를 모시는 「외손봉사(外孫奉祀)」, 장남자만 제사를 모시는 것이 아니라 형제들이 돌아가면서 제사를 모시는 「윤회봉사(輪廻奉祀)」의 관습과 여자의 제사 참여 등이 인정되고 있었을 뿐 아니라, 나아가 상속도 남녀 구분 없는 「균분상속(均分相續)」이었다.

따라서 가족법에 대한 개정은 이러한 전통을 하나하나 챙겨서 정상으로 되돌려가는 과정이라고도 말할 수 있는 것이다.

2. 친족법

가. 동성동본의 혼인제한

종래 동성동본(同姓同本)의 혈족 간에는 혼인이 금지되어 왔다. 심지어는 동성동본뿐 아니라 뿌리(root) 곧 본(本)이 같기만 하면 이성(異姓) 간에도, 나아가 원시조(原始祖)가 같은 동성(同姓) 간에도, 혼인이 관습적으로 금지되어 왔다.

헌법재판소(憲法裁判所)는 1997년에 그것이 국민의 「개인으로서의 존엄(尊嚴)과 가치 및 행복추구권(幸福追求權)」을 선언하고 있는 헌법(憲法)에 합치하지 않는다는 결정을 내렸다. 따라서 2005년의 민법의 개정(*2008년부터 시행)으로 이제 8촌 이내의 혈족(血族) 간의 혼인만 할 수 없게 되었다(민법 809①).

나. 성불변의 원칙

민법상으로 남녀가 혼인을 하여도 각기 자기 성(姓)은 변경되지 않는다. 이를 「부부각성주의(夫婦各姓主義)」라고 한다. 이는 현재에도 변함이 없다.

또 성(姓)이 다른 사람이 양자가 된 경우, 양자(養子)의 성은 양부(養父)의 성으로 변경되지 않는 것이 원칙이었다. 2005년의 개정 민법 아래서는 자녀가 성(姓)과 본(本)을 바꿀 수 있기 때문에(민법 781⑥), 양자도 본래의 자기 성을 바꾸어 양친의 성(姓)을 따를 수 있게 되었다.

그리고 자녀는 아버지의 성을 따르는 것이 원칙이지만(민법 781①본문), 재혼한 어머니의 자녀의 성을 새 아버지의 성으로, 또한 이혼한 어머니가 자녀를 부양할 경우 자녀의 성을 종전의 아버지의 성에서 어머니의 성으로 바꿀 수 있도록 법원에 「성본변경 허가신청」을 할 수 있게 되었다.

다. 양자제도의 변천

종래 양자제도(養子制度)는, ① 가문을 위한 「위가양자(爲家養子)」, ② 어른(*양부모)을 위한 「위친양자(爲親養子)」, 그리고 ③ 불우한 아이를 위한 「위자양자(爲子養子)」 등으로 변천되어 왔다고 한다. 그러나 종래 우리나라의 양자제도는 위가양자 내지 위친양자의 경우에 머물러 있었다.

위가양자(爲家養子)는 가문의 대를 잇기 위한 양자제도로, 이른바 「소목지서(昭穆之序)」에 의해 양자는 양부와 동성동본(同姓同本)일 것, 항렬(行列)이 조카뻘일 것을 요구하였다. 다만, 그 예외로 「백골양자(白骨養子－*손자뻘 되는 자를 양자로 들이는 것)」와 「차양자(次養子－*동생뻘 되는 자를 양자로 들이는 것)」의 관습이 있다.

2005년의 개정 민법에서는 「위자양자(爲子養子)」의 제도를 본격적으로 받아들이도록, ① 15세 미만의 자를 ② 법원의 허가를 얻어 ③ 양친의 성(姓)과 본(本)을 따를 수 있도록 하는 「친양자(親養子)」 제도를 채용하였다(제908조의2~제908조의8).

다만, 우리나라 양자제도는 입양 후에도 생가(生家)와의 친족관계와 상속관계가 완전히 끊어지지 않는 이른바 「불완전양자(不完全養子)」 제도로 평가되고 있다.

라. 남성본위의 지양

종래 여자가 혼인하면 친정의 호적에서 떠나 남편의 호적(戶籍)으로 들어가야 하는 것이 원칙이었다. 다만, 「입부혼인(入夫婚姻)」에 의해 남자가 그 친가의 호적에서 떠나 여자(妻)의 호적으로 들어가고, 자녀가 출생하면 어머니의 성과 본을 따를 수 있었다. 그러나 거의 그 예가 없었다. 이제는 그럴 필요없이 자녀도 어머니 성을 따를 수 있는 길이 열리게 되었다.

종래 특히 호주제도(戶主制度)에 의하여 호주의 지위는 남자가 우선적으로 차지하게 되어 있었다. 남자가 사망한 경우 그 배우자인 어머니와 장성한 누나들이 있어도 어린 아들이나 남동생이 호주가 되었다. 심지어는, 혼인 외에서 출생하여 배우자도 몰랐던 남자 아이가 갑자기 나타나서 호주가 되는 경우까지 가능하게 되어 있었다.

이러한 호주제도에 대하여는 오래 전부터 그 존속 여부를 둘러싸고 찬부 양론이 대립되고 있었다. 호주는 호적을 같이하는 「가(家)」의 대표자에 해당하는 자를 가리켰다. 호주는 자기의 혈족이 아닌 처의 자녀를 가(*호적)에 올릴 때 동의권이 있었고, 자기의 직계존속(*부모・조부모)이나 직계비속을 가(*호적)에 입적시킬 수 있었다.

호주제도는 이미 조선조의 성종 때의 경국대전(經國大典)에서 인정하여 온 것으로, 가정의 화합(和合)과 효친우애(孝親友愛) 등의 윤리적 전통을 계승하고 있는 것이기 때문에 존속하여야 한다고 하고, 다만 호주의 불합리한 권한을 차차 줄이도록 하는 것이 타당하다는 견해가 있었다.

그러나 호주제도를 폐지하여야 한다는 반대론의 목소리가 더 컸다. 폐지론자에 의하면, 고려 말부터 조선조에 이르러 과거의 성리학(性理學)이 뿌리내리면서 종법(宗法)제도(*적장자(嫡長子) 위주의 가계의 계승과 그것을 바탕으로 한 제사의례)를 가족제도의 기본으로 삼아 호적제도를 인정하기는 하였으나, 그것은 어디까지나 과세(課稅)나 부역(賦役)의 표준으로 삼기 위한 호구(戶口) 관념에 지나지 않았다. 그러던 것이 일제(日帝)의 불법강점과 함께 그들의 싸움패(*사무라이) 계급 내의 세칭 「가독상속제(家督相續制－적장자가 가산과 주도권을 독점한 것)」를 호주제도라는 명목으로 우리나라에도 강제한 것이었다. 이러한 견해는, 호주제도가 가부장제(家父長制)의 가족제도를 기초로 일왕(日王)을 정점으로 한 굴종(屈從) 체제 아래 침략 제국주의로 길들이기 위한 가족법제의 찌꺼기였다고 비판하였다.

이러한 호주제도 폐지론에 따라 2005년의 개정 민법에서는 호주제도가 민법전에서 사라지게 되었다. 따라서 종래의 「호적(戶籍)」 제도는 「가족관계등록부(약칭 「가족부」(家族簿))」로 개편되고 있다.

3. 상속법

가족 중에 누가 사망하면 사망한 사람(*「피상속인(被相續人)」이라고 한다)의 지위가 살아 있는 사람에게 이어지는데, 이는 법률요건으로서의 「상속(相續)」이다.

옛날에는 상속은 제사(祭祀)나 호주(戶主)의 지위 등 주로 신분관계(身分關係)의 계승(繼承)이 중심이었고 재산관계(財産關係)는 부수적으로 따라갔다. 현재의 민법은 사망한 사람의 재산에 관한 승계 문제만 규정하고 있다.

현행 민법에서는 사망한 사람의 재산은 그 사람과 친족관계(親族關係)가 있는 사람에게 승계되는 것으로 하되, 동시에 사망자가 자유의사(自由意思)로 그 재산을 승계할 자를 선정할 수 있는 유언(遺言)을 인정하고 있다. 이 유언도

유족의 생활 보장 등을 위한 유류분(遺留分) 제도로 일정한 제한을 받고 있다.

가. 상속인과 상속분

(1) 상속인의 상속순위

상속은 피상속인의 사망으로 개시하며(민법 997), 이 사망은 「실종선고(失踪宣告)」에 의해 사망으로 취급되는 경우를 포함한다(민법 29). 사망자(*피상속인)의 재산을 상속받을 수 있는 친족인 「상속인(相續人)」은 상속 개시시에 살아있던 사람에 한정된다. 이를 「동시존재(同時存在)의 원칙」이라고 한다. 피상속인과 상속인이 동일한 사고로 사망하여 그 사망시기의 선후(先後)가 명백하지 않은 경우에는 동시에 사망한 것으로 추정(推定)한다(민법 30).

상속이 개시된 때에 구체적으로 상속인이 될 수 있는 사람은 피상속인(*사망자)의 혈족 및 배우자이다. 혈족의 경우에는 순위가 있다. 선순위인(先順位人)이 한 사람이라도 있으면 그 다음의 순위인은 상속인이 될 수 없다. 배우자는 직계비속과 동순위로, 직계비속이 없으면 직계존속과 동순위로 상속인이 되고, 직계비속・직계존속 모두 없으면 단독으로 상속인이 된다.

혈족(血族)은 출생에 의해 혈연으로 연결된 「자연혈족」과 민법상 이에 준하는 관계로 인정되는 양친자(養親子) 간의 「법정혈족」으로, 또 혈족 중에서 조부모・손자녀의 관계에 있는 「직계혈족」 및 같은 선조(先祖)로부터 분파된 관계에 있는 「방계혈족」으로 구분된다.

민법에서는, ① 직계비속(直系卑屬－*자녀(태아포함)・손자녀)과 배우자(처・부(夫)) → ② 직계존속(直系尊屬－부모・조부모)와 배우자 → ③ 배우자 → ④ 형제자매 → ⑤ 3촌 이내의 방계혈족(*삼촌・고모・조카)의 순서로 상속인이 된다. 같은 순위의 상속인이 2인 이상이면 「공동상속인(共同相續人)」이라고 한다. 공동상속인 중에 사망한 사람의 경우 그 직계비속이나 배우자가 있으면 이 직계비속・배우자가 상속인이 되는데, 이를 「대습상속(代襲相續)」이라고 한다.

(2) 상속분

상속인(相續人)이 여러 사람인 「공동상속인(共同相續人)」의 경우 각자의 상속분(相續分)은 똑같은 균분(均分)인 것을 원칙으로 하되, 배우자는 다른 상속인의 경우보다 50%가 더 많다(민법 1009). 예컨대, 상속인이 배우자·딸·아들인 경우 각각 1.5 : 1 : 1로, 상속재산이 7억원이면 각각의 상속분은 배우자 3억원, 딸 2억원, 아들 2억원이 된다.

그러나 피상속인(被相續人)이 재산을 모으는 데 공로가 있거나 피상속인을 부양하는 데 애쓴 상속인(相續人)에 대해서는, 상속인 간의 협의로, 협의가 되지 않을 경우 법원을 통하여 더 많은 상속분을 인정할 수 있다(민법 1008의2). 이를 「기여분가산제도(寄與分加算制度)」라고 한다.

(3) 상속의 포기와 한정승인

상속은 알맹이 재산(*「적극재산」)뿐 아니라 빚(*「소극재산」)도 그 대상이 되는 것이다. 따라서 피상속인이 빚을 더 많이 지고 사망한 경우에는, 상속인은 상속 개시의 사실을 안 날부터 3개월 내에 상속의 「포기(拋棄)」를 하거나, 적극재산의 범위 내에서 빚을 갚겠다는 「한정승인(限定承認)」을 할 수 있다(민법 1019). 그렇게 하지 않으면 「단순승인(單純承認)」이 되어 상속인은 피상속인의 빚이 아무리 많아도 모두 갚아야 한다(민법 1025).

공동상속인 중의 일부가 상속의 포기나 한정승인을 하면, 원칙적으로 다른 상속인이 그 부분을 떠맡게 되며(민법 1043), 공동상속인 모두 상속을 포기하게 되면 다음 순위의 상속인이 떠맡게 된다(민법 1044 참조). 물론, 그 다음 순위의 상속인도 상속포기 또는 한정승인을 할 수 있다.

상속인들이 상속의 포기 또는 한정승인을 하더라도 피상속인이 생전에 빚을 질 때 보증(保證)을 섰거나 담보(擔保)를 제공한 사람은 그 책임을 면할 수 없다.

나. 유언과 유류분제도

피상속인(被相續人)은 생전에 「유언(遺言)」으로 앞에서 언급한 법정상속(法定相續)의 경우의 상속순위(相續順位)나 상속분(相續分)과 달리 상속재산의 분배 내지 처분을 할 수 있다. 유언에 의해 상속재산을 취득시키는 것을 「유증(遺贈)」이라고 한다.

유언은 유언자 곧 피상속인이 사망한 후의 법률관계를 정하는 최종적인 의사결정의 표시이기 때문에 최대한 존중하여야 할 것이다. 그렇더라도, 유언을 무제한으로 인정하면 상속제도가 가진 유가족의 생활보장(生活保障) 등의 목적이 무시될 수 있다. 따라서 민법은 피상속인의 상속재산에 대한 처분의 자유를 제한하여 그 일정한 비율을 일정한 근친자(近親者)에게 유보하도록 하는 「유류분(遺留分)」의 제도를 규정하고 있다.

유언(遺言)은 17세 이상된 사람만 할 수 있고 그 대리는 인정되지 않는다. 유언의 효력이 발생하는 것은 유언자가 사망한 이후이기 때문에, 유언은 그 진의(眞意)를 생전에 확실히 해 두기 위해 엄격한 방식(方式)에 의하여야 한다.

유언은 엄격한 「요식행위(要式行爲)」로서, 다음 5가지의 방식, 즉 ① 자필증서(自筆證書) 방식(*타이프・컴퓨터 워드에 의한 것은 불가), ② 녹음(錄音) 방식, ③ 공증증서(公證證書) 방식, ④ 비밀증서(秘密證書) 방식, ⑤ 구수증서(口授證書) 방식 밖에 인정되지 않는다. 이 중에서, ①의 유언을 제외하고 증인이 필요하다. 이 다섯 가지 방식에 의하지 않은 유언은 무효(無效)이다(민법 1060).

「유류분(遺留分)」 제도는 피상속인이 유언을 하였더라도 상속재산의 일정부분이 법정상속인에게 돌아가게 되어 있는 것을 가리킨다. 유류분은 직계비속(直系卑屬)과 배우자(配偶者)를 위해서는 법정상속분의 1 / 2, 직계존속(直系尊屬)과 형제자매(兄弟姉妹)를 위해서는 법정상속분의 1 / 3이 된다(민법 1112). 3촌 이내의 방계혈족에 대해서는 유류분이 인정되지 않는다.

유언에 의하여 상속인이 받는 재산(*「수증재산(受贈財産)」)이 법정상속분에 미달하면 그 부족분을 상속재산에서 더 받게 된다.

제 2 장 권리의무의 의의

Ⅰ. 법률관계

법이 규율하는 사람의 사회생활은 여러 가지 관계에 의하여 꾸려나가게 되는데, 이는 주로 사람들 간의 권리(權利)와 의무(義務)의 관계로 파악할 수 있다. 이러한 권리의무관계를 보통 「법률관계(法律關係)」라고 부른다.

널리 법률관계라고 하면 법의 규율을 받는 사람과 사람 사이의 사회생활관계를 총칭하겠지만, 특히 사법(私法)의 관점에서 사회의 구성분자인 사람을 중심으로 그것에 관해 파악하면, 사람들 간의 권리와 의무의 관계라고 할 수 있는 것이다. 그러므로 본래의 좁은 의미의 법률관계는 이 권리의무관계(權利義務關係)를 가리킨다.

그 결과, 사법의 체계(體系)는 권리와 의무를 중심으로 구성되고 있는 것이다. 근대사법은 권리와 밀접한 관계가 있다. 널리 법률제도는 개개인의 의사나 자유 또는 이익을 중시하고 있기 때문에, 근대사법이 권리를 본위로 하여 그 위에서 법체계를 구축하고 있는 것은 당연하다. 그렇지 않아도, 이는 이미 서구(西歐)의 언어에서도 잘 나타나 있다. 도이취 말의 Recht, 프랑스 말의 droit 등이 법(法)의 의미와 함께 권리(權利)라는 의미도 포함하고 있는 것이다.

권리와 법 두 개념 간에 깊은 관련이 있는 것은, 일방 모든 사적 권리(私的權利)는 법질서(法秩序)에 의해 발현하는 것이고, 타방 법질서는 어느 의미에서 법에 의해 조정된 권리의 총화(總和)라고 할 수 있기 때문이다(*"It may be said that on the one hand all private rights are derived from legal order, while, on the other hand, legal order is in a sense the aggregate of all the rights coordinated by it" – 비노그라도프 · 『법에서의 상식』).

Ⅱ. 권리 및 의무

1. 권 리

가. 권리의 의의

(1) 권리의 개념

권리(權利)는 사람이 사회생활상의 일정한 이익(利益)을 향수할 수 있는 법에 의해 보장된 지위(地位) 내지 자격(資格) 또는 힘을 가리킨다. 권리의 본체(本體) 곧 알맹이는 이익(利益)이다. 그러나 아무리 이익이 되는 것이라도 그것이 법에 의하여 보호되고 또한 법률상 주장할 수 있는 것이 아니면 권리라고 할 수 없다.

예컨대, 국가가 의사(醫師)의 자격요건을 규제하고 있기 때문에, 일반 국민은 좋은 의료혜택을 받을 수 있는 이익이 있다. 그러나 이러한 이익(利益)은 의사의 자격이 국가에 의하여 엄격히 규제되고 있는 데서 오는 막연한 사실상(事實上)의 이익 또는 간접적 이익에 불과하며, 법의 규정에 의하여 구체적으로 보호되고 있는 이익은 아니다. 이러한 이익을 「반사적 이익(反射的利益)」이라고 한다.

그러나 집(*가옥)을 소유하고 있는 사람은 그 가옥을 사용하든가 대가(代價)를 받고 다른 사람에게 빌려주든가 또는 담보로 잡히고 돈을 빌리든가 하여 이익을 얻을 수 있다. 다른 사람이 그 가옥을 무단으로 점용(占用)하고 있으면, 그 소유자는 법(민법 213)에 호소하고 국가권력(*법원)을 통하여 무단점용자로부터 그것을 도로 찾아오고, 또 무단점용자에 대하여 자기의 이익 침해에 대한 손해의 배상(賠償)을 청구할 수 있는 것이다(민법 750). 그 사람한테는 가옥에 대한 「소유권」(민법 211 이하)이라는 권리(權利)가 있기 때문이다.

권리에는 그것에 대응(對應)한 특정인의 의무가 있는 것이 보통인데, 이 경우의 권리를 채권(債權)이라고 하고 그 의무를 「채무(債務)」라고 한다. 다음에 말할 물권, 형성권 등의 경우에는 그것에 대응하는 권리가 없다.

권리는 실정법(實定法-*현재 효력이 있는 법규), 특히 성문법의 규정에서는, 「……할 권리가 있다」(예컨대, 민법 211), 「……할 수 있다」(예컨대, 민법 6) 등으로 표현되고 있다.

(2) 권한·권능과 권원

권리와 구별할 것으로, 권한, 권능, 권원 등이 있다.

「권한(權限)」은 대통령의 「국군통수권」, 대리인의 「대리권」, 회사 사장의 「대표권」 등의 경우와 같이, 그것을 가진 자가 자기를 위해서가 아니라 다른 사람이나 자기가 속해 있는 단체의 이익을 위하여 일정한 행위를 할 수 있는 자격 또는 힘을 말한다. 권한은 법률 또는 당사자 간의 합의에 의해 그 행사가 의무화하고 있는 경우가 보통이다.

「권능(權能)」은 소유권자에게는 물건의 사용권·수익권·처분권 등이 있다고 하는 경우와 같이, 일정한 권리의 내용 내지 효력으로서 권리자에게 인정되는 개개의 자격 또는 힘을 가리킨다. 권리와 권능은 개념적으로 구별되지만, 실질적으로는 서로 차이가 없다.

「권원(權原)」은 권리 또는 권능의 행사에 대한 일정한 법률상의 원인이 되는 것을 말하는데, 권능의 권원(權原)은 권리라고 할 수 있다. 예컨대, 소유자의 소유물에 대한 사용권·수익권 또는 처분권의 권원은 소유권이다. 또 가옥의 점유권에 대한 권원은 소유권, 전세권, 임차권 등이다.

나. 권리의 분류

(1) 기본적 분류

권리는 법에 의하여 보장되는 사회생활상의 이익(利益)인 만큼, 그 이익을 보장하는 법의 분류에 따라 기본적으로 공권과 사권 및 사회권의 셋으로 분류된다(*법의 갈래인 「종류(種類)」를 일정한 표준에 의해 체계적으로 나누는 경우 법의 「분류(分類)」가 된다).

(가) 공 권

공권(公權)은 공법상의 권리이고, 국가공권(國家公權)과 국민공권(國民公權)으로 나눌 수 있다. 전자는 국권(國權) 곧 헌법상의 국가의 「권력」(權力)(제1조 제2항)에 해당하는 것으로, 입법권·행정권·사법권을 가리킨다.

그리고 후자, 즉 국민의 공권은 자유권·수익권·참정권 등이 있다. 헌법상의 「국민의 권리」(제2장 제10조 이하) 중에는 공사종합법상(公私綜合法上)의 사회권, 예컨대 국민의 생존권·근로권, 근로자의 단결권·단체행동권 등을 포함한다.

(나) 사 권

사권(私權)은 사법상의 권리를 말하며, 이 교재에 의한 학습의 중심이 되기 때문에 다음에 이를 재분류하여 살펴본다.

다만, 사권이라고 공권(公權)과 아무 상관 없는 것이 아니라는 것에 유의하여야 한다. 사법인 민법이나 상법을 보더라도, 국가공권, 특히 사법권(司法權)의 개입이 인정되는 법률관계가 적지 않다(예컨대, 한정치산·금치산 선고와 그 취소, 실종선고와 그 취소에 관한 민법 9·11·12·14·27·29 등).

또한 국민공권, 특히 자유권도 헌법에서 천부·불가침의 기본적 인권으로 선언되고 있는 바(헌법 10), 단순히 국민 개개인이 국가에 대한 공법상의 관계에서만 보장받는 권리에 그치는 것이 아니다. 개인이 다른 사람에 대한 사법상(私法上)의 관계에서도 자유나 재산을 침해당하지 않도록 하는 기초가 되는 것이다.

(다) 사회권

사회권(社會權)은 복지국가에서 국민이 인간다운 삶을 누리기 위해 일정한 급부와 배려를 국가에 대해 요구할 수 있는 권리이며, 위에서 언급한 노동기본권과 환경권 등이 있다.

(2) 사권의 내용상의 분류

사권(私權)은 권리자가 향수하는 권리의 내용(內容)인 이익의 종류에 따라 인격권·가족권·재산권·사원권으로 분류된다. 이 중에서도, 인격권과 가족권은 주체와의 간에 특별히 긴밀한 관계가 있어서 그 주체만 향수·행사할 수 있고 양도 내지 상속이 인정되지 않는 이른바 「일신전속권(一身專屬權)」이다.

(가) 인격권

인격권(人格權)은 사람의 생명·신체·자유·명예 등에 관한 생활이익을 내용으로 하는 권리이다.

(나) 가족권

가족권(家族權)은 친권·상속권 등과 같이 일정한 가족관계를 기초로 한 생활이익을 내용으로 하는 일신전속의 권리이다. 「신분권(身分權)」이라고 불리우기도 한다. 부모의 자녀에 대한 「친권(親權)」, 유가족의 「상속권(相續權)」 등이 그 예이다.

(다) 재산권

(a) 재산권과 그 보장

재산권(財産權)은 경제적 이익을 내용으로 하는 권리를 말한다. 이는 일신전속권(一身專屬權)인 인격권(人格權)이나 가족권(家族權)과 달라, 원칙적으로 양도 내지 처분 및 상속의 대상이 될 수 있다.

사람은 외계의 여러 가지 재화를 이용하거나 다른 사람으로부터 용역(*서비스)을 제공받지 않으면 의식주 등의 경제생활을 제대로 할 수 없다. 사람이 살아가는 데 필요한 재물(財物)과 서비스 곧 넓은 의미의 「재산(財産)」에 대한 개인의 이익 곧 재산권(財産權)이 보장되어야 한다.

사람이 재산을 이용하는 관계는 소유권을 중심으로 여러 가지 형태로 인정되고 발달되어 왔다. 고대나 중세에는 재산권, 특히 토지(土地)에 대한 개인(個人)의 소유권은 각종의 제한을 받았다. 근대에 와서 개인의 자유(自由)와 평등(平等) 사상이 발달함에 따라, 사인(私人－널리 자연인 곧 개인 및 사법인)의 소유권을 중심으로 하는 재산권이 법적으로 보장되기에 이르렀다(헌법 23). 이는 앞에서 언급한 「재산권 존중의 원칙」 또는 「사유재산제도(私有財産制度)」를 가리킨다. 재산권 중에서도 가장 중요한 소유권에 초점을 맞추면 「소유권절대(所有權絶對)의 원칙」이 되는 것이다.

그러나 이러한 재산권(財産權)은 절대적·무제한적인 것이 아니며, 사회 전체의 이익을 위하여 그 내용과 한계를 법률로 정할 수 있고(헌법 23①제2문), 또 재산권의 행사는 공공복리(公共福利)에 적합하도록 해야 한다(헌법 23②).

(b) 재산권의 분류

재산권(財産權)에는 물권·채권·지적소유권 등이 있다. 다음에 말할 사원권(社員權) 중에서 영리사단법인인 회사(會社)에 대한 사원권은 널리 재산권에 포함시킬 수 있다.

이 중에서 「물권(物權)」과 「채권(債權)」은 항목을 바꾸어 살펴보기로 하고, 여기서는 「지적재산권(知的財産權)」에 관하여 간단히 언급한다.

(c) 지적재산권

지적재산권은 발명·고안·저작과 같은 사람의 무형(無形)의 정신적인 창작물에 관한 이익에 대한 독점적(獨占的)인 지배권을 총칭한다. 「무체재산권(無體財産權)」이라고도 불리운다. 지적재산권은 산업재산권과 저작권으로 대별할 수 있다.

「산업재산권(産業財産權)」은 특허권·실용신안권·상표권·디자인권 등을 가리킨다. 종래 이들은 산업경제상의 무형의 이익에 관한 재산권으로, 특히 공업생산의 경우와 관련이 깊고 또 소유권과 같이 사용·수익·처분 등에 관한 전면적인 지배권이다. 이 의미에서, 산업재산권은 비유적으로 「공업소유권(工業所有權)」으로 불리우기도 하였다.

지적재산권에 관하여는, 각각 특별법(*특허법·실용신안법·상표법·디자인보호법·저작권법 등)으로 그 고안자 내지 창작자의 권리를 보호하고 산업·문화의 발전을 도모하고 있다.

「특허권(特許權)」은 자연법칙을 이용한 기술적 사상의 창작으로서 고도한 것이며 산업상 이용가능한 발명을 한 사람에게 인정되는 권리이다. 존속기간은 원칙적으로 그 설정등록일부터 특허출원일 후 20년이 되는 날까지이다(특허법 88).

「실용신안권(實用新案權)」은 자연법칙을 이용한 기술적 사상의 창작으로서 물품의 형상·구조 또는 그 조합에 관하여 실용적인 새로운 형태의 고안을 한 사람에게 인정되는 권리이며, 존속기간은 그 설정등록일부터 실용신안등록출원일 후 10년이다(실용신안법 22).

「상표권(商標權)」은 자신이 생산·가공·증명 또는 판매하는 상품을 타인의 상품과 식별되도록 하기 위하여 상품에 사용하는 기호·문자·도형 등의 표장(標章)에 관한 권리로서, 존속기간은 설정등록일부터 10년이다(상표법 42).

「디자인권」은 새로운 디자인을 고안한 자가 그 등록을 함으로써 취득하는 권리이며, 그 존속기간은 설정등록일부터 15년이다(디자인보호법 40). 여기서 말하는 디자인이란 물품의 형상·모양·색채 또는 그 결합으로 미감(美感－아름다운 느낌)을 가져오게 하는 고안을 가리킨다.

「저작권(著作權)」은 사람의 사상 또는 감정을 표현한 것으로 문예·학술·

미술·음악에 관하여 자신이 창작한 작품에 대하여 독점적으로 이용할 수 있는 권리이며, 살아있는 동안의 일신전속권인 「저작인격권(著作人格權)」과 재산권인 「저작재산권(著作財産權)」으로 구성된다. 저작재산권의 존속기간은 원칙적으로 저작자의 생존기간 중 및 그 사후(死後) 50년이다(저작권법 39).

(라) 사원권

사단법인 또는 사단(社團) 내지 널리 단체의 구성원인 사원(社員)으로서의 지위(地位)에서 단체에 대해 가지는 포괄적인 권리를 말한다. 사원총회(社員總會)를 통하여 단체의 운영에 참가하고, 단체의 활동에 의한 이익(利益)을 분배받거나 그 밖의 이익을 향유하는 것을 그 내용으로 한다.

주식회사의 사원인 주주에 대해 가지는 사원권 또는 이른바 「주주권(株主權)」이 그 대표적인 예이다. 주주의 사원권 또는 주주권을 특히 「주식(株式)」이라고 한다. 주식은 주주가 회사에 대해 가지는, 의결권(議決權)·이익배당청구권(利益配當請求權) 등 각종의 권리를 우러나게 하는 주주의 「지위(地位)」 또는 주주와 회사 간의 「법률관계(法律關係)」인 것이다.

(3) 사권의 작용상의 분류

권리는 이를 어떤 방식으로 어떻게 실현하는가에 따라, 지배권·청구권·형성권·항변권 등으로 분류할 수 있다.

(가) 지배권

지배권(支配權)은 권리의 목적물 또는 객체(客體)를 직접 지배함으로써 이익을 향유할 수 있는 권리를 말한다. 물권·지적재산권·친권 등이 이에 속한다.

본래 지배(支配)라고 하면 사람이 다른 사람을 마음대로 부리고 다스리는 것을 의미하지만, 여기서의 「지배」는 객체에 대해 물리적·경제적·사회적인 힘을 가할 수 있는 지위 내지 자격을 비유적으로 표현한 것이다.

(나) 청구권

청구권(請求權)은 다른 사람에게 일정한 행위인 작위(作爲) 또는 부작위(不作爲)나 수인(受忍－참음)을 요구할 수 있는 권리이다. 채권(債權)이 그 대표적인 예이다. 물권의 침해에 대한 물권자의 물권적 청구권(민법 204~206·213·214·290①·301·319), 가족법에서 규정하고 있는 친족 간의 부양청구권(민법 974~979), 부부 간의 동거·부양(同居·扶養) 청구권(민법 826) 등이 이에 속한다.

(다) 형성권

형성권(形成權)은 상대방의 의사(意思) 여하와 관계없이 권리자 자신의 일방적인 의사표시에 의하여 일정한 법률관계를 형성·변동시킬 수 있는 권리를 말한다. 취소권(민법 140~142·146, 상법 638의3②)·추인권(민법 143~145)·해약권(민법 543 이하)·개입권(상법 17②~④·107·116·198②~③·269·397②~③·567) 등이 있다.

(라) 항변권

항변권(抗辯權)은 다른 청구권자로부터의 청구에 대해 거절할 수 있는 권리를 가리키며, 쌍무계약(雙務契約)의 경우 당사자의 동시이행항변권(同時履行抗辯權-민법 536), 보통보증(普通保證) 또는 「단순보증(單純保證)」의 경우 보증인의 최고·검색(催告·檢索)의 항변권(민법 437·438) 등이 있다.

다. 권리의 실현

(1) 권리행사의 자유

권리의 내용인 이익을 향유하기 위해서는 권리를 실현하여야 한다. 이러한 권리의 내용인 이익의 실현(實現)을 위한 일정한 행위가 권리의 「행사(行使)」인 것이다.

권리의 행사는 원칙적으로 자유이고 다른 사람이 이를 강요할 수 없다. 이는 개인의 자유와 행복을 국가의 이념으로 하는 근대법 아래서는 당연한 원칙이다.

(2) 권리의 공공성

권리자도 사회의 일원인 이상 권리(權利)를 오로지 이기적(利己的)인 목적만을 위하여 행사해서는 안 되는 것이다. 그러므로 권리의 행사에 대해서는 공공복리(公共福利)를 위하여 개별적으로 또는 일반적으로 법률적인 제한이 설정되고 있는 것도 근대법의 특징이 되고 있다.

우리나라 「헌법」에서는 재산권(財産權)의 행사는 공공복리(公共福利)에 적합하도록 하여야 한다고 규정하고 있다(헌법 23②). 또 「민법」에서는 권리의 행사는 신의(信義)에 좇아 성실(誠實)히 하여야 하고 또한 권리는 남용(濫用)

하지 못한다고 규정하고 있다(민법 2).

여기서 어디까지가 공공복리에 적합한 권리 행사이고, 또 권리의 남용이 되지 않고 「신의성실(信義誠實)의 원칙」 또는 「신의칙(信義則)」에 맞는가는, 권리 행사의 이유와 그 행사로 인한 사회 공공(公共)의 불이익 또는 생활 방해의 실정 등을 참작하여 각 경우에 따라 개별적으로 판단할 수밖에 없다.

신의칙(信義則－「신의성실의 원칙」의 준말)은 사회의 건전한 유지・발전을 위해 사회의 구성원으로서 상대방 내지 일반인의 신뢰를 저버리지 않고 성의를 다하여야 할 행동원리를 의미한다.

권리의 남용(濫用)은 외형적으로는 권리의 행사처럼 보이지만, 구체적・실질적으로는 권리의 사회성(社會性)・공공성(公共性)에 반하여 그 정당성이 없는 것을 가리킨다.

신의칙에 반하거나 권리의 남용이 되는 권리의 행사로는 법이 보장하는 이익을 향유할 수 없다. 나아가, 경우에 따라서는 그로 인해 손해를 본 사람에 대해 권리자가 불법행위(不法行爲) 책임을 져야 하는 일이 있을 수도 있다.

라. 권리의 객체

(1) 권리 객체의 개념

현재의 법률제도의 기본이 되어 있는 권리(權利)는 사람이 사회생활상의 일정한 이익을 향유하기 위하여 법률상 주장할 수 있는 힘이다. 그러므로 권리가 성립되기 위해서는 그 내용인 이익(利益)이 생기게 하는 실체 또는 그것으로부터 이익을 얻을 수 있는 대상이 필요하다. 이를 「권리의 객체(客體)」라고 한다.

권리의 객체는 권리의 종류에 따라 각각 다르다.

물권(物權)은 일정한 물건을 직접 지배함으로써 이익을 향유하는 것을 내용으로 하므로, 일정한 「물건(物件)」이 물권의 객체가 된다. 채권은 다른 사람(*「채무자」)이 일정한 행위를 해 줌으로써 권리자 곧 채권자가 이익을 향유하는 권리이기 때문에, 채권의 객체는 채무자의 일정한 행위 곧 「급여(給與)」 또는 「급부(給付)」이다. 또 지적재산권(知的財産權)은 무형(無形)의 정신적 창작물(발명・저작 등)이 그 객체이며, 친권(親權)의 객체는 자녀이다. 인격권

(人格權)의 경우 사람의 자유·명예 등이 그 객체인 것이다.

(2) 물 건

권리의 객체(客體)에는 여러 가지가 있지만, 그 중에서 사람의 경제생활에서 가장 중요한 것은 물건(物件)이다. 물건은 물권(物權)이라는 권리의 객체일 뿐 아니라, 채권의 객체인 채무자의 행위도 금전은 물론, 상품 등 물건의 인도를 내용으로 하는 것이 많다. 따라서 여기서는, 권리의 객체 중에서도 중요한 「물건」에 관하여 살펴본다.

(가) 물건의 의의

물건(物件)은 유체물 및 전기, 빛·열 등의 에너지와 같은 자연력(自然力)으로, 사람이 지배하고 관리할 수 있는 것을 말한다(민법 98).

유체물(有體物)은 고체·액체·기체와 같이 공간을 차지하고 일정한 용량(*부피와 무게)을 가진 것을 의미한다. 땅(*토지)이나 집(*가옥)은 물론, 선박(船舶)은 고체(固體)로서의 물건에 속한다.

물건은 대체로 경제학상의 이른바 「경제재(經濟財)」에 해당하는 것이어야 하며, 이른바 「자유재(自由財)」는 물건이 될 수 없다. 따라서 사람이 지배·관리할 수 없는 일월성신(日月星辰), 대기(大氣), 강물이나 바닷물 등은 물건이 아니다. 다만, 청정한 공기를 비닐봉지로 포장하거나 청정수(淸淨水)를 물병에 담아 지배·관리할 수 있게 하면 물건이 된다.

물건은 여러 가지 종류가 있으나, 법률상 그 중요한 분류(分類)로는, 동산과 부동산, 주물과 종물, 원물과 과실의 구분을 들 수 있다.

(나) 부동산과 동산

(a) 양자의 개념

민법에서는 토지와 그 정착물을 「부동산(不動産)」이라고 하고, 이 부동산 이외의 모든 물건은 「동산(動産)」으로 취급한다고 규정하고 있다(민법 99). 토지의 「정착물(定着物)」이란, 토지에 딱 들어붙어 있어 쉽게 떼어낼 수 없을 뿐 아니라 토지로부터 독립된 존재로서, 토지의 일부분 또는 구성부분(構成部分)이 아닌 것을 가리킨다. 이는 바로 건물(建物) 또는 가옥(家屋)을 가리킨다.

그런데 수목(樹木)은 본래 분리되지 않은 상태에서는 토지의 일부에 속하는 것이지만, 「입목(立木)에 관한 법률」에 의하여 등기가 된 「수목(樹木)의 집단」

은 부동산이 된다(동법 3①).

토지의 개수는 「필(筆)」을 기준으로 하며, 1필·2필 등으로 표현한다. 건물의 개수는 「동(棟)」으로 표시하여, 아파트와 같은 집합건물(集合建物)의 경우에는 전유부분(專有部分)이 속하는 1동의 건물에 번호(*몇 동 몇 호 등)를 붙여 하나하나의 개수를 표시한다.

부동산 이외의 모든 물건, 즉 가재도구 등은 물론이고 관리 대상으로 삼은 전기·빛·열 등의 자연력인 물건도 모두 동산(動産)이다. 다만, 20톤 이상의 「선박(船舶-기선과 범선)」 및 100톤 이상의 부선(艀船)에 대해서는 등기제도가 있고(선박등기법 2), 등기된 선박은 부동산의 경우에 준하는 법률적인 취급이 인정된다(*저당권의 설정·강제집행의 경우 부동산의 경우에 준한 취급 등).

(b) 양자의 구별실익

부동산과 동산 간의 구별에 관한 중요한 법률적인 의미는, 그것에 대한 권리의 유무·내용을 널리 알리기 위한 공시방법(公示方法)과 이와 관련된 권리의 양도(讓渡) 내지 처분(處分)의 요건에 관한 차이에 있다.

즉 부동산 물권의 경우 권리자에 대한 물권의 귀속과 내용은 원칙적으로 「등기(登記)」라는 공시방법으로 결정된다. 따라서 법률행위(法律行爲)로서의 물권행위(物權行爲)에 의한 물권의 양도 또는 담보물권(擔保物權)의 설정, 즉 널리 물권의 처분은 당사자 간의 「물권적 합의」 곧 「물권행위(物權行爲)」와 함께, 물권의 이전등기(移轉登記-소유권의 경우) 또는 설정등기(設定登記-타물권의 경우)가 그 성립요건 내지 효력발생요건이 되어 있다(민법 186).

이에 대하여, 동산 물권의 경우(*등기하지 않은 선박의 경우도 마찬가지이다)에는, 「점유(占有)」 및 「인도(引渡)」가 각각 권리의 공시와 처분의 요건이 된다(민법 188~190). 이 동산 물권의 변동에 관한 요건의 하나인 「인도」는 물건에 대한 사실상의 지배 곧 점유(占有)의 이전을 가리킨다.

이와 같이 소유권 기타의 물권의 양도 내지 처분에 당사자 간의 의사표시 또는 물권적 합의 외에 등기 또는 인도가 있어야 하는 법제를 「형식주의(形式主義)」라고 하며, 이는 도이취 법계에서 인정되고 있는 입법주의이다. 따라서 형식주의를 「도이취법주의」라고 부르는 학자도 있다. 이에 대해, 프랑스 법계

(일본 포함)와 영미법계의 국가에서는 물권의 변동, 특히 소유권의 이전은 당사자 간의 합의 내지 의사표시만으로 이루어지고, 등기나 인도는 물건이 이중(二重)으로 양도 내지 처분된 경우 먼저 인도를 받은 자에게 우선권이 인정되는 이른바 「대항요건(對抗要件)」에 불과한 것이다. 따라서 이를 「의사주의(意思主義)」라고 한다.

(c) 인도의 종류

인도(引渡)는 물건을 판 매도인이 매수인에게 직접 실제로 물건을 넘겨주는 것과 같은 「현실적 인도(現實的引渡)」 외에, 「관념상(觀念上)의 인도」 또는 「구두상(口頭上)의 인도」를 포함한다. 관념상의 인도에는 「간이인도」, 「점유개정」 및 「목적물 반환청구권의 양도」가 있다.

「간이인도(簡易引渡)」는 빌려 쓰고 있는 물건을 사서 소유권을 취득하는 경우와 같이, 양수인이 이미 점유하고 있는 동산에 관해 당사자의 의사표시(*실제로 물건을 주고받지 않고 빌린 것을 돌려주고 다시 받은 것으로 하자는 뜻을 서로 표시하는 것)만으로 인도가 있는 것으로 하는 것을 말한다(민법 188②).

「점유개정(占有改正)」은 물건을 판 사람이 판 후에도 당분간 산 사람으로부터 물건을 빌려쓰고자 하는 경우와 같이, 일단 산 사람에게 넘겨주었다가 다시 받아서 쓰는 것으로 하지 않고, 당사자 간에 인도가 있는 것으로 취급하기로 하는 의사표시로 양도인이 동산의 점유를 계속하는 때에는 양수인이 인도를 받는 것으로 보는 것을 말한다(민법 189).

「목적물 반환청구권(目的物返還請求權)」의 양도(讓渡)는 다른 사람에게 맡겨두고 있는 물건을 팔되 그것을 산 사람도 그 물건을 당분간 그대로 맡겨두려고 하는 경우와 같이, 제3자가 점유하고 있는 동산을 양도하는 경우 양도인이 그 제3자로부터 돌려받은 권리 곧 반환청구권을 양수인에게 양도함으로써 인도가 있는 것으로 보는 것이다(민법 190). 이 반환청구권의 양도의 경우에는, 「지명채권(指名債權)」 양도의 경우에 인정되는 대항요건(對抗要件－*점유자에 대한 양도의 통지 등)의 구비를 요한다(민법 450～452 참조).

운송 중의 물품에 대한 선하증권(B / L)과 같은 유가증권(有價證券)인 「물품증권(物品證券)」이 발행된 경우에는, 그 증권의 교부는 증권상의 물품을 인도

(引渡)한 것과 같은 이른바 「물권적 효력(物權的效力)」(상법 133 · 862)이 인정되는 것도 목적물 반환청구권의 양도에 준하는 것이라고 할 수 있다. 그러나 앞에 말한 의사주의의 법제 아래서는, 선하증권의 교부에 의하여 물품의 점유가 상징적으로 양수인에게 이전하고, 따라서 물품 그 자체의 인도가 된 것으로 인정되지만, 이로부터 바로 당사자 간에 당연히 물품의 소유권이 이전되는 것이 되지는 않는다. 다시 말하면, 물품의 소유권은 당사자 간의 합의(合意)에 의하여 이전하는 것이지, 물품의 인도 또는 대금의 지급과 소유권의 이전과는 원칙적으로 아무런 관련이 없으며, 소유권의 이전은 물품의 인도의 전후(前後)를 묻지 않고 당사자의 합의에 의하여 이루어질 수 있는 것이다.

(다) 주물과 종물

물건의 소유자가 그 물건의 보통의 이용 곧 상용(常用)에 이바지할 수 있도록 그 물건에 부속시킨 별개의 소유물을 「종물(從物)」이라고 한다. 종물의 뒷받침으로 상용되는 주된 물건은 「주물(主物)」이다. 예컨대, 골프장과 잔디깎이의 경우 골프장은 주물인 부동산이고, 잔디깎이는 종물인 동산이다.

종물은 당사자 간의 반대의 특약이 없는 한 주물에 대한 양도 · 담보물권의 설정 등의 처분(處分)을 하면 종물도 그것에 따른다(민법 100). 이를 「주종(主從)의 법칙」이라고 한다.

이와 관련하여, 해상법상 구명정 · 소화기 · 나침반 · 해도 등이 속구(屬具)로 「속구목록(屬具目錄)」에 기재한 물건은 선박(船舶)의 종물로 추정(推定)한다(상법 742).

(라) 원물과 과실

어떤 물건으로부터 생기는 경제적인 이익 곧 수익(收益)을 「과실(果實)」이라고 하고, 과실을 생기게 하는 물건을 「원물(元物)」이라고 한다.

과실에는, 암탉의 달걀, 젖소의 우유, 과목의 과일과 같이 물건의 용법에 따라 직접 얻게 되는 「천연과실(天然果實)」 및 물건의 사용 대가로 받는 「법정과실(法定果實)」의 두 종류가 있다(민법 101), 원물(元物)도 물건이어야 하므로, 사람인 사용자로부터 받는 임금 · 보수 등은 과실이 아니다.

천연과실은 그것이 원물로부터 분리된 때에 그것을 수취(收取)할 수 있는 권리자(예컨대, 원물의 소유자 또는 임차인)에게 귀속하며, 법정과실은 금전소비대차 채권의 원본(元本)에 대한 이자채권(利子債權)과 같은 수취할 권리의 존속기간의 일수(日數)에 따라 그 권리자가 취득한다(민법 102).

2. 의 무

가. 의무의 의의

(1) 의무의 개념

의무(義務)라 함은 사람이 일정한 행위를 할 것 또는 일정한 행위를 하지 않을 것이 법에 의하여 구속(拘束)되는 것을 말한다. 일정한 적극적·소극적 행위(*작위·부작위)를 할 구속이더라도, 예컨대 친구 간의 약속의 경우와 같이 법률적인 구속이 아닌 것은 의무가 아니다. 이러한 구속은 「사실상(事實上)의 의무」라고 한다.

일반적으로 의무는 권리에 대응하는 것으로, 일방 권리(權利)가 어떤 사람에게 인정되는 것이면, 타방 이에 상응하는 법률적인 의무(義務)가 다른 사람에게 있다는 것을 의미한다. 이와 같이 대응하는 권리가 있는 의무는 원칙적으로 「채무(債務)」가 된다.

예컨대, 돈(*「금전(金錢)」)을 빌려주고 빌리는 경우(*법률적으로 「금전소비대차」라고 한다), 돈을 빌려준 자는 빌려간 자에게 돈을 갚으라고 청구할 수 있는 권리 곧 「채권(債權)」을 가지는 데 대해, 돈을 빌린 자는 돈을 갚을 의무 곧 「채무(債務)」가 있는 것이다. 해상운송인(海上運送人)의 운송급부의무, 수하인(受荷人)이나 여객의 운임지급의무 등도 각각 운송계약의 상대방(*하주·여객, 운송인)에 대한 채무이다.

(2) 불완전의무

의무에 대응하는 권리가 없는 의무의 경우에는, 그 불이행에 대한 강제이행(強制履行)이나 손해배상(損害賠償)의 책임이 문제가 되지 않고, 다만 법률상 일정한 불이익(不利益)을 입을 뿐이다. 이러한 경우의 의무를 널리 「불완전의무(不完全義務)」라고 한다.

예컨대, 보험계약에서 가입자 측인 보험계약자나 피보험자가 보험사고 발생에 영향을 미칠 중요한 사항을 보험자(*보험회사)에 알려야 할 「고지의무」(告知義務－상법 651·651의2)는 그것에 상응하는 보험자의 고지청구권과 같은 권리가 있는 것이 아니다. 다만, 그 불이행의 경우에는 보험계약의 해지(解止)를 당하고 고지의무의 위반과 인과관계(因果關係)가 있는 보험사고에 대해 보험자는 보상책임(補償責任)을 지지 않는다(상법 655). 보험계약자나 피보험자는 이러한 불이익을 입지 않으려면 스스로 알아서 고지의무를 이행할 수 밖에 없다. 따라서 이러한 의무를 「부진정의무(不眞正義務)」, 「간접의무(間接義務)」 또는 「자기의무(自己義務)」라고 한다.

법률에서는 의무로 규정하고 있지만, 그것에 상응하는 권리는 물론, 그 불이행에 대한 아무 법률상의 불이익도 없는 것도 있는데, 이는 특히 「불완전규정상(不完全規定上)의 의무」로 불리운다.

예컨대, 개인상인에게 인정되는 상업장부(商業帳簿)의 작성의무(상법 29 이하)가 그 예이다. 또 법원의 판결은 「소가 제기된 날」(*항소심·상고심 법원의 경우 「기록을 받은 날」)부터 5개월 이내에 선고하게 되어 있지만(민사소송법 200), 거의 지켜지지 않는다.

공법의 경우에는 이러한 의무를 「훈시규정상(訓示規定上)의 의무」라고 한다.

(3) 의무와 책임

법률의 규정에서, 의무는 「……할 의무가 있다」(민법 428①), 「……하여야 한다」(민법 568), 「……할 책임이 있다」(민법 750) 등으로 표현되고 있다.

「책임(責任)」은 위와 같이 보통 의무(義務)를 가리키지만, 그 밖에 형사책임 또는 책임능력(민법 753)이라고 하는 경우처럼 위법(違法)하여 비난을 받을 수 있는 상태 또는 사정을 의미하기도 한다.

또 채무에 대한 책임이라든지 「무한책임(無限責任)」·「유한책임(有限責任)」 또는 「책임 없는 채무」라고 하는 경우와 같이, 어느 사람의 재산이 강제집행(強制執行)에 의한 의무의 이행으로 변제(辨濟)에 충당(充當)되는 것을 의미하기도 한다(상법 769 이하).

법을 공부할 때 「책임」이라는 말에 많이 부딪히기 때문에, 여기서는 책임에 관해 좀 더 부연하기로 한다. 널리 「책임(責任)」이라고 하면, '맡아서 행하지 않으면 안 되는 임무'와 같은 국어 사전적인 의미 외에, 도덕적인 책임의 경우 '양심의 가책'이나 정치적인 책임의 경우 '하야(下野)' 등 여러 의미로 쓰이고 있는 말이다. 법률적으로는, 형사법의 경우 범죄에 대한 제재(制裁)인 「형벌(刑

罰)」을 의미하며, 그 밖의 법적인 책임은 일반적으로 「의무」와 같은 뜻으로 사용되는데(*예컨대, 「손해배상책임」이라고 할 경우), 무한책임 또는 유한책임이나 책임제한이라고 할 경우의 책임은 널리 의무불이행, 특히 채무불이행(債務不履行)의 경우 채무자의 재산이 강제집행(强制執行)을 당하게 되는 상태를 말한다.

이러한 의미의 책임은 채권자가 채권의 전액을 모두 변제받을 때까지 제한이 없는 것이 원칙인데, 이는 「무한책임(無限責任)」이다. 예외적으로, 강제집행이 특정 재물 내지 재산에 대해서만 인정되거나, 또는 일정한 금액을 한도로 하여 「채무자의 일반재산」(*당장 생활에 필요한 가재 등 이른바 「압류금지재산」과 담보에 붙여진 재산 이외의 모든 재산)만 강제집행이 되는 경우가 인정되는 수가 있다. 이를 「유한책임(有限責任)」 또는 「책임제한(責任制限)」이라고 하는데, 전자는 물적유한책임(物的有限責任), 후자는 인적유한책임(人的有限責任)이라고 한다.

우리나라의 경우 법률상의 유한책임제도는 선박소유자(船舶所有者)를 비롯한 해상기업 관계자의 「해사채권 책임제한(海事債權責任制限)」이 유명하다. 다만, 상법(*제5편의 해상법)은 인적유한책임만 인정하고 있다. 해상법상(海商法上)의 유한책임은 선주유한책임제도의 경우처럼 어떤 특정한 사고 등과 관련하여 부담하게 된 여러 종류의 채무에 대해 책임이 일괄하여 제한되는 「총체적(總體的) 유한책임」(상법 769 이하)과 함께, 하나의 특정 채무에 대해 책임이 일정한 한도로 제한되는 「개별적(個別的) 유한책임」(상법 789의2·776②·835·852⑥)의 제도가 인정된다.

이와 같은 채무 내지 의무를 지는 것을 전제로 한 책임에 대해, 회사법(會社法)의 경우에 사원의 「무한책임」·「유한책임」이라고 하는 경우의 「책임」도 문제가 되고 있다. 이는 사원 자신의 개인적인 채무 내지 의무에 대한 책임이 아니라, 「회사」의 채무에 대해 사원이 변제를 하여야 할 것인가 또는 얼마만큼 변제를 하여야 할 것인가의 문제이다. 사원이 회사의 채무에 대해 변제하여야 한다면(*사원의 「변제책임」으로서의 「무한책임」·「유한책임」의 경우), 사원의 책임은 엄밀히 말하면 「채무없는 책임」이 될 것이다. 이러한 채무없는 책임은 나중에 담보물권과 관련하여 언급할 「물증보증인」의 경우에도 인정된다. 회사의 사원의 「책임」에 대해서는 나중에 다시 나온다.

나. 의무의 분류

의무(義務)도 권리의 경우와 마찬가지로 어떤 종류의 법에 의해 구속되는가에 따라 공법상의 의무, 사법상의 의무, 사회법상의 의무 등으로 분류할 수 있다.

(1) 공법상의 의무

공법상(公法上)의 의무는 헌법, 행정법 등의 공법에 의하여 국민이 부담하는 각종 의무(*예컨대, 교육의 의무·납세의 의무 등)를 가리킨다.

(2) 사법상의 의무

사법상(私法上)의 의무는 민법·상법·유가증권법 등 사법의 적용을 받는 의무를 가리킨다. 상법 중에서, 보험자나 보험계약자·피보험자의 각종 보험계약상의 의무, 해상운송인과 송화인·수하인 내지 선하증권 소지인의 운송계약상의 의무 등 해상법상(海商法上)의 각종 의무도 사법상의 의무에 속한다.

사법상의 의무를 그 내용을 기준으로 분류하면, 판 물건을 산 사람에게 물건의 소유권을 이전해 주어야 할 의무(민법 568), 빌린 돈을 갚아야 하거나(민법 598) 수하인이 운임을 지급하여야 할 의무(상법 141) 등과 같은 적극적인 행위를 내용으로 하는 「작위의무(作爲義務)」와 지배인 등 상업사용인(商業使用人)이 영업주의 이익을 해치는 경업을 하지 않아야 할 경업금지의무(競業禁止義務)와 같은 소극적 행위를 내용으로 하는 「부작위의무」(不作爲義務－상법 17)가 있다.

이러한 의무 중의 「채무(債務)」에 관한 분류로는, 나중에 언급할 채권(債權)의 경우에 대응하는 각종의 의무가 있을 수 있다.

(3) 사회법상의 의무

사회법상(社會法上)의 의무는 근로기준법 등의 노동관계법 또는 독점금지법·공정거래법 등의 경제관계 규제법에 의한 각종 의무(*근로조건의 준수의무, 사업자의 불공정거래 금지의 의무 등)를 말한다.

3. 의무의 실현

가. 의무의 이행

의무는 의무자가 법률에 의하여 구속을 받는 행위를 함으로써 실현(實現)된다. 이러한 의무자의 행위로 의무가 실현되면, 그 의무는 본래의 목적을 달성하여 소멸한다.

의무의 실현은 이를 위한 의무자의 행위의 면에서는 의무의 「이행(履行)」이 되며, 의무가 채무(債務)이면 「채무의 이행」인 것이다. 특히, 채무의 이행은 채무 또는 그것에 대응하는 채권(債權)이 소멸하는 면에서 「변제(辨濟)」라고 한다(민법 460 이하). 빌린 돈을 갚아야 할 채무(*이를 「금전채무(金錢債務)」라고 한다)의 이행 내지 변제는 특히 「지급(支給)」이라고 한다(*「지불(支拂)」은 일본 말 법률용어이다).

나. 의무 이행과 신의칙

의무의 이행에도 권리의 행사(行使)의 경우와 마찬가지로 신의(信義)에 좇아 성실(誠實)히 하여야 하는 「신의성실(信義誠實)의 원칙」 또는 신의칙(信義則)이 적용된다.

예컨대, 100만원의 채무를 100원짜리 동전으로 이행하는 것은 형식적으로는 의무의 이행이 될지라도 상대방의 신뢰를 저버리고 정상적인 거래관념에도 어긋나는 것이기 때문에, 의무 이행으로서의 효력이 없고, 따라서 그것으로 의무가 소멸(消滅)되지 않는다고 해야 할 것이다.

다. 채무의 실현

(1) 변 제

의무 중에서 중요한 채무(債務)는 위에서 말한 바와 같이 그 이행으로 채무의 내용이 실현되면 소멸한다. 이러한 이행은 채무의 정상적인 소멸사유로서 「변제(辨濟)」이다. 채권자가 채무자의 변제로 채권(債權) 본래의 내용인 이익(利益)을 받아 누리는 것을 「채권의 만족(滿足)」이라고 한다.

변제는 채무자가 채권자에 대해 채무의 「본지(本旨－*본래의 급부의 목적 내지 내용)」에 따른 이행 곧 이른바 「변제의 제공」을 하여 채권자가 이를 수령(受領)함으로써 완성되어 채무가 소멸하는 것이다. 채권자가 수령을 하지 않으면 「수령지체(受領遲滯)」 또는 「채권자지체(債權者遲滯)」로서 채무불이행에 준하는 취급을 받게 된다.

채무는 그 이행 내지 변제에 의하지 않더라도, 이행이 불가능한 때(*「이행불능」의 경우) 또는 이행의 필요성이 없게 된 때(*「소멸시효의 완성」의 경우)에도 소멸한다. 또한 민법에서는 변제와 함께, 채무의 소멸사유로 「공탁」, 「대물변제」, 「경개」, 「상계」, 「면제」, 「혼동」을 규정하고 있다.

(2) 공 탁

「공탁(供託)」은 채무자가 변제의 목적물을 채권자를 위해 공탁소에 맡겨서 채무를 면하는 제도이다.

공탁은 채권자가 변제의 수령을 거절하거나 수령이 불가능한 때 또는 채권자를 확인할 수 없는 경우에 할 수 있다(민법 487, 상법 67).

(3) 대물변제

「대물변제(代物辨濟)」는 본래의 급부에 갈음(대신)하여 다른 급부를 함으로써 채무를 소멸시키는 것을 말한다. 이는 채권자의 승낙(承諾)을 얻어야 하는 계약이다(민법 466).

예컨대, 말(馬) 한 마리를 주어야 할 채무자가 말을 구해 주기가 어려워 채권자의 양해를 구해 좋은 한우(韓牛) 한 마리를 주고 말 줄 채무를 이행한 것으로 하는 것이다.

(4) 경 개

「경개(更改)」는 당사자(*채권자와 채무자)가 채무의 중요한 부분을 변경하는 합의를 함으로써 본래의 채무(*「구채무」)를 소멸시키는 것을 말한다(민법 500). 이는 위의 대물변제의 경우와 달라, 현실적으로 다른 급부를 함으로써 본래의 급부를 목적으로 하는 채무를 소멸시키는 것이 아니라, 장래에 이행할 새로운 채무(債務)를 발생시키고 그 대신에 본래의 구채무(舊債務)를 소멸하게 하는 계약이다.

예컨대, 말을 주어야 할 채무자가 앞으로 1개월 내에 소를 구해 줄테니 말 줄 채무를 면해 달라고 한 것에 대해 채권자가 양해를 한 경우가 경개이다.

(5) 상 계

「상계(相計)」는 채무자와 채권자가 서로 같은 종류의 채권을 가지고 있는 때에, 상호간의 채권과 채무를 「대등액(對等額)」에 관하여 채무자가 일방적으로 소멸시키는 의사표시(*「단독행위」)를 말한다(민법 492). 상계는 「금전채무」와 같이 성질상 상계를 할 수 있는 채무에 한하여 인정된다.

예컨대, A는 B에 대해 500만원의 채무를, B는 A에 대해 1000만원의 채무를 각각 지고 있는 경우, 양 채무 모두 돈을 갚아야 할 때가 되면(*「이행기」가 도래한 경우로 「상계적상(相計適狀)」이라고 한다), A·B는 500만원에 대한 상계를 함으로써, A의 채무는 완전히 소멸하고, B는 이제 500만원에 대한 채무만 부담하게 되는 것이다.

이러한 민법상의 상계에 대해, 상법에서는 「상호계산(相互計算)」 제도를 두고 있다. 상호계산은 상인(商人) 간에 또는 상인과 비상인(非商人) 간에 일상적인 거래관계가 있는 경우 일정한 기간의 거래로 생긴 금전채권·채무의 총액에 관해 상계하고 잔액(殘額)을 지급하기로 하는 계약을 말한다(상법 72). 이는 거래상의 채권·채무가 발생한 때마다 서로 돈을 주고받는 데 따른 불편과 비용·위험을 줄이고, 또 자금이 비생산적으로 사장(死藏)되는 것을 막기 위한 제도이다.

(6) 면 제

「면제(免除)」는 채권자가 채무자로부터 아무 대가를 받지 않고(*「무상(無償)」으로) 채무를 소멸시키는 일방적인 의사표시 곧 「단독행위(單獨行爲)」이다.

(7) 혼 동

「혼동(混同)」은 서로 양립(兩立)할 수 없는 법률적 지위인 채권채무가 같은 사람에게 귀속(歸屬)한 경우 일방의 채무가 소멸하는 것을 말한다.

예컨대, A가 B에게 돈을 빌렸는데, B의 A에 대한 채권이 양도 등으로 A에게 이전되면 A의 B에 대한 채무는 혼동으로 소멸한다.

Ⅲ. 물 권

1. 물권의 의의

재산권(財産權)을 그 내용에 따라 여러 가지로 분류할 수 있지만, 사법의 기본법인 민법(民法)에서는 물권과 채권의 둘로 대립시키고 있다. 그 밖의 다른 재산권은 이 두 종류의 기본적 권리의 변형(變形) 또는 그것에 준(準)하는 권리라고 할 수 있다.

따라서 물권과 채권만 올바로 파악하고 있으면, 다른 재산권에 관한 법률관계도 이해하기가 어렵지 않다. 여기서는 먼저 물권에 관하여 살펴보고, 채권에 관하여는 항목을 바꾸어 다룬다.

가. 물권의 개념

물권(物權)은 일정한 물건(物件)을 직접 지배할 수 있는 배타적(排他的)인 권리이다. 여기서, ① 「일정한 물건」이란 물권의 객체로서 현존하고 특정한 독립된 물건을 말한다.

다음에, ② 「직접 지배한다」는 것은 다른 사람의 행위를 기다리지 않고 바로 그 물건으로부터 경제적 이익을 얻는다는 것을 의미한다.

그리고 ③ 「배타적인 권리」라고 함은 동일한 물건(物件) 위에 내용이 같아서로 양립(兩立)할 수 없는 2개 이상의 물권(物權)이 동시에 존립할 수 없다는 것, 곧 이른바 「일물일권주의(一物一權主義)」를 가리킨다. 이는 하나의 물건에 대하여 2인 이상이 공동으로 물권을 가지는 경우와 구별하여야 한다.

물권 중에서 중요한 소유권의 경우, 하나의 물건에 대하여 2인 이상이 소유권을 가지면 「공동소유(共同所有)」이며, 1인이 소유권을 가지는 「단독소유(單獨所有)」와 대립한다.

나. 공동소유와 준공동소유

공동소유는, ① 물건이 하나이기 때문에 2인 이상이 부득이 공동으로 소유하게 된 「공유」(共有-민법 262~270), ② 조합(組合)이 그 목적을 달성하기 위한 수단으로 보유하게 된 물건이 조합원 모두의 공동소유가 되는 「합유」(合有-민법 271~274), ③ 동창회나 종중과 같은 법인(法人)이 아닌 사단(*이를 「권리능력 없는 사단」 또는 「법인격 없는 사단」이라고 한다)의 사원이 물건을 공동으로 소유하는 경우의 「총유」(總有-민법 275~277)의 3종류로 구별된다.

공유(共有)의 경우 공유자(共有者)는 공유물을 각자의 몫(*지분(持分))에 따라 나누자고 할 수 있다(*이를 「공유물 분할청구권」이라고 한다). 또 자기 몫을 다른 사람에 팔거나 담보로 잡힐 수 있다(*이를 「공유지분 양도·처분권」이라고 한다).

합유(合有)의 경우에는 조합원들이 조합관계를 끝낼 때(*이를 「조합의 해산(解散)」이라고 한다)가 아니면, 다른 조합원들 모두의 동의(同意)가 있어야만 합유물을 분할하자고 하거나 자기의 몫을 양도 내지 처분할 수 있다.

총유(總有)의 경우에는, 사원들로 구성되는 회의(*이를 「사원총회」라고 한다)에서 총유물을 처분하기로 한 때에 규약(規約)에 따라 자기 몫을 챙길 수 있을 뿐이고, 평소에는 총유물을 공동으로 이용할 수 있는데 그치는 것이 보통이다.

소유권 이외의 물권과 그 밖의 권리를 두 사람 이상이 가지는 경우에는, 「공동○○(권)」(*예컨대, 「공동지상권」, 「공동전세권」 등)이라고 하지 않고, 일괄하여 「○○권의 준공동소유(권)(準共同所有(權))」이라고 하거나, 또는 그 구체적인 성질에 따라 「○○권의 공유적 귀속·합유적 귀속·총유적 귀속」이라고 부른다. 의무, 특히 채무의 경우도 마찬가지로 「○○채무의 공유적, 합유적 또는 총유적 귀속」이라고 한다.

다. 물권법정주의

물권(物權)은 그 객체를 직접 배타적으로 지배하는 권리이기 때문에, 당사자가 각기 뜻하고 바라는 대로 다종다양(多種多樣)한 물권을 창설할 수 있다고 하면, 다른 사람의 이익이나 거래의 안전을 해치게 된다. 따라서 물권은 민법 기타의 법률(法律) 또는 관습법(慣習法)으로 정하는 것 외에는 임의로 창설하지 못한다(민법 185). 이를 「물권법정주의(物權法定主義)」라고 한다.

이 물권법정주의는, 「계약자유의 원칙」에 의해 법에서 규정하고 있지 않는 종류 또는 내용의 채권도 얼마든지 당사자의 의사로 창설할 수 있는 「채권」(債權)의 경우와 다른 점이다. 채권의 발생원인인 법률요건 중에서 가장 중요한 것이 계약이며, 계약의 경우에는 계약자유(契約自由)의 원칙, 특히 「내용결정(內容決定)의 자유」가 인정되기 때문이다.

2. 물권의 분류

가. 점유권과 본권

물권은 그 지배의 작용과 관련하여 점유권(占有權)과 본권(本權)으로 대별된다.

(1) 점유권

점유권(占有權)은 가옥에 거주하고 있다든가 옷을 입고 있는 것과 같이, 자신이 이익을 얻을 의사로 물건을 지배하고 있는 현재의 사실상태 곧 「점유(占有)」에 대하여 인정되는 권리를 말한다(민법 192).

물건의 점유에 대해서는 그것이 정당한 권리 내지 권원(權原)에 의한 점유인가 아닌가를 묻지 않고 점유권(占有權)이라는 이름으로 하나의 권리를 인정하고 있는 것이다. 그 이유는, 사람이 어떤 물건을 점유하고 있으면 그 사람에게 그 물권의 점유를 정당화하는 권리 곧 물권인 「본권(本權)」 또는 채권 등의 권원(權原)이 있는 것이 보통이다. 또 점유를 권리로서 인정하지 않으면 이미 사람이 점유하고 있는 물건을 자기의 것이라고 물리적인 힘 따위로 빼앗아 가는 것을 허용하는 것이 되어 사회생활의 평화를 어지럽힐 수 있다.

따라서 점유자(占有者)는 그 점유가 적법(適法)한 것인가 아닌 것인가를 묻지 않고, 점유를 침탈(侵奪) 당하거나 또는 점유에 대한 방해(妨害)나 그 방해의 염려가 있으면, 침탈당한 물건의 회수 또는 방해의 제거나 예방을 청구할 수 있는 이른바 「점유소권(占有訴權)」이 인정된다(민법 204~208).

이와 같은 견지에서, 점유는 적법한 권원에 의한 것이 아니라도, 그것은 적법하게 점유물을 보유하는 것이라는 권리추정(權利推定)의 기능이 있다(민법 200). 따라서 양도 내지 처분을 할 수 있는 권리 또는 권한이 없는 동산의 점유자로부터 평온·공연하게 그 동산을 선의·무과실로 취득한 자는 그 동산의 소유권 또는 질권을 「선의취득(善意取得)」하여 소유자 또는 질권자가 될 수 있는 것이다(민법 249 · 343).

부동산의 경우에는 점유가 아니라 등기(登記)에 권리추정의 기능이 있다고 하여야 할 것이다. 따라서 부동산물권에 대해서는 선의취득이 인정되지 않는다.

또 정당한 권리가 있다고 오신(誤信)하고 물건을 점유하고 있는 사람은 그 물건으로부터 생기는 과실(果實)을 취득할 권리(*「과실수취권」)가 있다(민법 201①).

이와 같은 점유권의 효력은 본래의 권리자에 의하여 번복될 때까지의 일시적으로 본권과 같은 배타성이 없다. 따라서 점유권은 정상적인 본래의 물권 곧 「본권」이라고 할 수 없다. 점유권(占有權)과 본권(本權)을 대립시키는 것은 이 때문이다.

그런데 점유는 본래 물건을 사실상 지배하고 있는 상태를 가르키는 것이지만, 유가증권(*어음 · 수표 · 선하증권 등)에 대한 사실상의 지배도 점유라고 한다. 그러나 물건이나 유가증권 이외의 재산권에 대한 사실상의 지배는 「준점유(準占有)」라고 부른다. 예컨대, 일반의 거래관념상 채권을 행사할 정당한 권한이 있는 것으로 믿을 만한 외관을 가지고 채권을 행사하는 사람은 채권의 「준점유자」로 취급되며, 이러한 사람에 대해 채무자가 모르고 또한 잘못이 없이(*「선의 · 무과실(善意 · 無過失)로」) 변제를 한 때에는 채무의 변제로서 유효하고 그 변제로써 채무를 면하는 것이다(민법 470 참조).

(2) 본 권

점유권을 제외한 모든 물권은 일시적인 것이 아니고 배타성도 있기 때문에 본래의 물권인 것이며, 이 의미에서 「본권(本權)」이라고 하는 것이다.

본권은 그 내용에 따라 크게 소유권과 제한물권으로 분류된다. 본권 중에서 소유권(所有權)은 전면적(全面的)인 지배권인 데 대하여, 「제한물권(制限物權)」은 일정한 제한된 범위의 목적을 위해서만 물건을 지배할 수 있는 권리이기 때문에 그렇게 불리우는 것이다. 또한 이러한 제한적인 지배의 권능(權能)은, 성질상 자기의 소유물(所有物)에 대한 것일 수가 없고 타인(他人)의 소유물에 대해서만 인정할 수 있다는 의미에서, 제한물권을 「타물권(他物權)」이라고도 한다.

제한물권은 용익물권과 담보물권으로 재분류된다. 민법상의 용익물권으로는 지상권·지역권·전세권이 있고, 담보물권으로는 유치권·질권·저당권(抵當權)이 있다.

나. 소유권

(1) 소유권의 의의

소유권(所有權)은 본권 내지 물권 중에서뿐 아니라, 모든 재산권 중에서 가장 중요한 권리이며, 사유재산제도(私有財産制度)의 근간이다. 사람이 물건을 '가지고 있다', '보유한다', '소유한다' 등으로 말하는 것은 그 사람한테 특정한 물건에 대한 소유권이 있다는 것을 의미한다. 소유권을 가지고 있는 자를 「소유권자(所有權者)」 또는 「소유자(所有者)」라고 한다.

소유자가 소유물을 자기의 의식주(衣食住) 등에 관한 경제적 목적을 위해 소유물의 용법(用法)에 따라 스스로 사용(使用)할 수 있다는 것은 물론이다. 또 소유자는 소유물을 빌려주어 다른 사람이 사용할 수 있게 함으로써 대가(代價)를 받을 수도 있고, 또 소유물로부터 천연과실을 수취할 수 있다. 나아가, 돈을 빌리는 데 담보(擔保)로 잡힐 수도 있고, 다른 사람에게 매각하거나 증여하거나 할 수 있을 뿐 아니라, 부수어 없애 버릴 수 있는 자유까지 있다. 이 모든 것이 소유권이 내포하고 있는 사용·수익·처분의 권능(權能)이다.

(2) 소유권의 특성

소유권은 그 객체인 물건을 자유로이 「사용(使用)」·「수익(收益)」·「처분(處分)」할 수 있는 권능을 내용으로 한다. 따라서 소유권은 이들 권능의 일부만 인정되는 다음에 말할 「제한물권(制限物權)」과 달라서, 물건에 대한 「전면적 지배권(全面的支配權)」이다(민법 211).

그러나 소유자가 그 소유물 위에 제한물권 또는 임차권과 같은 채권이나 그 밖의 권리를 설정하면, 이것에 의하여 소유권이 제한물권 등의 효력 내지 그 권능의 범위에서 일시적으로 전면적 권능이 제한을 받을 수 있다. 그렇더라도, 그와 같은 타인의 권리에 의한 제한이 소멸하면, 소유권은 다시 완전한 전면적인 지배권능을 회복하여 원만한 상태로 돌아온다. 이를 소유권의 「탄력성」(彈

力性)이라고 한다.

소유권은 소유권자가 그 권능을 소유물에 대해 전혀 행사하지 않고 있다고 하더라도, 다른 사람이 「취득시효」(取得時效－민법 245 이하)로 그 물건의 소유권을 취득하지 않는 이상, 「소멸시효」(消滅時效)로 소멸되는 일이 없다. 이를 소유권의 「항구성(恒久性)」이라고 한다. 이는 다른 권리는 존속기간이 있고 소멸시효로 소멸하는 것이 보통인 점과 다르다.

다. 용익물권

제한물권 중에서, 「용익물권(用益物權)」은 타인이 소유하는 부동산(不動産)을 사용·수익하기 위한 물권이다.

민법상의 용익물권은, ① 다른 사람의 토지에 건물 기타의 공작물이나 수목(樹木－살아있는 나무)을 소유하기 위하여 일정한 기간 그 토지를 이용할 수 있는 「지상권」(地上權－민법 279 이하), ② 그곳을 통행하거나 거기서 물을 끌어오거나 하는 경우처럼 다른 사람의 토지를 자기 토지의 편익(便益)을 위해 이용하는 것을 목적으로 하는 「지역권」(地役權－민법 291 이하), ③ 전세금을 지급하고 일정한 기간(*전세기간) 동안 다른 사람의 부동산을 점유하여 그 용도에 따라 사용·수익하고 전세기간이 지나면 전세금을 반환받을 수 있는 「전세권」(傳貰權－민법 303 이하)이 있다.

이 중에서, 전세권(傳貰權)의 경우 전세권 설정자인 부동산의 소유자는 전세금(傳貰金)을 받아서 이를 반환할 때까지 활용하거나 다른 사람에 빌려주어 이자(利子)를 취득하는 등으로 이익을 얻을 수 있는 셈이다. 전세권은 부동산물권(不動産物權)이기 때문에 전세권의 취득을 위해서는 원칙적으로 설정등기(設定登記)를 하여야 한다(민법 186). 그러나 실제로는 「전세권」이라는 명칭으로 다른 사람의 부동산, 특히 가옥을 빌려서 사용하더라도 설정등기를 하지 않고, 실질적으로 「임차권」(賃借權－민법 618)에 해당하는 것이 많다.

라. 담보물권

(1) 채권담보제도와 담보물권의 의의

(가) 책임재산과 그 불완전성

담보물권(擔保物權)은 채권담보제도 중에서 「물적담보(物的擔保)」에 해당하는 것이다. 「채권담보제도(債權擔保制度)」란 채무자의 책임재산의 불완전성을 보충하여 채권의 실현 또는 채권자의 채권의 만족을 확실히 하기 위한 법률적 제도를 가리킨다.

채권자, 즉 예컨대, 남에게 돈을 빌려주어 받을 날짜에 갚으라고 요구할 수 있는 권리 곧 「채권(債權)」을 가진 자는 돈을 빌려간 채무자가 제 때(*이행기 또는 변제기)에 갚지 않는 「채무불이행(債務不履行)」의 경우에는, 궁극적으로 옷가지나 침구 등 생활필수품과 같은 「압류금지물(押留禁止物)」을 제외한 채무자의 모든 재산, 즉 이른바 「일반재산(一般財産)」 또는 「책임재산(責任財産)」에 대한 강제집행(强制執行－*「강제경매」)을 하여 그 대가로 받는 「경락대금(競落代金)」으로 채권에 관한 변제의 효과를 거둘 수 있다.

그러나 채무자의 일반재산 또는 책임재산은 끊임없이 변동하여 채권이 성립한 당시에는 채무자에게 충분한 자력(資力)이 있었더라도, 그 이행기에는 감소하여 변제자력(辨濟資力)으로는 부족하게 될 수가 있다.

또 채무자의 일반재산(一般財産)은 비록 적지 않다고 하더라도, 그것은 원칙적으로 어느 특정한 채권자가 독점적(獨占的)으로 그것으로부터 변제를 받을 수 있는 것이 아니다. 그 재산은 채무자에 대한 모든 채권자(債權者)를 위해 채무의 변제(辨濟)에 충당할 재산이 된다. 모든 채권은 그 종류나 발생시기에 관계없이 원칙적으로 평등한 지위에 있기 때문이다. 이를 「채권자 평등(債權者平等)의 원칙」이라고 한다.

예컨대, 甲이 A로부터 2억원, B로부터 1억 5,000만원, C로부터 5,000만원을 빌렸는데 이를 갚지 않고 있다. 이러한 경우, A가 甲의 채무불이행(債務不履行)을 이유로 그 재산에 대해 강제집행을 하거나 또는 A의 신청에 의해 甲이 파산선고(破産宣告)를 받아 甲의 재산이 2억원의 금전으로 환가되었다. 이 2억원은 A뿐 아니라 금액을 B・C도 함께 각자의 채권액에 비례하여 평등(平等)하게 분배(分配)를 받게 되어, A에게는 1억원 밖에 돌아가지 않는다(2억원×A 2억원 / (A 2억원＋B 1억 5,000만원＋C 5,000만원)).

이와 같은 채무자의 일반재산 또는 책임재산의 불완전성(不完全性)에도 불구하고 채권자의 채권 만족을 확실히 보장하기 위한 제도가 「채권담보제도(債

權擔保制度)」인 것이다.

(나) 담보물권의 의의

채권담보제도로는 인적담보와 물적담보가 있다. 나중에 「다수당사자의 채권채무관계」와 관련하여 살펴볼 보증(保證)은 「인적담보(人的擔保)」에 해당한다. 이는 채무자가 채무의 이행을 제대로 하지 못할 경우에 대비하여 채무자 이외의 제3자(*「보증인」)가 채무자에 갈음하여 또는 채무자와 함께 변제하도록 하는 제도이다. 그러나 이 제3자의 재산 역시 변동·감소하고 채권자평등의 원칙의 적용을 받는 등 불완전하기는 마찬가지이다.

여기서 다른 채권자에 우선하여 변제를 받을 수 있는 보다 확실한 담보제도가 될 수 있는 것이 「물적담보(物的擔保)」로서 담보물권(擔保物權)인 것이다. 이는 사전에 담보물(擔保物)의 평가(評價)를 제대로 하여 그 평가액의 범위 내에서 이자(利子)와 그 밖의 비용(費用)을 참작하여 채권의 원본(元本)을 결정하도록 하고, 또 건물과 같은 담보의 목적물에 대해 화재보험계약을 체결하는 등 담보기간 중의 가치의 감손(減損)에 대비하면, 담보로서의 기능이 충분히 발휘될 수 있다.

담보물권(擔保物權)은 채권자가 채권의 실현을 확보하기 위해 다른 사람의 물건을 그 처분권능(處分權能)에 의하여 지배할 수 있는 제한물권을 말한다. 담보물권에 의하여 채권의 실현이 보장되고 있는 경우, 그 채권을 「피담보채권(被擔保債權)」이라고 한다.

담보물권에 대한 피담보채권이 변제기에 이행되지 못하면, 담보물은 담보물권의 「실행(實行)」으로 민사집행법에 의한 「경매」의 대상이 된다. 종래 담보물권의 실행으로 행하는 경매를 강제집행으로 행하는 경매 곧 「강제경매(强制競賣)」에 대해 「임의경매(任意競賣)」로 불리운다. 임의경매도 강제경매와 함께 민사집행법에 포함되어 강제경매의 많은 규정이 임의경매에 준용되므로(민사집행법 268·269·272·275), 양자 간에 절차상으로 차이가 없다.

담보물권은 법정담보물권(法定擔保物權)과 약정담보물권(約定擔保物權)으로 구분된다.

(다) 담보물권의 통유성

담보물권의 공통적인 성질(*이른바 「통유성(通有性)」)로, ① 부종성, ② 불가분성, ③ 물상대위성이 인정된다.

담보물권은 채권의 확실한 실현을 위한 수단적인 권리이기 때문에, 피담보채권(被擔保債權)이 성립하지 않으면 원칙적으로 담보물권도 성립되지 않으며(*다만, 나중에 말할 「근저당권(根抵當權)」의 경우는 그 예외라고 할 수 있다), 피담보채권이 소멸하면 담보물권도 소멸한다. 담보물권의 이러한 성질을 「부종성(附從性)」이라고 한다. 여기서 담보물권의 「수반성(隨伴性)」이 파생된다. 이는 피담보채권이 양도 내지 처분되면 담보물권도 그것에 따라 이전하는 것을 말한다. 이러한 성질은 담보물권이 채권의 담보라고 하는 목적을 위해 존재하는 권리라는 점에서 생기는 당연한 결과인 것이다.

또 담보물권자는 피담보채권(被擔保債權) 전부의 변제를 받을 때까지는 담보물(擔保物) 전부에 대해 담보물권을 행사할 수 있다. 이를 담보물권의 「불가분성(不可分性)」이라고 한다(민법 321 · 343 · 370). 예컨대, 1억원의 채권을 위해 가옥에 대한 저당권을 설정한 경우 채권자인 담보물권자가 9,000만원의 변제를 받아도 채권자인 담보물권자의 저당권은 담보물 전부에 대해 존속하는 것이다.

담보물의 멸실 · 훼손 또는 공용징수(公用徵收)로 인하여 담보권 설정자(*반드시 「채무자」일 필요는 없으며, 채무자가 아닌 제3자가 담보물을 제공하여 담보권이 설정된 경우 그 제3자를 「물상보증인」이라고 한다)가 받을 금전이나 그 밖의 물건에 대해서도 담보물권이 행사될 수 있다. 이 경우 그것이 담보권 설정자에게 지급되거나 인도되기 전에 압류(押留)하여야 한다. 이를 담보물권의 「물상대위성(物上代位性)」이라고 한다(민법 342 · 370). 담보물권의 목적물이 화재 등의 보험사고의 경우 담보권 설정자의 보험자(保險者)에 대한 보험금(保險金) 청구권, 또 담보물을 매각한 경우 그것에 대한 대금지급(代金支給) 청구권 등에 대해서도 물상대위의 효력이 미친다고 해석한다.

(2) 법정담보물권

(가) 유치권

법정담보물권(法定擔保物權)은 법률의 규정에 의하여 당연히 성립하는 담보물권을 말한다.

법정담보물권 중에서, 「유치권(留置權)」은 타인의 물건(유가증권에 대해서도 유치권이 인정된다)을 점유하고 있는 채권자가 그 물건과 관련하여 생긴 채권의 변제를 받을 때까지 그 물건에 대해 유치(留置-*점유를 계속하고 반환을 거부하는 것)를 함으로써, 채무를 변제하여야 그것을 찾아올 수 있기 때문에 채무자를 심리적으로 압박하여 간접적으로 채무이행을 강제할 수 있는 담보물권이다.

예컨대, 자동차나 선박의 수선을 맡은 수선업자는 수선을 다해서 차주나 선주가 인도해 달라고 해도 수선비(修繕費)를 지급할 때까지 자동차나 선박을 돌려주지 않겠다고 할 수 있는 유치권이 있는 것이다.

유치권에는, 민법에 의한 「민사유치권」(民事留置權-민법 320)과 상법의 규정에 의한 각종 「상사유치권」(商事留置權-상법 58·91·111·147)이 있다. 해상법(海商法)에서는 화주(貨主)에 대한 해상운송인의 운임채권(運賃債權)을 위한 운송물 유치권이 인정된다(상법 807②).

(나) 우선특권

「우선특권(優先特權)」은 법률에서 규정하고 있는 일정한 종류의 채권의 채권자가 그 채권과 관련이 있는 물건 또는 재산으로부터 다른 채권자에 우선하여 자기의 채권의 변제를 받을 수 있는 특별한 담보물권이다.

우선특권의 경우 채권자인 담보물권자가 담보의 목적물을 점유(占有)하고 있어야 하는 것이 아니다. 또 우선특권은 등기(登記) 기타의 담보권에 관한 공시(公示)가 없이도 인정된다. 선원의 고용관계의 채권에 대하여 인정되는 해상법상의 「선박우선특권(船舶優先特權)」이 그 대표적인 예이다(상법 777 이하).

예컨대, 선원이 지난 1년간의 임금을 받지 못한 채 하선하였는데 자기가 승무하고 있던 선박이 팔려서 다른 사람의 소유가 되어 현재 외국의 항구에 정박하고 있더라도, 임금을 못 받은 선원은 그 선박을 경매하여 임금채권의 변제에 충당할 수 있는 선박우선특권이 있는 것이다(상법 777①ii).

민법에는 우선특권에 관한 일반적인 규정이 없다. 그러나 근로기준법에서는 근로자의 임금우선특권을 인정하고 있다. 근로기준법에 의하면, 근로자(勤勞者)의 3개월분의 임금(賃金) 및 재해보상금(災害補償金)의 채권(*2005년 1월 27일 개정 전에는 「최종 3년간의 퇴직금」도 포함되었으나, 2005년의 개정으로 삭제되었다)은 사용자(使用者)의 총재산에 대하여 질권 또는 저당권에 의해 담보된 채권과 조세·공과금 및 다른 채권에 우선하여 변제되어야 한다고 규정하고 있다(제38조 제2항). 이를 일반적으로 「임금우선특권(賃金優先特權)」이라고 부르지만, 그 목적물이 특정물(特定物)이 아닌 사용자의 총재산이므로, 「물권(物權)」으로서의 우선특권이라기보다는 근로자를 특별히 보호하기 위해 인정된 임금채권 등의 특수한 효력이라고 보아야 할 것이다.

선원도 근로자인만큼 그 임금·재해보상금 채권에 대해서 근로기준법상의 우선특권이 인정되는 것은 당연하다(*선원법 제5조 제1항에 의한 근로기준법 제37조 준용). 선박우선특권이 원칙적으로 저당권에 준하는 취급을 받는 담보물권이라는 점(상법 777②제2문)에서, 선원의 3개월분의 임금 및 재해보상금에 관한 채권은 선박우선특권에 우선하는 것이다. 따라서 위에서 예로 든 상법 제777조 제1항 제2호의 선원 기타의 선박사용인의 고용계약(雇傭契約)으로 인한 채권은 임금우선특권의 피담보채권을 제외한 1년분(상법 786 참조)의 퇴직금 등에 관한 채권을 가리키는 것이다.

(3) 약정담보물권

(가) 질 권

약정담보물권(約定擔保物權)은 당사자, 즉 채권자와 담보권의 설정자 사이의 「담보권 설정계약(擔保權設定契約)」에 의하여 성립하는 담보물권이다.

이 약정담보물권(約定擔保物權) 중에서, 「질권(質權)」은 채권자와 채무자 사이의 질권설정계약에 의하여 채권의 담보로서 채무자가 제공하거나 또는 채권자와 제3자 사이의 질권설정계약(質權設定契約)에 의해 제3자(*이른바 「물상보증인(物上保證人)」)가 제공한 재산을 채권자가 점유하고 채무의 이행을 간접적으로 강제하며, 아울러 그 이행이 없는 때에는 그 재산을 환가(*「임의경매(任意競賣)」)하여 「우선변제(優先辨濟)」를 받을 수 있는 권리를 말한다(민법 329 이하).

예컨대, A는 B로부터 10만원의 돈을 빌리고, 그 담보로서 20만원 정도의 값이 나가는 반지를 B에게 맡겼는데, A가 약속한 기한까지 돈을 갚지 않으면 B는 그 반지를 팔아 그 대금으로 받은 돈에서 빌려 준 10만원 및 이자와 그 밖의 비용을 공제하고 나머지를 돌려 줄 수 있는 B의 권리가 질권(質權)인 것이다.

질권의 목적물인 재산이 동산이면 「동산질권」(動産質權 - 민법 329), 채권 · 주식 · 유가증권 기타의 재산이면 「권리질권」(權利質權 - 민법 345)이다. 부동산에 대하여는 질권을 설정할 수 없다.

질권의 경우, 민법은 채무자의 채무이행이 없을 때 우선변제를 받기위한 담보물의 처분은 경매(競賣) 또는 법률(法律)로 정하는 방법으로 해야 된다고 규정하고 있다(민법 338). 따라서 질권설정자가 질권설정계약(質權設定契約) 또는 변제기(辨濟期) 전의 계약으로 채무불이행의 경우 채권자에게 질권의 목적물(*질물(質物))의 소유권을 취득시키기로 하는 이른바 「유질계약(流質契約)」 또는 법률로 정한 방법에 의하지 않고 질물을 처분할 것을 약정하는 것 등이 금지된다. 이는 경제적 약자인 채무자가 부당하게 손해를 입는 것을 방지하기 위한 것이다.

그러나 상거래에 의하여 생긴 채권을 담보하기 위한 「상사질권」(商事質權 - 상법 59)에 관해서는 예외적으로 유질계약(流質契約)이 인정된다.

(나) 저당권

(a) 저당권의 의의

「저당권(抵當權)」은 채권자와 담보권 설정자인 채무자 또는 제3자(*물상보증인) 사이의 계약에 의하여, 담보권 설정자가 담보물의 점유를 채권자 곧 저당권자(抵當權者)에게 이전하지 않고도 채무의 담보로 삼고 채무의 변제를 할 수 없는 경우 채권자는 그것을 환가(換價) 곧 경매(競賣)하여 그 대금(*경락대금)에서 다른 채권자보다 우선적으로 자기 채권에 대한 변제를 받을 수 있는 권리를 말한다(민법 356).

질권(質權)의 경우 담보물을 채권자가 점유(占有)하지만, 저당권(抵當權)에서는 채무자 또는 물상보증인이 여전히 담보물을 점유하고 사용 · 수익할 수 있는 점에서 이와 큰 차이가 있다. 가옥의 소유자가 그 가옥에 여전히 살고 있으면서 은행에서 돈을 빌리고 그 담보로서 가옥을 저당잡히는 경우가 그 예이다.

저당권의 경우에는, 담보물의 점유(占有)가 저당권자에게 이전되지 않고 여전히 담보권 설정자에게 있기 때문에 외부에서 보면 그것이 저당으로 잡혔는지 어떤지 알 수 없으므로, 그 사정을 모르는 사람(예컨대, 저당권이 설정된 담보물을 사려고 하는 사람)에게 예상 못한 손해를 끼칠 염려가 있다.

따라서 저당권은 그 설정의 사실과 내용을 공적인 장부(*등기부 또는 등록부)로 공시(公示)하도록 하고 있다. 따라서 저당권은 그러한 공부(公簿)로 공시할 수 있는 부동산, 부동산물권(不動産物權)인 지상권・전세권, 선박・자동차・항공기 등에만 인정된다(민법 186・356・371, 상법 787 등).

(b) 저당권의 순위

저당권은 동일한 목적물을 대상으로 2개 이상 성립할 수 있다. 그 순서(順序)에 따라 「1번저당권」, 「2번저당권」 등으로 불리우며, 그 순서는 등기(登記)에 의한 설정(設定) 시기의 전후(前後)에 따라 정해진다(민법 370~333).

예컨대, 甲이 자기의 토지를 담보로 하여 A로부터 1억원을 빌리고 그 토지에 저당권을 설정한 후에 또 B로부터 1억원을 빌리고 그 토지에 대해 B에게도 저당권을 설정해 준 경우, A는 1번저당권자, B는 2번저당권자이다. 그런데 甲에게는 달리 재산 내지 변제자력(辨濟資力)이 없고 그 채무의 변제를 위하여 그 저당의 목적물인 토지가 1억 5,000만원에 경매되었다면, A는 1억원의 변제를 받게 되고, B는 나머지 5,000만원 밖에 변제를 받지 못하게 되는 것이다.

(c) 근저당권

저당권 중에는, 장래에 확정될 채무를 일정한 금액을 한도로 담보하기 위하여 설정하는 「근저당권(根抵當權)」이 있다(민법 357). 보통의 저당권은 현존하는 기존의 채권을 담보하기 위하여 설정되는 것인 데 대하여, 근저당권은 설정 당시에는 그 발생시기・내용 등을 확정할 수 없는 채권을 담보하기 위해서 설정되는 점이 큰 차이이다.

거래의 당사자 상호간에 계속적으로 많은 채권이 발생하고 소멸하는 경우 그 때마다 특정한 채권을 담보하는 보통의 저당권을 설정하거나 소멸시킨다는 것은 번잡스럽고 그 때마다 수고와 비용을 요한다. 이러한 문제를 해결하기 위하여 근저당권이 많이 이용되는 것이다.

예컨대, A은행과 B회사 사이의 당좌대월계약(當座貸越契約)으로, A은행이 10억원을 한도로 B회사가 발행하는 수표(手票)를 지급하기로 약속하고 B회사는 A은행을 위해 그 소유의 부동산에 대한 근저당권(根抵當權)을 설정하였다. 이 경우 B회사가 당좌예금액을 넘게 발행한 수표를 A은행이 지급하고 B회사는 돈이 생기는 대로 그 당좌예금 구좌에 입금하는 일이 되풀이됨으로써, A은

행의 채권이 끊임없이 증감·변동하더라도, 근저당권은 항상 10억원을 한도로 존속하는 것이다.

(4) 양도담보

이상과 같은 담보물권은 민법이나 상법 또는 그 밖의 성문법(成文法)의 규정에 의하여 인정되는 것인데, 이러한 성문법규에 의하지 않고 관습법(慣習法)에 의하여 인정되는 담보물권으로 「양도담보(讓渡擔保)」 또는 「매도담보(賣渡擔保)」가 있다. 이는 담보로 제공하려고 하는 물건의 소유권 기타의 권리 자체를 채권자에게 양도(讓渡) 또는 매도(賣渡)하고, 일정한 기간 내에 채무를 변제하면 그 물건에 대한 권리를 채무자에게 되돌려 주기로 하는 것을 말한다.

다시 말하면, 내막적으로는 담보(擔保)를 목적으로 하는 것이지만, 법률적·형식적으로는 매매 기타의 목적물에 대한 권리를 이전하는 양도의 방식을 취한다고 하여 「양도담보(讓渡擔保)」라고 불리운다. 그 양도가 매매계약으로 이루어지면 특히 「매도담보(賣渡擔保)」라고 하는 것이다.

예컨대, A가 그 소유의 자동차를 담보로 하여 B로부터 500만원을 빌리는 데에 그 담보의 목적으로 자동차의 소유권을 B에게 이전하되, A가 종전과 같이 자동차를 그대로 사용하면서 1년 내에 A가 빌린 500만원과 이자 등을 B에게 갚으면 도로 A의 것(*A의 소유물)으로 하기로 하고 아울러 B가 A로부터 받는 이자에 해당하는 돈을 형식상으로는 자동차를 빌려주어 사용하게 한 대가 곧 임대료로서 받도록 하였다고 하면, 이 경우 A의 자동차는 양도담보 또는 매도담보의 대상이 되었다고 할 수 있다.

여기 나오는 「양도(讓渡)」는 법률행위 또는 계약으로 재산권을 이전하는 것을 말한다. 매매라는 계약으로 재산권을 양도하는 경우를 특히 「매도(賣渡)」라고 하며, 물건 내지 재산권의 양도 및 그것에 대한 담보물권을 설정하는 것을 합쳐 「처분(處分)」이라고 총칭한다.

3. 물권의 효력

물권의 효력(效力)이란, 물권자의 내용인 경제적인 이익을 현실적·구체적으로 향유할 수 있도록 법률에서 보장하고 있는 개개의 지배권능(支配權能)의 힘을 발휘할 수 있는 것을 가리킨다.

물권 중에서, 전면적 지배권인 소유권(所有權)의 경우, 소유권자는 목적물에 대한 사용·수익·처분의 권능이 있으며, 제한물권의 경우 그 중의 사용·수익의 권능(*용익물권의 경우) 또는 처분의 권능(*담보물권의 경우)을 발휘할 수 있다. 이는 물권의 개념요소를 이루는 효력이다. 이러한 기본적 효력을 기초로 하여, 물권마다 독특한 구체적인 효력이 법률로 인정되고 있는 것이다.

그 밖에, 물권의 특성(特性)에서 모든 물권에 관해 대체로 다음과 같은 공통적인 효력, 즉 일반적 효력을 생각할 수 있다.

가. 우선적 효력

먼저, 물권의 「우선적 효력(優先的效力)」이다. 이는 물권 상호간의 우선적 효력과 채권에 대한 우선적 효력의 둘로 나누어진다.

(1) 물권 간의 효력

동일한 목적물 위에 양립할 수 없는 물권 상호간에는 시간적으로 앞선 물권만 인정된다. 목적물의 점유를 요하지 않는 「저당권(抵當權)」의 경우와 같이 서로 양립(*兩立－함께 존립 또는 존속)할 수 있으면, 먼저 성립한 물권이 나중에 성립한 물권에 우선한다. 다만, 점유권은 성질상 이 효력이 문제가 되지 않는다.

예컨대, 먼저 甲에게 소유권이 있는 물건 위에는 乙의 소유권은 이중(二重)으로 성립할 수 없다. 다만, 채권자 A의 저당권이 설정되어 있는 부동산에 다시 B의 저당권이 2번저당권으로 설정될 수 있다. 이 경우 A(*2번저당권자 B에 대해 1번저당권자)가 그것을 경매하여 채권의 만족을 얻은 후에 나머지가 있어야 B를 만족시킬 수 있을 뿐이다.

(2) 채권에 대한 효력

동일한 목적물 위에 채권(債權)과 물권(物權)이 병존하는 때에는 물권이 우선한다.

예컨대, A가 B에게 건물 또는 선박을 임대(*선체용선)하고 있었는데 그것을 C에게 매각하여 C가 소유권을 취득한 경우, C는 B에 대하여 건물 또는 선박의 명도(*부동산의 점유이전 곧 인도(引渡)를 「명도(明渡)」라고 하고, 증권의 인도를 「교부(交付)」라고도 한다) 또는 인도를 청구할 수 있다. 다만, C가 소유권을 취득하기 전에 B의 임차권에 대한 등기가 되어 있었으면, 이른바 「임차권의 물권화(物權化)」에 의하여 임차기간 내에는 B에 대해 건물의 명도 또는 선박의 인도를 청구할 수 없다(민법 621).

임차권의 물권화와 관련된 임차권의 등기는 당사자 간의 합의가 있어야 한다(민법 621①). 그러나 선체용선(船體傭船), 즉 종래의 선박임차권(船舶賃借權)의 경우에는, 당사자 간의 합의의 유무와 관계없이 선체용선자(*임차인)는 선체용선의 등기를 청구할 수 있다(상법 849①).

또 「주택임대차」의 경우 임차인(賃借人)이 주소를 임차한 가옥의 소재지로 옮겨 주민등록을 한 때에는, 주택임대차보호법에 의하여 그 주민등록일 이후에 임차가옥에 대해 소유권 기타의 물권을 취득한 자에 대하여 우선적 효력이 인정된다. 물론, 이 보호는 주민등록 당시의 주택임차기간(住宅賃借期間)의 만료시까지이며, 또 대통령령으로 정하는 임차보증금(賃借保證金-*수도권 중 과밀억제권역의 경우 6,000만원 등)의 한도 내에서 인정되는 것이다(주택임대차보호법 3의2·8, 동법시행령 4). 그리고 「상가건물임대차」는 그 등기가 없는 경우에도 임차인이 건물의 인도와 조세법상의 사업자등록을 신청한 때에는, 그날부터 제3자에 대하여 효력이 생긴다(상가건물임대차보호법 3).

나. 물권적 청구권

물권에는 「물권적 청구권(物權的請求權)」이 인정된다. 이는 물권자가 그 물권을 침해하는 자에 대해 침해의 배제를 청구할 수 있는 것을 말하며, 「물상청구권(物上請求權)」이라고도 한다.

소유권의 경우 자기의 소유물을 점유하고 있는 자에 대한 소유자의 소유물의 「반환청구권(返還請求權)」, 소유권을 방해하는 자에 대한 「방해제거청구권(妨害除去請求權)」, 소유권을 방해할 염려가 있는 행위를 하는 자에 대한 「방해예방청구권(妨害豫防請求權)」이 그것이다. 점유(占有)를 수반하지 않는 저당권(抵當權)을 제외한 다른 물권의 경우에도 이에 준하는 물권적 청구권이 인정된다(민법 204~206·213·214·290①·301·309).

예컨대, A의 자동차를 B가 훔쳐 간 때에는, A는 B에 대해 그 반환을 청구할 수 있다. 또 A의 소유지(所有地)에 B가 침입하여 무단으로 사용하고 있는 경우, A는 그 소유지의 완전한 사용이 방해되고 있기 때문에 B에게 그 퇴거곧 방해제거를 청구할 수 있다. 다시 A의 이웃집인 C의 건물이 A의 집 쪽으로 넘어질 염려가 있으면, A는 그 건물을 기둥으로 받치든지 하여 그것이 넘어지는 것을 방지하도록 C에게 방해예방을 청구할 수 있는 것이다.

Ⅳ. 채 권

1. 채권의 의의

가. 채권의 개념

채권(債權)이란 특정인에 대해 일정한 행위를 해 달라고 청구할 수 있는 권리를 말한다. 이 채권에 대응하는 의무가 「채무(債務)」이다. 일정한 행위는 「급여(給與)」 또는 「급부(給付)」라고 하고(*「급여」는 봉급·보수 등을 연상시키므로 이 책에서는 「급부」로 통용하기로 한다), 급부를 청구할 수 있는 권리자가 「채권자(債權者)」, 급부의 청구를 당하는 의무자가 「채무자(債務者)」이다.

예컨대, 다른 사람에게 돈을 빌려 준 사람은 그것을 갚을 것을 청구할 수 있는 채권(민법 598)이 있다. 보험회사와 보험계약을 체결한 가입자(*손해보험의 「피보험자」와 인보험의 「보험수익자」)는 보험사고가 나면 보험금을 달라고 청구할 수 있는 채권(상법 638)이 있으며, 해상운송인은 화주(貨主)에 대해 운임 또는 용선료를 달라고 청구할 수 있는 채권(상법 800①)이 있는 것이다.

채권은 물권(物權)과 함께 기본적인 재산권(財産權)이지만, 물건을 직접 지배(支配)함으로써 이익을 얻을 수 있는 것은 아니고, 채무자에 의한 일정한 행위(行爲)를 통해서만 그 목적을 달성할 수 있는 점에서 물권과는 근본적으로 다르다.

나. 채권과 물권의 관계

물권이 「지배권(支配權)」인 데 대하여, 채권은 「청구권(請求權)」이라는 차이에서, 다시 물권은 누구에게도 주장할 수 있는 권리 곧 「절대권(絶對權)」 또는 「대세권(對世權)」이고, 채권은 특정한 청구의 상대방에 대하여만 주장할 수 있는 권리 곧 「상대권(相對權)」 또는 「대인권(對人權)」이라는 구별이 파생되어 나온다.

예컨대, B에게 돈을 빌려 준 A는 채권자로서 B가 가지고 있는 돈을 직접 지배할 수 없고, 오직 채무자인 B에 대해서만 그 돈을 갚으라고 청구할 수 있을 뿐이다. A가 B를 상대로 청구하여 B가 돈을 갚으면, A는 이제 그 받은 돈에 대한 소유권이라는 물권을 취득하고 그것을 마음대로 지배(*사용·수익·처분)할 수 있는 것이다.

이렇게 보면, 채권은 장래에 채무자에 의한 채무의 이행에 의해 소멸하고 채권자(債權者)가 채권의 목적물에 대한 물권자(物權者)가 됨으로써 이익을 얻을 수 있는 「장래(將來)의 권리」인 데 대하여, 물권은 현재 가지고 있는 동안에 이익이 되는 「현재(現在)의 권리」라고 할 수 있다. 이 의미에서 채권(債權)은 물권(物權)에 도달하기까지의 과정에 있는 수단적인 권리라고 할 수 있을 것이다.

그런데 각도를 달리하여 소박하게 생각하면, 예컨대 돈의 경우 현금(現金)으로 가지고 있다는 것은 물권(物權)을 가지고 있다는 것을 의미하고, 은행에 예금을 하거나 다른 사람에게 빌려주고 있으면 채권(債權)을 가진 것이 된다. 자기 돈을 예금해 둔 은행이나 돈을 빌려간 채무자가 신용(信用)이 있어서 갚을 날짜에 갚을 것이 틀림없는 경우에는, 물권자로서 현금으로 가지고 있는 것보다는 돈에 대한 채권을 가지고 있는 것이 도난이나 분실의 염려가 없이 더 안전할 것이다.

이로부터 알 수 있는 것과 같이, 안정되고 신용도(信用度)가 높은 사회일수록 물권(物權)보다도 채권이 더 중요시될 수 있다.

2. 채권의 분류

가. 내용상의 분류

(1) 채권의 다종다양성

물권은 현존하는 특정의 물건에 대한 직접적·배타적인 또한 대세적·절대적인 지배권(支配權)이기 때문에, 다른 사람들과의 이해관계 또는 거래안전의 견지에서 이른바 「물권법정주의(物權法定主義)」에 의하여 그 종류와 내용이 법으로 정해져 있다.

그러나 채권은 채무자에 대하여 장래의 일정한 행위를 청구할 수 있는 권리에 지나지 않기 때문에 원칙적으로 그러한 제한이 없다. 당사자 간의 계약으로 자유로이 채권의 내용을 결정할 수 있는 것이다. 이는 계약자유(契約自由)의 원칙의 일환인 「내용결정(內容決定)의 자유」의 표현이기도 하다.

다만, 민법 및 상법 기타의 특별법에서는, 채권(債權)의 발생원인(發生原因)의 면에서, 널리 이용되고 있는 대표적인 계약(契約)에 관한 규정을 두어 채권의 내용과 효력에 관하여 규율하고 있을 뿐 아니라, 그 밖에도 계약 이외의 법률요건(*사무관리 · 부당이득 · 불법행위 등)에 의한 채권도 인정하고 있다.

이와 같이 채권은 여러 종류가 있고, 또한 그 구체적인 법률관계도 각양각색으로 전개되고 있지만, 대체로 채권을 급부의 내용을 표준으로 하여 부작위채권과 작위채권으로 분류할 수 있다.

(2) 부작위채권

「부작위채권(不作爲債權)」은 일정한 토지에 건축을 하지 않도록 하는 것과 같은 소극적 행위, 즉 일정한 행위를 하지 않을 것을 청구할 수 있는 채권을 말한다.

부작위채권에 대한 급부의 내용이 실현되지 않을 경우, 즉 위 예에서 그 토지에 건물이 세워진 때에는, 건축을 하지 않기로 한 채무자의 비용으로 건물을 제거하고 또 장래에 다시 건축하지 않도록 담보를 제공시키는 등의 적당한 조치를 함으로써 채무의 이행을 강제할 수 있는 것이 특징이다(민법 389③).

이러한 부작위채권과 유사한 것으로, 피아노 연주대회에 참가할 사람이 이웃 사람과의 계약으로 피아노 연주의 연습을 하는 1주일 동안만 시끄러워도 참아달라고 이웃 사람에 대하여 청구할 수 있는 이른바 「수인채권(受忍債權)」을 생각할 수 있다. 이것도 널리 부작위채권이라고 할 수 있을 것이다.

(3) 작위채권

「작위채권(作爲債權)」은 채무자에 대해 적극적인 행위를 해 달라고 청구할 수 있는 보통의 채권을 말한다. 이것은 물건의 인도나 금전의 지급을 청구할 수 있는 「주는 채권」과 어떤 일을 해 줄 것(*노무의 제공)을 청구하는 「하는 채권」으로 나누어 볼 수 있다. 이 중에서 주는 채권은 급부의 대상에 따라 특정물채권, 불특정물채권 또는 종류채권, 선택채권, 금전채권, 이자채권 등으로 구분된다.

(가) 특정물채권

「특정물채권(特定物債權)」은 '이 토지'라든가 '이 자동차'라고 하는 것과 같이 개별적으로 특정된 물건의 인도를 목적으로 하는 채권을 가리킨다.

채무자는 그 물건을 인도할 때까지 「선량(善良)한 관리자(管理者)의 주의」(*행위자가 속하는 직업이나 사회적 지위 등에 따라 일반적·합리적으로 요구되는 정도의 주의)로 보존해야 한다(민법 374).

(나) 종류채권

「종류채권(種類債權)」은 '사과 10상자' 또는 '소 한 마리'라고 하는 경우와 같이 종류와 수량만 정한 물건의 인도를 목적으로 하는 채권이다. 이행상으로는 그 특정(特定)에 따라 특정물채권(特定物債權)으로 전환된다.

특정의 시기는 채무자가 이행에 필요한 행위(*변제의 제공)를 완료한 때 또는 당사자의 합의로 목적물을 지정한 때이다(민법 375②). 전자의 경우에 어떤 물건을 급부하여야 할 것인가에 관한 기준은, 먼저 법률행위의 성질이나 당사자의 의사에 의하지만, 그것으로 정할 수 없으면 「중등품질(中等品質)」이 기준이 된다(동 제1항).

(다) 선택채권

「선택채권(選擇債權)」은 '이 자전거와 이 스키 가운데 하나'라고 하는 것과 같이 두 개 이상의 급부 중에서 어느 것을 골라 청구할 수 있는 채권을 말한다. 그 선택권(選擇權)은 원칙적으로 채무자(債務者)에게 있다(민법 380).

(라) 금전채권

「금전채권(金錢債權)」은 일정한 금액의 돈(*금전)의 지급청구를 목적으로 하는 채권이다. 이는 본래 종류채권이지만, 금전이 일반적인 교환수단인 것과 관련하여, 일반 종류채권의 경우와 달라 목적물의 특정(特定)이라는 문제는 생기지 않는다.

따라서 예컨대 100만원의 금전채권의 경우, 채무자는 1만원짜리이든 5,000만원짜리이든 강제통용력(强制通用力)이 있는 통화(通貨)이면 어느 것이라도 선택하여 지급할 수 있다. 지급할 통화의 종류가 약정되어 있더라도 그것이 강제통용력을 잃고 있는 경우에는 강제통용력이 있는 다른 어느 종류의 통화로써도 지급할 수 있다(민법 376). 다른 나라의 통화로 지급하기로 한 「외화채권(外貨債權)」의 경우도 마찬가지이다(민법 377).

더 나아가, 채무자는 지급할 당시의 이행지(履行地)의 환금시가(還金時價)

곧 「외환율(外換率)」에 의한 우리나라 통화로 지급할 수도 있다(민법 378).

그런데 금전채권에 관한 채무불이행(債務不履行)에 관해서는 특별한 법칙이 인정되고 있다. 즉 금전채무의 불이행은 「이행불능(履行不能)」의 문제는 인정되지 않고(*채무자 개인으로는 돈이 없어서 갚지 못하다고 해도 한국은행 또는 한국조폐공사가 있는 한 돈은 얼마든지 통용되고 있기 때문이다), 그 불이행은 언제나 「이행지체(履行遲滯)」가 될 뿐이다. 또, 금전채권에 이자를 붙이기로 약정하지 않았더라도 그 불이행의 경우에는, 채무자는 법정이율(法定利率)에 의한 「지연이자(遲延利子)」의 손해를 배상하여야 한다(민법 397).

(마) 이자채권

「이자채권(利子債權)」은 원본채권(元本債權)에서 생기는 이자의 급부를 목적으로 하는 채권이다. 이자에는 약정이자와 법정이자의 두 종류가 있다.

약정이자(約定利子)는 당사자 간의 합의로 정하는 이자이다. 금전소비대차의 경우 지나치게 높은 이자를 약정하지 않도록 「이자제한법」에서는 그 최고이율을 연 30%로 제한하고 있다(동법 2). 개인적인 사채와는 달리, 등록을 통해 적법하게 운영되고 있는 대부업체(*등록대부업체)의 최고이율은 「대부업의 등록 및 금융이용자 보호에 관한 법률」에 의해 「이자제한법」의 연 30%보다는 높은 연 49%(월 4.08%, 일 0.13%)이다.

법정이자(法定利子)는 당사자 간의 합의가 없는 경우 법률의 규정에 의하여 발생하는 이자이다. 그 이율을 원칙적으로 연 5%인데(민법 379), 상행위로 인한 채권 곧 「상사채권(商事債權)」의 경우 연 6%이다(상법 54).

(4) 손해배상채권

법률상 용납되지 않는 행위 곧 위법행위(違法行爲)인 나중에 말할 「채무불이행(債務不履行)」과 「불법행위(不法行爲)」로 인해 이익이나 권리(權利)를 침해당해 손해를 입은 경우 손해를 입힌 채무자 또는 가해자에 대하여 그 손해의 배상을 청구할 수 있는 「손해배상청구권(損害賠償請求權)」 곧 「손해배상채권」이 있다. 이 손해배상청구권도 채권의 일종이다.

여기서 말하는 손해는 널리 재산에 대하여 입힌 「재산적 손해(財産的損害)」와 생명·신체·명예·자유 등에 입힌 「비재산적 손해(非財産的損害)」로 대별된다(민법 751①).

위법행위(違法行爲)의 경우 손해배상의 방법으로, 민법은 돈(*금전)으로 하는 「금전배상(金錢賠償)」을 원칙으로 삼고 있다(민법 394 · 763). 다만, 명예훼손의 경우에는 손해배상에 갈음하거나 손해배상과 함께 명예회복을 위한 적당한 처분을 하는 방법(*사과광고 등)도 인정된다(민법 764).

배상하여야 할 손해(損害)의 범위에 관하여는, 손해배상이 일방의 손해를 상대방이 보전(補塡)하게 함으로써 당사자 간의 공평(公平)을 기하려고 하는 제도이므로, 위법행위로 야기된 일체의 손해를 모두 보전시키는 것이 아니다. 사회통념(社會通念)에 비추어 보통 생긴다고 생각되는 손해(「통상손해(通常損害)」)를 배상하면 되며, 특별한 사정으로 인하여 생긴 손해(「특별손해(特別損害)」)는 채무자가 미리 그 특별한 사정을 알았거나 알 수 있었을 때에 한하여 배상하여야 한다(민법 393 · 763).

다만, 상법상 운송인의 손해배상책임의 경우, 물건운송인은 이른바 「배상액(賠償額)의 정형화(定型化)」에 의하여 운송물에 관한 손해 중에서 「통상손해」만 배상하면 되는 것이 원칙이다(상법 137 · 815 · 841①). 여객운송인의 여객의 인적손해에 대한 배상책임에 관하여는 「특별손해의 강제적 참작(强制的參酌)」으로 피해자와 그 가족의 정상(情狀)을 참작하여 배상액을 결정하게 되어 있다(상법 148② · 826①).

사람의 사망에 대한 손해배상의 대상이 되는 잃게 된 이익 곧 이른바 「일실이익(逸失利益)」은 사망 당시의 수입(收入)을 기준으로 하여 일할 수 있는 연령까지의 총수입을 산출하여 거기서 사망자의 생활비(*예컨대, 30~35%)와 중간이자(中間利子)를 공제한다. 중간이자의 공제방식으로는, 「호프만 계산식」과 「라이프니치 계산식」이 있다(*구하고자 하는 현재액을 X, 채권의 명의액을 S, 변제기까지의 연수를 n, 법정이율을 r이라고 하면, 호프만 계산식에 의하면 $X=S/(1+n\times r)$이 되고, 라이프니치 계산식에 의하면 $X=S/(1+r)^n$ 이 된다. 법원에서는 피해자 측이 유리한 계산식을 사용하고자 하면 이를 존중한다.

위법행위의 경우 채권자 측에도 과실이 있으면, 손해배상의 책임과 그 금액을 정할 때에 이를 참작해야 하는데, 이를 「과실상계(過失相計)」라고 한다(민법 396 · 763).

예컨대, 피해자가 우측통행 중에 자동차 운전자의 과실로 부상을 당한 경우 피해자에게도 우측통행의 과실이 있었기 때문에, 그 만큼의 금액을 손해배상액에서 공제할 수 있는 것이다.

나. 다수 당사자의 채권채무관계

이상의 채권은 채권자와 채무자가 각각 한 사람씩인 것이 보통이므로, 이를 전제로 하여 언급하였다. 그러나 채권자 또는 채무자가 2인 이상 있을 수 있다. 채권자가 1인이고 채무자가 2인 이상인 경우도 있고, 반대로 채무자가 1인이고 채권자가 2인 이상인 경우도 있으며, 나아가 채권자도 채무자도 2인 이상일 수도 있다.

이러한 다수 당사자(多數當事者)의 채권채무관계의 경우에는 일대일(1 : 1)의 당사자관계에서 볼 수 없는 복잡한 법률관계의 문제가 있다.

(1) 가분 채권채무관계와 불가분 채권채무관계

다수 당사자의 채권채무관계의 경우, 먼저 가분(可分)의 관계가 되는가 불가분(不可分)의 관계가 되는가가 문제이다.

돈 100만원의 지급이나 쌀 10가마의 인도 등의 경우와 같이 분할(分割)할 수 있는 급부를 목적으로 하는 것은 「가분채권채무관계(可分債權債務關係)」 또는 「분할채권채무관계(分割債權債務關係)」가 된다.

이 경우에는, 특약이 없으면 각 채권자 또는 각 채무자는 평등한 비율로 분할하여 각자 제 몫에 관해서만 이행을 청구하거나 또는 변제를 할 수 있다(민법 408). 다수 채무자의 경우 이를 「분할채무(分割債務)의 원칙」이라고 한다. 다만, 2인 이상의 채무자가 부담하는 채무가 가분채무(可分債務)이더라도, 그것이 1인 또는 전원의 「상행위(商行爲)」로 인한 채무이면 「연대채무(連帶債務)」가 된다(상법 57①).

그리고 자동차 1대의 인도의 경우와 같이 성질상 분할할 수 없거나 또는 당사자의 의사표시에 의하여 분할할 수 없는 급부를 목적으로 하는 것은 「불가분 채권채무관계(不可分債權債務關係)」가 된다.

이 경우 채권자가 2인 이상이면, 각 채권자는 모든 채권자를 위하여 전부의 변제를 청구할 수 있으며, 반대로 2인 이상의 채무자가 불가분의 채무를 부담하는 때에는 대체로 다음에 말할 연대채무와 동일한 법률관계(法律關係)가 된다(민법 409~411).

(2) 연대채무와 보증채무

채무자가 2인 이상인 경우 중에서 특별한 것으로 「연대채무(連帶債務)」와 「보증채무(保證債務)」가 있다. 이들은 채권담보(債權擔保)의 기능을 하는 것이다. 특히, 보증채무는 채무자가 변제를 할 수 없을 때에 제3자가 보증인(保證人)으로서 채무자(*보증인에 대해 「주채무자(主債務者)」라고 한다) 대신 변제하도록 하는 것이므로, 제3자의 개인적 신용을 기본으로 하는 「인적담보(人的擔保)」로 이용된다.

(가) 연대채무

연대채무(連帶債務)는 2인 이상의 채무자가 같은 내용의 채무를 부담하고 각각 독립하여 그 채무의 전부를 이행하지 않으면 안 될 뿐 아니라, 그 중의 어느 누가 이행하면 그만큼 다른 채무자의 채무도 소멸하는 관계에 있는 채무를 말한다(민법 413). 물론, 채권자는 채무자들 중의 1인한테만 아니라 모든 채무자에 대해 동시에 또는 순차로, 채무의 전부 또는 일부의 이행을 청구할 수 있는 것이다(민법 414). 이는 앞에서 말한 「분할채무」(分割債務－민법 408)와 대립한다.

연대채무자(連帶債務者) 상호간에는 내부적(內部的)으로 각자 얼마씩의 채무를 분담할 것인가를 미리 정하고 있겠지만, 그런 정함이 없는 경우에는 각자 평등하게 분담하게 된다(민법 424). 따라서 어느 연대채무자가 채무를 이행하여 연대채무자 전원의 채무를 면하게 한 때에는 다른 채무자의 부담부분에 대하여 청구할 수 있는 권리 곧 「구상권(求償權)」이 있다(민법 425~427).

그러나 채권자에 대한 관계에서는, 연대채무자들은 모두 동격(同格)이고 주종(主從)의 관계가 없기 때문에, 그 어느 채무자에게 무효(無效)·취소(取消)의 원인이 있더라도 다른 채무자의 채무는 소멸하지 않는다(민법 415). 다만, 채권자의 어느 연대채무자에 대한 면제·소멸시효의 완성 등의 경우 그 채무자의 부담부분(負擔部分)에 한하여 다른 채무자도 의무를 면할 뿐이다(민법 419~421). 이 점에서 다음의 보증채무, 특히 연대보증의 경우보다도 채권담보로서의 확실성이 높다.

(나) 보증채무

보증채무(保證債務)의 경우, 채무자(*「주채무자(主債務者)」)가 채무(*「주채무(主債務)」)를 이행하지 않는 경우에 채무자 이외의 다른 사람(*「보증인(保證人)」)이 이행하여야 할 의무를 부담하는 것을 「보증(保證)」이라고 하고, 이 보증인이 부담하는 종된 채무가 「보증채무(保證債務)」이다. 보증채무는 채권자와 보증인 간의 보증계약(保證契約)에 의하여 성립한다.

채무자의 부탁으로 보증인이 되어 채권자와 보증계약을 체결하는 것이 보통이지만, 이는 보증채무(保證債務)의 성립요건이 아니다. 보증채무는 오직 주채무(主債務)의 이행을 담보하기 위한 수단이기 때문에, 보증채무만 독립하여 성립할 수 없고 또한 주채무(主債務)가 무효가 되거나 취소된 때에는 보증채무도 소멸한다. 이를 보증채무의 「부종성(附從性)」이라고 한다.

(a) 단순보증

보통의 보증(*다음의 연대보증에 대해 「단순보증(單純保證)」 또는 「보통보증(普通保證)」이라고 한다)의 경우, 주채무자가 채무의 이행을 하지 않으면 채권자가 주채무자에게 청구하지 않고 보증인에게 먼저 청구할 수도 있다.

그러나 이 경우 보증인은 채권자에 대하여, 주채무자가 변제(辨濟)의 자력(資力)이 있고 또 그 재산에 대한 강제집행(强制執行)도 쉽게 할 수 있다는 것을 증명하여, 먼저 주채무자에게 청구하고 그 재산을 강제집행할 것을 주장할 수 있다(민법 437 본문·438). 이를 보증인의 「최고·검색(催告·檢索)의 항변권(抗辯權)」이라고 한다. 이는 보증채무가 주채무(主債務)의 이행이 없는 때에 비로소 이행되어야 할 보충적인 종된 지위에 있다는 것을 가리킨다. 이를 보증채무의 「보충성(補充性)」이라고 한다.

보증인이 주채무자에 갈음하여 채무를 이행한 때에는, 주채무자에 대하여 그 상환을 청구할 수 있는데, 이를 보증인의 「구상권(求償權)」이라고 한다(민법 441~448).

(b) 연대보증

보증 중에는, 주채무자와 연대하여 채무를 이행하여야 하는 「연대보증(連帶保證)」이 있다. 연대보증은 보통의 단순보증(單純保證)의 경우와 달라서 보충성(補充性), 즉 연대보증인의 최고·검색(催告·檢索)의 항변권(抗辯權)이 인정되지 않는다. 따라서 채권자가 주채무자(主債務者)에게 먼저 채무의 이행을 청구하거나 그 재산을 강제집행하지 않고 바로 연대보증인(連帶保證人)에게 청구하거나 그 재산에 대해 강제집행을 하여도 항의할 수 없는 것이다(민법 437 단서).

그러나 연대보증채무(連帶保證債務)도 보증채무의 일종으로서 부종성(附從性)은 있기 때문에, 주채무(主債務)가 무효・취소가 되면 보증채무도 소멸한다. 이 점에서 앞서 말한 연대채무(連帶債務)의 경우와 다른 것이다.

연대보증은 일반적으로 채권자와 채무자 사이의 계약으로 성립하지만, 회사 등의 상인이 영업자금을 차입하는 경우와 같이 상행위(商行爲)로 인한 주채무(主債務)에 부속하는 보증이나 또는 은행의 지급보증(支給保證)의 경우와 같이 그 자체가 상행위가 되는 보증은 법률상 당연히 연대보증(連帶保證)이 된다(상법 57②).

최근에 와서 연대보증의 폐해를 방지하기 위해 금융기관의 가계대출에 대한 연대보증은 폐지되고 있다. 기업에 대한 대출의 경우에도 연대보증을 없애야 한다는 주장도 나오고 있다.

(c) 공동보증・보증연대

보증인이 2인 이상 있는 보증을 「공동보증(共同保證)」이라고 한다. 공동보증의 경우 이들 공동보증인(共同保證人)의 채권자에 대한 관계에서, 각자 자기의 부담부분(*특약이 없으면 균등한 것으로 된다)에 대해서만 이행하면 되는 「분별(分別)의 이익(利益)」이 있는 것을 원칙으로 한다(민법 439).

상사공동보증(商事共同保證)의 경우(상법 제57조 제2항의 해석에 의한다)와 같이, 이 분별의 이익을 주장하지 못하고 각자 채무의 전부를 이행하여야 하는 공동보증을 「보증연대(保證連帶)」라 하는 것이다.

이 보증연대는 앞에서 말한 「연대보증」과는 '보증'과 '연대'의 순서만 바뀐 것이 아니라 그 의미・내용이 전혀 다르다는 점에 유의할 필요가 있다. 보증연대는 보증인이 2인 이상 있는 공동보증의 경우 「보증인」 간의 문제이고, 「연대보증」은 「보증인」과 「주채무자」 간의 문제인 것이다.

(d) 근보증

보증의 경우에도, 앞에서 말한 근저당의 경우와 같이, 계속적인 거래관계에서 발생하는 장래의 채무를 보증하기 위한 「근보증(根保證)」이 있다.

근보증은 보증기간·보증금액 등에 관한 제한의 유무에 따라, 그 제한이 있는 「한정근보증(限定根保證)」과 그 제한이 없는 「포괄근보증(包括根保證)」으로 구분된다. 포괄근보증을 할 경우 보증인은 그 경제적 운명을 주채무자와 같이할 각오를 하는 것이다. 최근에 와서는 이러한 폐해를 방지하기 위해 일반인에 의한 포괄근보증이 대폭 제한·규제되고 있다.

다. 지명채권과 증권적채권

(1) 양자의 의의

지명채권과 증권적채권은 채권이 증권에 표창되어 유형화하고 있는 것인가 아닌가에 따른 구분이다.

「지명채권(指名債權)」은 채권자가 특정되어 있는 원칙적인 보통의 채권을 말한다. 이는 증권(證券)으로 유형화되고 있는 것이 아니며, 설사 증권이 있다고 하더라도 그것은 채권에 관한 하나의 증거에 지나지 않는다.

「증권적채권(證券的債權)」은 증권에 표창되어 유형화(有形化)하고 있는 채권을 말한다. 어음·수표, 화물상환증·선하증권, 창고증권 등에 각각 표창된 금전 지급청구권, 육상·해상 운송물 인도청구권, 임치물 반환청구권 등의 채권이 그 예이다. 채권을 표창하고 있는 증권은 원칙적으로 이른바 「유가증권(有價證券)」인데, 유가증권은 채권뿐 아니라 주식(株式)과 같은 사원권(社員權)을 표창하는 것도 있기 때문에 유가증권에 표창된 채권은 증권적채권보다 그 범위가 넓은 것이다.

증권적채권을 표창하고 있는 「증권(證券)」은 「문서(文書)」와 「유가증권(有價證券)」과 함께 이해할 필요가 있다.

무릇 형체가 없는, 무형(無形)의 사물이나 사상(思想)의 내용을 종이에 나타내어 유형화(有形化)한 것이 「문서(文書)」이다. 고향의 부모님에 대한 그리움을 표현한 편지나 나날이 겪은 일을 적은 일기장이 문서인 것이다. 이에 대해, 무형의 사상을 돌에 나타낸 것은 「비(碑)」이고, 나무판이나 철판에 나타내어 유형화한 것은 「패(牌)」라고 하며, 술잔과 같은 것에 표시하면 「배(杯)」가 된다. 그리고 무형의 존재에 대해 전산정보처리조직, 곧 컴퓨터 내지 IT를 이용하여 저장・전달하는 경우 그것을 「전자정보자료(電子情報資料－electronic data)」라고 부른다. 이는 종래의 관념으로 무형이라고 하기도 유형이라고 하기도 어려운 새로운 현상이다. 그러나 이는 종래 유형적 증권의 대용으로 삼는 경우가 많다(*예컨대, 「전자선하증권」－상법 862).

문서 중에서 법률적(法律的)인 가치가 있는 문서, 즉 법률관계 또는 권리의무에 관한 문서를 증서 또는 증권이라고 한다. 「증서(證書)」는 그것에 쓰여진 내용에 관한 문언(文言) 곧 글자에 중점을 둔 용어이고, 「증권(證券)」은 그것이 표시된 종이에 중점을 둔 말이다. 따라서 증서와 증권은 같은 것이며, 계약서나 영수증 따위가 이에 속한다.

이러한 증서 또는 증권은 대체로 그 법률적 기능에 따라 증거증권, 면책증권, 유가증권 등으로 구분될 수 있다. 「증거증권(證據證券)」은 권리 내지 법률관계의 성립과 내용을 증명하는 증권이다. 「면책증권(免責證券)」은 채무자가 그 소지인에게 변제를 하면 소지인이 무권리자(無權利者)이더라도 그러한 사실을 모르고 또는 모른 데 대해 중대한 과실이 없으면(*「선의・무중과실(善意・無重過失)」의 경우), 그 변제로 더 이상 진정한 권리자가 나타나도 그 자에 대한 이행책임을 면할 수 있는 증권이다. 이는 소지인이 마치 진정한 권리자의 자격이 있는 것 같이 취급(*「추정」)되므로 「자격증권(資格證券)」이라고도 한다.

이러한 모든 증권이 이 중의 어느 하나에만 해당하는 것이 아니라는데 유의할 필요가 있다. 예컨대, 매매계약서는 증거증권에 불과하지만, 물건보관증은 증거증권임과 동시에 면책증권인 것이 보통이며, 「기명주권(記名株券－*주주의 명칭이 표시되고 있는 증권)」 등 아주 예외적인 몇몇을 제외한 대부분의 유가증권은 동시에 증거증권이고 또한 면책증권인 것이다.

「유가증권(有價證券)」은 무형의 재산권(財産權) 내지 재산적 가치가 있는 법률관계(*예컨대, 주식)를 종이에 표시함으로써 유형화하는 증권이다. 유가증권은 그 양도 내지 처분의 편의 곧 「유통성(流通性－negotiability)」을 증진시키기 위한 제도로서, 특히 그 재산권의 이전(移轉) 또는 행사(行使)에 그것이 표시된 종이 곧 증권(證券)을 필요로 하는 것으로 파악한다.

(2) 양자의 구별실익

채권은 그 동일성(同一性)을 유지하면서 계약으로 다른 사람에게 이전할 수 있는 「양도성(讓渡性)」이 있는 것이 원칙이다(민법 449). 지명채권과 증권적채권 간에는 이러한 채권양도의 요건 내지 방식에 관한 차이가 있다. 특히, 이는 양도의 당사자가 아닌 채무자 또는 제3자에 대한 대항요건(對抗要件)과 관련된 문제이다.

(가) 지명채권의 양도

지명채권(指名債權)의 양도는 채권자인 양도인과 양수인, 즉 양도당사자 간의 합의(合意)로 양도할 수 있다. 그러나 채권은 본래 무형(無形)의 존재이기 때문에, 채무자는 그 양도의 사실을 알지 못하고 당초의 채권자 곧 양도인(讓渡人)에게 변제를 할 수 있다. 또 양도인이 이미 양도한 채권을 다시 다른 사람에게 양도한 경우 누가 양수인으로서 채무자에 대해 양수한 채권을 행사할 수 있을 것인가도 문제가 된다.

따라서 민법에서는, 지명채권을 양도한 경우 양도인(讓渡人)이 채무자에게 그 양도의 사실을 통지(通知)하거나, 또는 채무자 측에서 양도인이나 양수인(讓受人)에게 양도인으로부터 통지를 받지 않아도 자기에 대한 채권이 양도되었다는 것을 알았다는 것을 통지(*법문(法文)에서는 「승낙」이라고 표시하고 있다)하여야만, 채권양도를 채무자(債務者)에 대해 대항할 수 있다(민법 450①). 채무자 이외의 제3자에 대한 관계에서는, 「확정일자(確定日字) 있는 증서」에 의한 통지·승낙이 있어야만(민법 450②), 이중양도(二重讓渡)의 경우 또는 채권을 양도한 후 그 채권을 다른 사람에 담보(*「채권질권(債權質權)」)로 잡힌 경우 양수인 등 제3자들 간의 우열관계(優劣關係)가 결정되는 것이다.

여기서 말하는 「확정일자 있는 증서」란 내용증명우편(內容證明郵便)이나 공정증서(公正證書) 등을 가리키는데, 이로써 당사자가 공모(共謀)하여 양도시기 등의 날짜를 함부로 소급시키는 것을 방지할 수 있다.

이와 같은 통지·승낙을 지명채권 양도의 「대항요건(對抗要件)」이라고 하는 것이다.

(나) 증권적채권의 양도

재산권, 특히 상거래에서 생기는 채권(債權)이 본래의 권리자에 의해 행사되지 않고 양도 내지 처분의 대상이 될 경우에는, 권리는 무형의 존재이기 때문에 관계인 간에 권리의 귀속 내지 그 내용에 관하여 분쟁이 생기기 쉽다. 이를 피하기 위해 앞에서 언급한 바와 같이 보통의 채권 곧 「지명채권(指名債權)」의 양도나 처분의 경우처럼 민법상의 복잡하고 엄격한 절차, 즉 채무자에 대한 개별적인 통지 또는 채무자의 승낙 곧 이른바 「대항요건」(민법 450－질권설정의 경우, 349)을 거치게 되면, 거래의 간이·신속을 바랄 수 없다. 여기서 무형의 권리관계를 유형의 증권(證券)에 나타내어 그 기재의 내용이나 그 작성·이전·소지 등에 대해 일정한 법률적인 효과를 인정하면, 권리를 대상으로 하는 거래의 간명·신속을 기대할 수 있고, 아울러 그 거래에 관한 법률관계의 불명확성을 제거할 수 있다.

이상의 취지에서 고안된 법률적 제도가 유가증권(有價證券)이다. 유가증권으로 표창된 채권이 증권적 채권이며, 지시채권과 무기명채권이 이에 속한다.

유가증권은 구분의 기준 여하에 따라 여러 가지로 분류할 수 있는데, 그 중에서 권리자의 지정방법에 따라 기명증권, 지시증권, 무기명증권의 구분이 있다.

「기명증권(記名證券)」은 증권에 특정인이 권리자로 기재되어 있는 증권으로, 그 권리의 양도 내지 처분은 지명채권 양도의 방법과 증권의 교부를 요하는 것이다. 기명사채(記名社債－*증권에 사채권자(社債權者)의 명칭이 기재되어 있는 사채권(社債券) 또는 「채권(債券)」)가 그 예이다.

어음·수표, 화물상환증·선하증권 등은 특정인이 증권에 기재되어 있어도 이른바 「배서금지(背書禁止)의 문구」가 기재되어 있어야 기명증권이 되고, 그 문구의 기재가 없으면 법률에 의해 배서로 양도할 수 있다. 이러한 증권을 「법률상 당연한 지시증권」이라고 한다.

「지시증권(指示證券)」은 증권에 특정인을 권리자로 기재하고, 아울러 그 특정인이 지정 또는 지시하는 자도 권리자가 될 수 있다는 취지의 문구, 즉 「지시문구(指示文句)」－*그 지정 또는 지시를 증권의 이면(裏面)의 기재로 하는 것이 보통이므로 「배서문구(背書文句)」라고도 한다)를 기재한 증권을 가리킨다.

지시증권상의 권리의 양도는 「배서」(*증권상의 권리자가 권리를 양도한다는 뜻을 기재하고 서명 또는 기명날인을 하여 상대방에게 교부하는 것)의 방식에 의한다. 배서인이 양도의 상대방(*양수인)을 기재하지 않을 수 있는데, 이를 「백지배서(白地背書)」라고 한다. 어음·수표, 화물상환증·선하증권 등이 이에 속한다. 지시증권에 표창된 채권이 「지시채권(指示債權)」이다(민법 508 이하).

「무기명증권(無記名證券)」은 증권에 권리자를 전혀 기재하지 않거나 또는 「자기앞수표」의 경우처럼 추상적으로 소지인이 권리자라는 취지의 기재를 한 증권을 말한다. 증권의 단순한 소지인이 권리자로 인정되며, 증권의 단순한 「교부(交付)」로 권리를 양도할 수 있다. 수표, 화물상환증·선하증권, 승차권·관람권 등이 이 형식의 증권이 인정될 수 있다. 대인적(對人的)인 신용거래의 수단으로 이용되는 어음의 경우에는 무기명증권이 인정되지 않는다. 무기명증권으로 표창되는 채권이 「무기명채권(無記名債權)」이다.

3. 채권의 효력

가. 당사자 간의 효력

(1) 청구력과 급부보유력

채권(債權)은 채권자가 채무자에 대하여 일정한 행위를 하여 줄 것을 청구하여 얻는 경제적 이익을 향유할 수 있는 권리이다. 따라서 채권의 효력(*효력은 권리자로서 가지는 지위 내지 권능 또는 이에 따라 발휘할 수 있는 힘을 말한다)으로서, 채권자는 채무자에 대하여 일정한 행위 곧 급부를 청구할 수 있는 권능 곧 「청구력(請求力)」이 있다. 또 그 청구에 대응한 채무자의 채무이행으로서의 급여 또는 급부가 있으면 이를 받아 누릴 수 있는 권능 곧 「급여보유력(給與保有力)」 또는 「급부보유력(給付保有力)」이 인정되는 것이다.

개인의 자유를 존중하는 사회에서는, 정당한 법률상의 이유나 원인 또는 이른바 「권원」(權原), 즉 권능의 원인 내지 권리가 없이 다른 사람에 대해 어떤 행위를 해 달라고 요구할 수 없다. 또 자기에게 잘못 전달된 다른 사람의 재물 또는 다른 사람이 모르고 자기에게 하는 행위를 시치미를 떼고 받아들여서는 안 된다. 권원이 없는데도 다른 사람에 대해 한 요구 또는 다른 사람이 한 급부의 보유는 불법행위(不法行爲)로 인한 손해배상책임(민법 750) 또는 부당이득(不當利得)으로 인한 반환의무(민법 741)의 원인이 될 수 있다.

그러나 채권은 채권자의 청구력과 급부보유력을 정당화하는 권원(權原)이 되는 것이다. 따라서 채권자가 채무자에 대해 채무의 이행을 청구해도 「불법행위」가 되지 않고, 또 채무자로부터 급부를 받아도 「부당이득」이 되는 것이 아니다. 불법행위와 부당이득에 관해서는 나중에 다시 살펴본다.

(2) 채무불이행의 경우의 효력

앞에서 말한 채권자의 청구력과 급부보유력은 어느 채권의 경우에나 인정되는 기본적(基本的)인 효력이고, 또한 채권이라면 적어도 이 청구력과 급부보유력만은 인정되어야 하는 「최소한도(最小限度)의 효력」이다.

(가) 채무불이행의 법률관계

채권은 권리(權利)로서 채무자의 행위로부터 이익(利益)을 얻는 것이 법적으로 보장되는 것이다. 그렇다면, 채무자가 채무의 이행을 제대로 하지 않아 그 불이행으로 말미암아 이익의 향유(享有)가 방해를 받는 경우 채권자를 보호하기 위한 권능도 또한 채권자에게 인정하여야 할 것이다.

따라서 법에서는 채무불이행(債務不履行)의 종류에 따라 채권자에게 일정한 권능을 인정하고 있다. 또 국가권력의 도움을 받아 채무의 현실적 이행을 강제할 수 있는 소구력과 집행력도 있다. 이들을 채무자의 「채무불이행(債務不履行)의 경우의 효력(效力)」이라고 한다.

그런데 그 중에서 소구력과 집행력이 없는 채권도 있을 수 있는데, 그 반면의 채무를 「자연채무(自然債務)」라고 하고, 또 소구력은 있지만 집행력이 없는 채권에 대한 채무를 「책임없는 채무」라고 한다. 이 양자를 합쳐 「불완전채무(不完全債務)」라고 부른다.

예컨대, 돈을 빌린 채무자가 채권자에게 "내가 돈을 갚지 못하더라도 창피스럽게 소송을 걸지 말아 달라" 라고 사정하여 채권자에 그렇게 하겠다고 승낙하였다면, 채무자의 돈 빌린 채무는 「자연채무」가 된다. 또 채무자가 "내가 못 갚으면 소송을 해서 이겨도 내 재산에 대한 강제집행은 하지 말라" 라고 해서 채권자가 승낙한 경우에는 그 돈 빌린 채무는 「책임(責任) 없는 채무」인 것이다(*다른 사람이 돈을 빌릴 수 있도록 자기의 물건을 질권이나 저당권의 목적물로 제공하여 「담보물권」을 설정해 준 사람, 곧 이른바 「물상보증인(物上保證人)」은 「채무(債務) 없이 책임(責任)만 부담한다」고 한다. 채무자는 돈을 빌린 자이며, 물상보증인은 채무자가 빌린 돈을 갚지 못하면 담보로 제공한 물건이 민사집행법에 의해 경매의 대상이 되기 때문이다).

이와 관련하여, 민사소송법에서는 당사자가 신청하지 않은 사항에 대해 법원은 판결을 할 수 없다는 「처분권주의(處分權主義)」가 인정되고 있다(제203조). 또 민사집행법에 의하면, 일단 강제집행의 절차가 개시된 강제집행(强制執行)을 하지 않기로 하거나 그 신청이나 위임을 취하한다는 취지의 「화해조서(和解調書)」의 정본(正本) 또는 「공정증서(公正證書)」가 집행법원에 제출된 경우에는 강제집행을 취소 또는 정지·제한하여야 한다(제49조·제50조). 이는 재산권을 권리자가 임의로 처분할 수 있기 때문이다.

(a) 채무불이행의 의의

채무불이행(債務不履行)은 채무자가 자신의 채무를 제대로 원활하게 실현하지 않는 경우를 통틀어 일컫는 것이다. 채무불이행에는, 이행지체·이행불능·불완전이행의 셋이 있다.

어느 것도 채무자에게 손해배상의 책임을 돌릴 사유 곧 이른바 「귀책사유(歸責事由)」로서의 「고의」 또는 「과실」이 있는 때에는 그 손해배상의 책임이 발생한다(민법 390). 고의와 과실은 심리상태로서, 의도적으로 채무를 이행하지 않는 경우가 고의(故意)이며, 채무의 이행을 제대로 할 수 있도록 기울여야 할 주의(注意)를 다하지 못하여 채무가 불이행되지 않게 된 경우가 과실(過失)이다. 불법행위의 경우와 함께 채무불이행의 경우 고의·과실이 있어야만 손해배상책임을 인정하는 법률의 기본태도를 「과실책임(果實責任)의 원칙」 또는 「과실책임주의(過失責任主義)」라고 한다.

(b) 이행지체

채무불이행 중에서, 「이행지체(履行遲滯)」는 빌린 돈을 2월 1일에 갚기로 약속하였는데 그 날에 갚지 않는 경우와 같이, 채무를 이행할 수 있는 데도 이행해야 할 시기(*이를 「이행기」 또는 「변제기」라고 한다)에 이행하지 않는 것을 말한다.

채무자는 이행지체의 책임(민법 387)으로, 채권자로부터 손해배상 곧 「지연배상(遲延賠償)」의 청구를 당하거나(민법 392·395 전단), 또는 계약(契約)의 해제(解除－민법 544·545)를 당하는 불이익을 감수하여야 한다.

금전채권(金錢債權)의 경우에는, 앞에서 언급한 바와 같이 채권자는 실제로 손해의 증명을 하지 않더라도 지연이자(遲延利子)의 형태로 지연배상을 청구할 수 있고, 또 채무자는 고의·과실이 없이 불가항력(不可抗力)으로 인하여 이행할 수 없었더라도 배상책임을 면할 수 없다(민법 397).

(c) 이행불능

「이행불능(履行不能)」은 소 한 마리의 매매계약을 체결한 후에 그 소가 없어져 버린 경우와 같이, 채권의 성립 후에 그 이행을 할 수 없게 된 것을 말한다.

이행불능의 경우 채권자는 이행에 갈음(대신)하는 손해배상 곧 「보전배상(補塡賠償)」을 청구하거나(민법 395 후단), 또는 계약을 해제할 수 있다(민법 546).

나중에 말할 특정물에 관한 매매와 같은 「쌍무계약」의 경우 당사자에게 귀책사유(*고의·과실)없이, 즉 불가항력으로 인해 이행불능이 된 경우 그 채무자는 채무를 면하는데, 상대방의 채무는 어떻게 되는가 하는 이른바 「위험부담(危險負擔)」의 문제가 생긴다. 이 경우 민법상 상대방의 채무도 소멸하는데, 이는 이행불능이 된 급부를 기준으로 한 채무자가 대가(代價)를 받지 못하여 손해를 입을 수밖에 없는 결과가 된다는 뜻에서 「채무자 위험부담주의(債務者危險負擔主義)」라고 한다.

(d) 불완전이행

「불완전이행(不完全履行)」은 불특정물에 관한 채무자가 인도한 물건이 이미 파손된 물건이었던 경우와 같이, 채무의 이행은 있었으나 그것이 불완전한 경우를 말한다. 이 경우 채무자가 다시 완전한 이행을 할 수 있는 때, 즉 이른바 「추완가능(追完可能)」한 때에는 이행지체(履行遲滯)의 문제로 처리하고, 그렇지 못한 「추완불능(追完不能)」이면 이행불능(履行不能)의 문제로 처리해야 할 것이다.

그러나 특정물매매의 경우와 같이 특정물을 인도할 채무의 경우에는, 불완전이행의 문제가 생기지 않고, 이른바 「하자담보책임(瑕疵擔保責任)」의 문제가 된다. 즉 유상계약(有償契約)에 관한 채무불이행의 경우에는, 채권자는 대금(代金) 내지 대가(代價)의 감액청구(減額請求), 계약해제, 손해배상의 청구 등의 권리가 인정된다(민법 580 · 567).

(e) 수령지체

채권이 내용을 정상적으로 실현하여 소멸하는 데에는, 채무자가 채무의 본래의 취지에 따른 이행(履行) 또는 변제(辨濟)를 할 뿐 아니라, 채권자 측에서도 협력 곧 「변제의 수령」을 하지 않으면 안 되는 경우가 많다.

이와 같은 경우에, 채무자가 채무를 이행하는 데 채권자가 그 이행의 제공에 대해 수령을 하지 않으면, 채무자는 법원을 통한 「공탁」(供託－민법 487 이하)의 방법으로 채무를 면할 수 있다.

그러나 채무의 성질이 이 방법에 적합하지 않을 수도 있다. 따라서 민법은 채권자에게 「채권자지체(債權者遲滯)」 또는 「수령지체(受領遲滯)」의 책임을 지우고(민법 403), 채무자가 변제의 제공을 한 때부터 채무불이행으로부터 생기는 모든 책임을 면한다고 규정하고 있다(민법 461).

그리하여 채무자는 지연이자(遲延利子)나 손해의 배상을 하지 않아도 되며, 담보물권의 실행을 당하거나 또는 강제집행을 받는 일이 없게 되는 것이다. 그러나 부작위채무(不作爲債務)의 경우는 채권자의 협력이 필요한 것이 아니므로, 이와 같은 문제는 일어나지 않는다.

(3) 소구력과 집행력

(가) 소구력

채무불이행의 경우 이상과 같은 효력 외에, 채권자가 국가권력의 도움으로 채권의 내용을 실현하는 방법이 있다.

그 하나는, 「민사소송법(民事訴訟法)」에 따라 법원에 호소하여 채무자로 하여금 채무를 이행할 것을 명하는 판결 곧 「이행판결(履行判決)」 또는 「급부판결(給付判決)」을 청구하는 것이다. 이를 법원에 소를 제기하는 방법으로 청구할 수 있는 효력이라는 뜻에서 「소구력(遡求力)」이라고 한다.

(나) 집행력

앞에서 말한 채권에 관한 소구력(遡求力)에 따라 이행판결이 있는 데도 채무자가 여전히 이행을 하지 않는 때에는, 「민사집행법(民事執行法)」에 따라 법원에 의하여 강제적으로 채무의 내용을 실현하도록 할 수 있다. 이를 「강제집행(强制執行)」이라고 하고, 이 방법에 의하여 채권자가 채권의 실현을 할 수 있는 권능이 「집행력(執行力)」이다.

강제집행에 의한 채무이행의 강제수단으로는, 직접강제・대체집행・간접강제가 있다.

(a) 직접강제

「직접강제(直接强制)」는 돈을 지급한다든가 물건을 인도한다든가 하는 이른바 「주는 채무」에 관해서 집행관(執行官)이 채무자로부터 그 물건을 받아내어 직접 강제적으로 이행을 실현하는 것을 말한다(민법 389① 본문).

예컨대, 돈줄 채무(금전채무)를 이행하지 않는 채무자의 재산을 강제적으로 경매(競賣)하여 그 대금(「경락대금」)을 채권자가 받도록 하든가, 또는 채무자가 점유하고 있는 물건을 강제적으로 받아 채권자에게 인도하도록 하는 것이 이에 속하며, 구체적인 절차와 방법은 「민사집행법」에 자세히 규정되어 있다.

(b) 대체집행

「대체집행(代替執行)」은 가옥을 건축한다든가 물건을 운송한다든가 하는 이른바 「하는 채무」 중에서 제3자가 대행(代行)하여도 목적을 달성할 수 있는 채무에 관하여, 채권자가 채무자로부터 비용을 받아내도록 해서 제3자에게 채무자 대신에 그 이행을 시킴으로써 채권의 내용을 실현하는 것을 말한다(민법 389②, 민사집행법 260).

일정한 기간 동안 채권자의 토지에 건축을 하지 않기로 하는 것과 같은 부작위채무(不作爲債務)의 경우, 채무자가 그것에 위반한 때(예컨대, 건물을 건축한 때)에는, 채무자의 비용으로 그 위반사항을 제각(除却－건물의 철거)하고 장래에 대한 적당한 처분을 법원에 청구할 수 있다(민법 389③).

(c) 간접강제

「간접강제(間接强制)」는 「하는 채무」중에서 다른 사람이 대신하여 이행할 수 없는 「비대체적 채무(非代替的債務)」의 경우, 일정한 기간 내에 이행하지 않으면 일정한 손해배상을 할 각오를 하라고 하여 심리적인 압박을 줌으로써 간접적으로 이행을 강제하는 방법이다(민사집행법 261).

그러나 가수에게 노래를 하도록 청구할 수 있는 채권과 같이 간접강제를 해도 목적을 달성할 수 없는 경우에는, 계약을 해제(解除)하고 채무자에 대한 손해배상(損害賠償)의 책임만 물을 수밖에 없다.

나. 대외적 효력

위에서 언급한 채권의 효력은 당사자인 채권자(債權者)와 채무자(債務者) 간의 문제이다. 그런데 채권은 채무자에 대한 권리이고, 채권자가 채권의 실현성을 확보하는 데에는 궁극적으로 채무자의 재산 곧 이른바 「책임재산」(責任財産)이 근거가 된다. 따라서 채무자의 재산의 증감(增減)은 채권자의 중대한 관심사가 아닐 수 없다.

그래서 민법은 일정한 요건 아래 이러한 채무자의 재산의 충실(充實)·보전(保全)을 위해 채권의 효력이 채무자 이외의 제3자에게 미치는 것을 인정하고 있다. 이를 「채권의 대외적 효력(對外的效力)」이라고 하며, 「채권자대위권」과 「채권자취소권」이 있다.

(1) 채권자대위권

「채권자대위권(債權者代位權)」은 채무자가 소극적으로 책임재산의 보전을 게을리하여 그 재산이 감소됨으로써 자기의 채권을 보존하지 못할 염려가 있는 경우 채권자가 채무자에 갈음하여 스스로 채무자의 권리를 행사할 수 있는 것을 말한다.

예컨대, A에 대하여 1억원의 채무가 있는 B가 자기의 재산상태가 아주 나쁜 데도 자기가 C에 대해 가지고 있는 1억원의 채권을 독촉해 받아내기 위한 추심(推尋)을 하지 않고 방치하고 있는 경우(*계속 방치하면 시효로 소멸한다), B에 대한 채권자 A는 B에 갈음하여 C로부터 그 1억원을 추심할 수 있는 것이다(민법 404·405).

금전채권에 관한 채권자대위권과 관련하여, 법원의 추심명령과 전부명령의 제도가 있다.

「추심명령(推尋命令)」은 금전채권(채무자가 제3자에 대해 가진 채권)을 압류한 채권자 곧 「압류채권자(押留債權者)」에게 대위의 절차를 취함이 없이 그 채무자(*「제3채무자」)에 대한 채권의 추심을 할 권리를 부여하는 집행법원의 결정이다(민사집행법 229②).

「전부명령(轉付命令)」은 채권자가 채무자의 채무자(*「제3채무자」)에 대한 채권을 압류한 경우 압류채권자에 대한 채무자의 변제에 갈음하여 압류한 채무자의 제3채무자에 대한 채권(*압류채권)을 압류채권자에게 이전시키는 집행법원의 결정을 가리킨다(민사집행법 229③).

예컨대, A가 B에 대한 100만원의 채권이 있는데 B가 이를 변제하지 않고 있다. 그런데 B는 C에 대해 100만원을 받을 채권을 가지고 있는 경우, A가 채무자 B의 C(*B에게는 「채무자」, A에게는 「제3채무자」이다)에 대한 채무를 압류하였다면, A는 법원(*「집행법원」)의 추심명령을 받아 C에 대해 B에 대한 채무를 자기에게 이행하라고 하여 변제를 받아 자기에 대한 B의 채무이행으로 취급할 수 있는 것이다. 이 예에서, C에 대한 B의 채권을 압류한 A가 C에 대한 채권자가 되게 하여 C로부터 바로 돈을 받아낼 수 있도록 하는 법원의 결정(決定)이 전부명령의 경우이다. 전부명령(轉付命令)의 경우 그것으로 채무자의 제3채무자에 대한 채권이 채권자(*압류채권자)에게 귀속됨으로써, 채권자는 제3채무자의 자력(資力)의 감소·변동의 위험을 부담하여야 한다.

(2) 채권자취소권

「채권자취소권(債權者取消權)」은 채무자가 적극적으로 책임재산을 일실(逸失)시키는(*흩어 없어지게 하는) 것을 방지하기 위한 권리로, 채무자가 채권자를 해한다는 것을 알면서 한 법률행위를 채권자가 법원에 청구하여 취소할 수 있는 것을 말한다(민법 406·407). 이를 「사해행위취소권(詐害行爲取消權)」이라고도 한다.

그 요건은, ① 채무자에게 채권자를 해칠 의사가 있을 것, ② 채무자의 행위로 그 재산이 감소하여 변제가 곤란하게 될 염려가 있을 것, ③ 제3자가 이러한 사실을 알고 있을 것, ④ 취소원인을 안 날로부터 1년, 법률행위가 있은 날부터 5년이 경과되지 않을 것 등이다.

예컨대, A에게 1억원의 채무를 부담하고 있는 B가 유일한 재산인 시가 1억 5,000만원의 건물을 5,000만원의 싼 값에 C에게 매각한 경우, 자기의 채권자 A에게 피해가 된다는 것을 알고, C도 그와 같은 사정을 알면서 그것을 사기로 하였다면, A는 B·C 간의 매매계약의 취소(取消)를 법원에 청구할 수 있는 것이다.

이러한 취소와 그것에 따른 원상회복(原狀回復)의 효과는 취소를 청구한 채권자(債權者)에게만 돌아가는 것이 아니라, 모든 채권자의 이익을 위하여 그 효과가 있다(민법 407).

제 3 장 권리의무의 주체

Ⅰ. 권리의무 주체의 의의

1. 권리의무 주체의 개념

가. 권리의무의 귀속주체

권리의무의 주체(主體)는 사회의 구성분자로서 법률관계 또는 권리의무관계의 중심이 되는 자, 곧 법률에 의하여 규율되는 생활관계의 주역 또는 주인공을 말한다. 다시 말하면, 사회생활을 꾸려나가면서 권리(權利)를 취득하여 그 내용인 이익을 누리는 것이 법에 의하여 허용되고 또한 보호되며, 아울러 의무(義務)를 지고 그 내용인 부담이 법에 의해 강제적으로 실현을 당할 수 있는 자를 가리킨다.

권리와 의무는 결코 그 자체로만 존재하는 것이 아니라, 언제나 일정한 주체 곧 사람과 결부되어 있다. 예컨대, 권리가 발생한다는 것은 어떤 사람의 권리의 취득이 되는 것이다.

권리의무의 주체는 줄여서 「권리의 주체」 또는 「권리주체(權利主體)」라고 부른다. 권리의 주체 또는 권리주체라고 한다고 하여 권리만 취득하고 의무는 부담하지 않는 주체라는 것을 뜻하지 않는다. 동시에, 의무만 부담할 수 있고 권리는 취득하지 못하는 주체 또한 있을 수 없다. 근대법이 처음에 권리를 강조하였다는 점에서 「권리의 주체」라는 용어가 사용되어 왔고, 「의무의 주체」 또는 「의무주체」라는 말은 거의 사용하지 않는다.

나. 사 람

권리의무의 주체는 단적으로 말하면 사람이며, 법률적으로 자연인과 법인이다. 법률에서는 권리의무의 주체를 「사람」이라고 하지 않고 자연인과 법인을 합쳐 한자어(漢字語)인 「인(人)」으로 규정하고 있다(민법 제2장의 표제 참조).

한자어가 아닌 「사람」이라고 하면 일반적으로 법인을 빼고 자연인(自然人)만 가리키는 것이 아닌가 할 수 있기 때문이다. 다만, 사법에서 「인」(예컨대, 운송인 등), 「자」(者－예컨대, 용선자 등), 「주」(主－예컨대, 선주와 화주 등)라고 하면, 자연인과 법인을 포함하여 말하는 것이 보통이다.

다. 상 인

권리의 주체 중에서 장사(*「商」) 또는 기업을 영위하는 경우 기업관계의 권리의무의 주체는 「상인(商人)」이라고 한다(상법 4·5).

사법 중에서, 특별법인 상법(商法)은 상인 또는 상인과 결부된 법률관계에 대해서 일반법인 민법(民法)에 우선하여 적용된다.

2. 권리능력

가. 권리능력의 의의

권리의무의 주체가 될 수 있는 자격 또는 법률상의 지위를 「권리의무능력(權利義務能力)」, 「권리능력(權利能力)」, 「법인격(法人格)」 또는 「인격(人格)」이라고 한다. 따라서 권리 내지 의무의 주체는 「권리의무능력자」, 「권리능력자」(*권리 중심의 근대법의 명칭으로 「의무능력자(義務能力者)」라고 부르는 경우는 거의 없다) 또는 「법인격자」, 나아가 아주 줄여서 「인격자(人格者)」로 불리운다.

이 중에서, 「권리능력(權利能力)」과 「법인격(法人格)」, 따라서 「권리능력자(權利能力者)」와 「법인격자(法人格者)」라는 말이 많이 쓰인다. 보통 「인격자」라고 하면 자연인 중에서 도덕적으로 존경받는 훌륭한 사람을 가리키지만, 법률적으로는 권리를 취득하고 위무를 부담할 수 있는 「권리위무의 주체」를 가리키기 때문에, 그 선악(善惡)을 불문하고 모든 자연인인 사람은 다 「인격자(人格者)」인 것이다.

나. 상인능력

사법상으로 권리능력자가 상인(商人)으로서 민법 외에 상법에 의한 영업상의 권리를 취득하고 의무를 부담할 수 있는 자격, 곧 영업상의 또는 기업상의 권리능력을 「상인능력(商人能力)」 또는 「상인자격(商人資格)」이라고 한다.

다. 권리의무의 귀속요건

권리능력(權利能力)은 법률상 권리주체가 되어 권리를 취득하고 위무를 부담할 수 있는 추상적인 자격 또는 지위일 뿐이다. 따라서 구체적으로 어떤 권리를 취득하여 실제로 그것을 가진 권리자가 되거나 또는 실제로 어떤 의무를 부담하여야 하는 의무자가 되기 위해서는, 권리능력 외에 별도의 법률적인 조건, 곧 「법률요건(法律要件)」을 구비하여야 한다.

예컨대, 물건을 파는 상인한테서 물건을 사고 그 물건에 대하여 소유권(所有權)이라는 권리를 취득하기 위해서는, 상인과의 사이에 매매계약이 먼저 있어야 하고 그 다음에 매도인(賣渡人)으로서 상인이 매수인(買受人)에게 물건을 건네주는 인도(引渡) 의무 내지 소유권 이전(移轉) 의무의 이행이 있어야 하는 것이다. 반면에, 상인은 그 매매계약으로 매수인에 대하여 대금청구권(代金請求權)을 가져 매수인이 그 대금지급의무의 이행으로 받는 금전에 대한 소유권(所有權)이라는 권리를 취득하는 것이다.

또 나중에 말하겠지만, 법률행위(法律行爲)는 권리의 취득 내지 의무의 부담에 필요한 법률요건인데, 그 행위자에게 이른바 「의사능력(意思能力)」이 있어야 하는 것을 전제로 유효하게 성립할 수 있다. 이와 관련하여, 권리능력자이더라도 자기가 직접 계약과 같은 「법률행위(法律行爲)」로 권리를 취득하거나 위무를 부담하게 되려면, 그러한 법률행위를 스스로 할 수 있는 법률적인 자격 곧 「행위능력(行爲能力)」이 있어야 한다.

이 행위능력이 없는 사람, 곧 미성년자(未成年者)와 같은 「행위무능력자(行爲無能力者)」는 부모 등의 법정대리인(法定代理人)의 도움을 받아 권리를 취득하고 의무를 부담할 수 있는 것이다. 여기서 말하는 법정대리인의 도움이란, 법정대리인이 무능력자를 대신하여 법률행위(法律行爲)－*「대리행위」)를 하거나, 또는 무능력자가 스스로 법률행위를 하는 데 대해 법정대리인이 동의(同意)를 하는 것을 가리킨다.

3. 권리의무 주체의 종류

일반적으로 사람이라고 하면 생물학적으로 만물의 영장(靈長－super creation)인 육체를 가진 개개의 남녀, 곧 개인(個人)을 가리킨다. 법률적으로도 이러한 개인이 권리의 주체라는 것은 말할 것도 없고, 이 개인인 권리주체를 「자연인(自然人)」이라고 한다. 자연인이라고 하면, 산(山) 중에서 자연에 둘러싸여 살아 예의 범절도 모르는 「원시인」을 연상할 수 있을 것이다. 그러나 법에서 말하는 자연인은 이와 전혀 다른 의미로 「권리주체(權利主體)」인 개인을 가리키는 것이다.

그리고 법률에서는 자연인 아닌 존재에 대해 특별히 권리의 주체로 인정하고 있다. 이것이 「법인(法人)」이다. 법률로 정한 설립의 절차를 거쳐 국가에서 마련하고 있는 공적인 장부인 등기부(登記簿)에 「설립등기(設立登記)」를 하여야 권리의 주체로 인정받을 수 있다.

그러나 이 등기를 하지 않아도 그 실체가 법인이나 진배없는 경우에는, 제한된 범위 내에서 권리능력이 인정되는 것이 있다. 이를 그 실체에 따라 「법인격 없는 사단(社團)」과 「법인격 없는 재단(財團)」이라고 한다.

Ⅱ. 자연인

1. 자연인의 권리능력

가. 자연인의 권리능력 평등

보통의 사람인 자연인 곧 개인은 오늘날의 문명국가에서는 모두 국민으로서 법 앞에서 평등하여(헌법 11), 남녀노소를 막론하고 누구든지 똑같이 권리를 취득하고 의무를 부담할 수 있는 권리능력 또는 법인격이 인정된다. 이를 「권리능력 평등(權利能力平等)의 원칙」 또는 「권리능력 평등주의(權利能力平等主義)」라고 한다.

나. 외국인의 권리능력

외국인(外國人)의 권리능력도 원칙적으로 우리나라 사람과 마찬가지이다(* 「내외국인 평등주의」). 그러나 이른바 「상호주의(相互主義)」에 입각하여 당사국 국민의 권리의무 내지 지위에 대해 외국인이 속하는 나라에서 우리나라 국민을 대우해 주는 만큼 우리나라에서도 그 외국인을 대우하려고 하기 때문에, 외국인이 누릴 수 있는 권리능력은 우리 국민의 권리능력과 똑같다고는 할 수 없다. 다만, 국제조약(國際條約)의 경우에는 조약 당사국의 일방이 그 상대방 당사국의 국민에게 가장 유리한 대우, 즉 이른바 「최혜국대우(最惠國待遇)」를 인정한다는 합의를 포함하는 것이 보통이다.

외국인이 우리나라에서 토지 소유권을 취득하는 경우 지방자치단체의 장에 대한 신고 또는 그 허락을 요하는 것(외국인토지법 4·5), 공무원 임용에 관한 제한(국가공무원법 26의2, 지방공무원법 25의2) 등이 그 예이다.

다. 규율법규

자연인은 원칙적으로 민법(民法)에서 규율하고 있는데, 상인(商人)인 자연인에 대해서는 상법(商法)도 적용된다.

2. 권리능력의 시기와 종기

널리 언제부터 또는 어떻게 하여야 권리능력을 가지는 권리능력자가 되며, 또 언제 또는 어떤 일이 있어야 권리능력이 소멸하는가 하는 것이 문제가 된다. 이를 권리능력의 「취득시기(取得時期)」 또는 「시기(始期)」와 「상실시기(喪失時期)」 또는 「종기(終期)」의 문제라고 한다.

자연인은 살아 있는 동안(*생존 중)에만 사람이기 때문에, 태어난 때부터 죽을 때까지 권리능력이 인정된다. 따라서 자연인의 권리능력의 시기와 종기는 각각 출생한 때와 사망한 때이다.

가. 권리능력의 취득시기

자연인(自然人)의 권리능력의 취득시기에 관한 출생(出生)은 일반적으로 태아가 모체(母體)에서 완전히 떨어져 나오는 것을 말한다(*이른바 「전부노출설(全部露出說)」). 따라서 모체에서 떨어져 나오기 전의 태아(胎兒)는 아직 사람이 아니고, 따라서 권리능력이 없다.

그러나 태아는 태어나면 장차 독립된 권리능력자가 될 것이므로, 태어나기 전이라도 태아에게 이익이나 지위를 미리 보호해 둘 필요가 있을 수 있다. 따라서 이러한 경우 태아를 「출생한 것으로 봄」(*출생의 의제(擬制))으로써 예외적으로 보호를 받도록 하는 것이다. 불법행위(不法行爲)・인지(認知)・상속(相續)・유증(遺贈) 등의 경우가 그것이다(민법 762・858・1000・1064・1112).

나. 권리능력의 상실시기

(1) 사 망

자연인의 권리능력이 없어지는 것은 사망(死亡)이며, 이 권리능력의 종기에 관한 사망은 종래 이른바 「심장박동정지설」에 따라 숨이 끊어지고 심장의 고동이 멎는 것을 말한다. 최근에는 호흡이나 심장이 멎지 않는 식물인간(植物人間) 상태에 있는 경우 안락사(安樂死) 또는 존엄사(尊嚴死)의 합법성에 관한 논의와 함께 「뇌사설(腦死說)」 등이 거론되고 있다. 그러나 이 문제는 종교상(宗敎上)의 교리(敎理) 내지 생명 존중과의 관계에서 쉽사리 해결이 날 것 같지 않다.

(2) 실종선고

(가) 실종선고의 의의

의학적인 사망이 아닌 경우에도, 예외적으로 제한된 범위 내에서 사망한 것으로 보는 「실종선고(失踪宣告)」의 제도가 있다. 이는 자기의 생활근거지 곧 주소(住所)를 떠난 사람(*이를 「부재자(不在者)」라고 한다)의 생사불명의 상태가 일정한 기간 동안 계속된 경우 그 사람에 대하여 가족 등 이해관계인이나 검사의 청구에 따라 법원이 실종선고를 함으로써, 종래의 「주소(住所)」를 중심으로 하는 사법상(私法上)의 법률관계에서 그 실종선고를 받은 사람(*이를 「실종자(失踪者)」라고 한다)을 그 실종기간이 만료한 때에 사망한 것으로 취급하는 제도를 말한다.

실종선고에 필요한 기간은 전쟁이나 해난·비행기 사고와 같은 특별한 사고로 인한 생사불명(生死不明)의 경우(*「위난실종(危難失踪)」) 1년이며, 그 밖의 「보통실종(普通失踪)」의 경우에는 5년이다(민법 27).

(나) 실종선고의 취소

만일 실종선고를 받은 자가 살아서 돌아오거나 또는 실종기간의 만료시기와 다른 시기에 사망한 것이 확인된 경우에는, 이미 내린 실종선고를 취소(取消)하여 실종선고가 없었던 것으로 한다(민법 29본문).

실종선고가 취소된 경우 실종선고 후 그 취소 전에 이루어진 행위의 효력은 영향이 없다(민법 29①단서). 다만, 실종선고를 직접원인으로 하여 재산을 취득한 자가 선의(善意－모른 경우)인 경우에는 그 받은 이익이 현재 남아있는 한도에서 반환할 의무가 있고, 악의(惡意－안 경우)인 경우에는 그 받은 이익에 이자까지 붙여 반환하고 손해가 있으면 손해도 배상하여야 한다(민법 29②).

(3) 동시사망의 추정

어느 재난(災難)으로 여러 사람이 사망한 경우 누가 먼저 사망하고 누가 나중에 사망하였는가에 따라 법률관계가 다를 수 있다. 따라서 민법은 2인 이상이 동일한 위난(危難)으로 사망한 경우에는 동시에 사망한 것으로 추정한다고 규정하고 있다(민법 30). 이를 「동시사망 추정(同時死亡推定)의 원칙」이라고 한다.

예컨대, 갑(甲)과 그 아들 을(乙)이 같이 타고 가던 비행기가 추락하여 사망하였는데, 누가 먼저 사망하였는지 모른다고 하자. 甲과 乙의 유가족으로 甲의 어머니 B와 마누라 A가 있고, 甲은 2억 5,000만원의 재산을 남겨둔 경우, 이 재산에 대한 A와 B의 상속 문제가 제기된다. 민법에 의하면, 「상속인」(*상속을 받는 자)의 순위와 관련하여, 사망한 사람(*「피상속인」)에 대한 직계비속(*아들·딸)이 있고 배우자(*마누라나 남편)가 있으면, 이들이 공동으로 상속을 하며, 직계비속이 없고 직계존속(*부모)이 있고 배우자가 있으면 이 직계비속과 배우자가 공동상속인이 된다(민법 1000①i~ii·1003①전단). 그리고 상속분은 피상속인의 배우자가 다른 상속인보다 50% 더 많다(민법 1009②).

위 예에서, 甲이 먼저 사망하였다면, 甲이 남긴 재산은 甲의 사망과 동시에 乙이 1억원을, 그리고 A가 1억 5,000만원을 상속하게 되는데, 1억원을 상속한 乙이 사망함으로써 이 1억원은 그 어머니(*직계존속) A에게 상속되어, 결과적으로 A는 甲의 재산 2억 5,000만원을 모두 취득하게 된다. 만일 甲의 아들 乙이 먼저 사망하였다고 하면, 乙에게는 재산이 없기 때문에 이 乙에 대한 상속 문제는 생기지 않고 그 후에 사망한 甲의 재산에 대해 A와 B가 상속을 하게 된다. 즉, 이 경우 A는 1억 5,000만원을, B는 1억원을 상속하는 것이다.

위에서, A가 2억 5,000만원 전액을 상속하기 위해서는 甲이 먼저 사망하였다는 것을 증명해야 한다. B가 1억원을 상속하기 위해서는 乙이 먼저 사망하였다는 것을 증명해야 한다. 그러나 이 증명이 결코 쉬운 일이 아니다. 따라서 민법이 이러한 사태에 대비하여 「동시사망의 추정」규정을 두고 있는 것이다. 이 민법상의 원칙에 의하면, 재산을 남기지 않은 乙과의 관계는 문제가 될 여지가 없기 때문에 무시해도 좋다. 따라서 A의 상속분은 1억 5,000만원, B의 상속분은 1억원이 된다.

3. 상인자격의 취득과 상실

상법의 적용을 받는 자연인인 상인 곧 「개인상인(個人商人)」이 되는 시기(*상인자격(商人資格)의 취득시기)는 영업을 개시한 때이며, 이 때부터 상법에 의한 영업상의 권리를 취득하고 의무를 부담할 수 있는 것이다. 영업의 개시(開始)는 그 목적인 영리행위 곧 본격적인 영업활동 뿐 아니라, 그 준비행위(*

예컨대, 점포의 구입・임차, 영업자금의 차입 등)의 개시도 포함된다(상법 47).

상인이 영업을 폐지한 때에는 상인으로서의 권리능력 곧 「상인자격(商人資格)」을 잃고 상법은 더 이상 적용되지 않게 된다. 영업의 「폐지(廢止)」는 그 목적(*계속・반복적인 영리행위)인 행위의 종료가 아니라, 잔무(殘務) 또는 청산(淸算)의 종결까지를 의미한다. 물론 자연인으로서 영업을 하고 있던 중에 사망하면, 그 상속인이 영업을 승계(承繼)하게 되는 것(상법 50 참조)은 별문제로 하고, 상인자격(商人資格)은 물론 권리능력(權利能力)도 잃는 것이다.

Ⅲ. 법 인

1. 법인의 의의

가. 법인의 권리주체성

법인은 자연인(自然人) 또는 개인(個人) 이외의 권리의 주체로 법률에 의하여 인정되는 존재(민법 31 이하 등)를 가리킨다.

오늘날의 사회생활은 자연인(自然人)인 개인 중심으로만 그 법률관계 또는 권리의무관계를 처리하기에는 너무나 복잡다단(複雜多端)하다. 따라서 일정한 목적을 가진 사람의 모임 곧 단체(*이른바 「사단(社團)」)에 대하여도 그 구성원(「사원(社員)」)을 떠나 단체 자체로서 사회 생활상의 법률관계(法律關係)의 주체로 삼아 권리(權利)의 취득과 의무(義務)의 부담을 인정할 필요가 있다. 또 일정한 목적을 위하여 제공된 재산(*이른바 「재단(財團)」)에 대해서도 그 제공자로부터 떠난 독자적인 존재로서 권리능력을 인정하는 것이 적합한 경우가 있다.

따라서 법률은 일정한 조건 아래 그러한 단체(團體) 또는 재산(財産)에 대하여 권리능력을 인정하고 있다. 법률에 의하여 권리능력 또는 법인격을 인정받는 단체나 재산이 법인(法人)인 것이다. 일정한 목적을 가진 사람의 모임 또는 단체에 법인격이 인정된 것이 「사단법인(社團法人)」이고, 일정한 목적을 위하여 제공된 재산에 법인격이 인정된 것은 「재단법인(財團法人)」이다.

나. 법인제도의 취지

수천명의 주주로 이루어진 「주식회사(株式會社)」가 공장을 짓고 사람들을 고용하여 원료를 사서 가공해 돈벌이를 한다고 할 경우, 공장의 소유권이 누구에게 있고 고용한 사람에게 월급을 주고 원료의 대금을 줄 의무는 누가 부담하며, 또 원료를 가공해 생산하여 판 제품에 대한 대금을 받을 권리는 누구에게 있는가가 문제가 될 것이다. 이 경우 그 권리의무가 끊임없이 증감·변동하는 수많은 주주에게 귀속되어 이들이 공동으로 재산을 소유하고 월급과 대금을 주어야 할 의무자가 되고 제품을 판 대금에 대한 청구권을 행사하여야 한다면, 법률관계가 복잡하고 그 처리가 여간 혼란스럽지 않을 것이다.

따라서 「주식회사」 자체가 권리의무자가 되어 권리를 행사하고 의무를 처리하도록 하여 사회생활이 원활하게 진전되도록 한 법률적 제도가 「법인(法人)」이다. 주식회사는 이러한 법인 중에서 「사단법인(社團法人)」의 일종인 것이다.

또 어떤 사람이 수억만금(數億萬金)으로 뜻있는 사업을 하고자 할 때 그것을 개인으로 직접 할 수도 있다. 그러나 개인이 하게 되면 그 사업에 대한 전문지식이 있어야 하고 또 그 돈을 잘 관리하여 영속적으로 사업에 투자하기 위해 끊임없이 신경을 써야 한다. 또 오래 살지 못하면 그 뜻이 이어지기도 힘들 것이다.

법인제도를 이용하면 이러한 난점을 해결할 수 있다. 그 돈을 의도한 사업을 위한 「기금(基金-fund)」으로 하도록 내놓아(*이를 「출연(出捐)」이라고 한다) 그것에 추상적인 권리의무의 주체성(主體性)을 인정함으로써, 기금을 출연한 사람이 아니라 그 기금 자체가 그 사업에 따른 권리를 취득하고 의무를 부담하도록 한 발상(發想)이 「재단법인(財團法人)」제도인 것이다. 육영사업(育英事業)을 위한 사립학교법에 의한 「학교법인(學校法人)」이 대표적인 재단법인이다.

2. 법인의 분류

가. 공법인과 사법인

국민의 복지(福祉)의 증진과 향상을 위한 통치작용(統治作用)을 담당하는 국가도 법인으로 취급된다. 이러한 국가의 통치작용 또는 기능을 대행하거나 분담하여 수행하는 것을 목적으로 하는 법인을 「공법인(公法人)」이라고 한다. 국가가 특히 재산권의 주체로 파악되는 경우 「국고(國庫)」라고 부른다. 공법인은 공공복리(公共福利) 내지 국가의 존립·안전과 관련된 사업을 수행하는 것이므로, 헌법을 비롯한 각종 공법(公法)에 의한 규제를 받는다.

공법인이 아닌 법인은 널리 「사법인(私法人)」이며, 이 사법인은 앞에서 말한 사단법인과 재단법인으로 분류되고, 또 영리사업을 하여 이익을 얻고 그것을 구성원에게 분배하는 「영리법인(營利法人)」과 그렇지 않는 「비영리법인(非營

利法人)」으로 구분된다.

나. 비영리법인과 영리법인

「비영리법인(非營利法人)」은 육영사업(育英事業)이나 자선사업(慈善事業) 등 사회공공의 이익을 목적으로 하는 「공익법인(公益法人)」과 영리목적도 공익목적도 아니고 오로지 구성원 간의 상호부조(相互扶助), 경제적 · 사회적인 공동이익의 증진 · 지위의 향상을 목적으로 하는 이른바 「중간법인」(中間法人－예컨대, 협동조합 · 노동조합 · 보험상호회사 · 증권거래소 · 각종 협회 등)으로 나눌 수 있다.

영리법인(營利法人)은 영리사업으로 거둔 이익을 구성원에게 분배하는 법인이다. 구성원에게 이익을 분배해야 하기 때문에, 성질상 사법인 중에서 사단법인(社團法人)만 영리법인일 수 있다. 이 「영리사단법인(營利社團法人)」이 바로 「회사(會社)」이고, 회사는 상인(商人)인 영업상의 또는 기업상의 권리의 주체이다(상법 169 · 171).

사법인(私法人) 중에서 비영리법인(非營利法人)은 원칙적으로 일반법인 민법(民法)에서 규율하고 있고(제31조～제97조), 영리법인(營利法人)인 회사(會社)에 대하여는 원칙적으로 특별법인 상법(商法)이 적용된다(제169조～제637조). 상법에서 규정하고 있는 회사는, 현재 주식회사(株式會社), 합명회사(合名會社), 합자회사(合資會社) 및 유한회사(有限會社)의 넷이다.

3. 법인의 규제

가. 법인등기제도

법인은 자연인과 달리 실체(實體)가 눈에 보이는 것이 아니기 때문에, 그 존재를 널리 나타내기 위한 「등기(登記)」 제도가 인정된다. 등기사항에 변동이 있으면 그 「변경」에 관해 등기하여야 한다. 법인은 설립등기(設立登記)를 한 때에 권리능력을 취득한다.

법인의 설립등기는 자연인의 「출생신고(出生申告)」와 다르다. 자연인은 출생신고를 안 해도 태어나자마자 바로 권리능력자가 되며, 그 신고는 출생의 사실을 사후적으로 남들이 인식할 수 있도록 하는 것에 지나지 않다.

나. 설립의 규제

법인(法人)은 본래 사람이 아닌 데도 권리능력자(權利能力者)로 인정되는 것이므로, 아무나 설립등기를 해서 법인을 만들어낼 수 있도록 하면, 법인제도 본래의 취지가 몰각(沒却)되고 여러 가지 사회적·경제적 폐해를 가져오게 될 염려가 있다. 법률에서는 법인의 종류에 따라서 필요한 규제를 하고 있다.

「비영리법인(非營利法人)」은 원칙적으로 주무관청(*예컨대, 학술에 관한 사업을 목적으로 하는 법인의 경우 교육과학기술부 장관)의 허가를 받아야 한다(민법 32). 이에 더하여 사회 공공의 이익과 관계가 깊은 「공익법인(公益法人)」의 경우에는, 그것이 공익을 증진하는 데 국가가 지원하고, 반면에 공익을 빙자한 조직 운영의 폐해를 방지하기 위한 특별법이 마련되고 있다(*예컨대, 사립학교법, 공익법인의 설립·운영에 관한 법률 등).

「영리법인(營利法人)」인 회사(會社)의 경우에는, 헌법상의 국민의 재산권(財産權) 행사 내지 영업(營業)의 자유(제23조)와 관련하여, 법률(*상법 등)에 정한 설립요건 곧 이른바 「준칙(準則)」을 충족하면 설립등기를 함으로써 법인격 또는 권리능력을 취득할 수 있다.

다만, 주식회사는 국민경제적으로 또한 사회적으로 매우 중요한 구실을 담당하고 그 운영상의 적부(適否) 또는 자잘못이 사회 공공의 이익에도 직접적·간접적으로 큰 영향을 미친다. 따라서 주식회사의 설립요건인 준칙(準則)은 복잡하며, 특히 대회사의 경우 그 조직과 운영에 대해서는 특별법상의 엄격한 규제가 가해지고 있다(*독점규제 및 공정거래에 관한 법률, 자본시장과 금융투자업에 관한 법률 등).

여기서 잠깐 「허가」와 관련하여, 행정행위에 관해 살펴본다. 「허가」(許可)는 널리 행정처분의 일종이다.

「행정처분(行政處分)」은 행정기관이 공권력(公權力)의 행사로서 일반 국민을 상대로 대외적으로 행하는 개별적이고 구체적인 법적행위(法的行爲)를 말한다. 행정처분은 「행정행위(行政行爲)」 또는 단순히 「처분(處分)」이라고도 한다. 행정처분은 법적행위가 아니고 행정기관의 사실적 행위인 「행정지도(行政指導)」와, 또 추상적인 규범 내지 규칙의 정립행위(定立行爲)인 「명령(命令)의 제정」과 구별된다.

행정처분에는 여러 가지가 있지만, 그 중에서 대표적인 것이 「허가」, 「특허」, 「인가」이다.

「허가(許可)」는 본래 일반 국민이 자유롭게 할 수 있는 행위를 법령(法令)에 의해 일률적으로 못하게 금지(禁止)하였던 것을 개별적으로 해제하여 할 수 있게 하는 처분을 말한다. 이는 법령에 의해 일률적으로 행해야 하도록 하고 있던 일반 국민의 의무(*「작위의무(作爲義務)」)를 개별적으로 해제하는 「면제(免除)」와 구별된다.

「특허」(特許)는 일반인이 본래 가지고 있지 않던 특별한 권리를 설정해 주는 행정처분을 가리킨다. 이는 본래의 국민의 자유(自由)의 침해와는 관계가 없기 때문에 허가의 경우에 비하여 이 처분에는 행정기관의 재량(裁量)의 폭이 넓다. 광업권(鑛業權)의 설정(設定)이나 공유수면(公有水面) 매립의 면허가 특허에 속한다.

「인가(認可)」는 행정기관이 사인(私人) 내지 일반인 간에 이루어지고 있는 법률행위(法律行爲)에 효력을 부여하는 행정처분을 말한다. 허가가 일정한 행위의 금지와 그 해제라는 사실적(事實的)인 차원에서의 규제(規制)인 데 대해, 인가는 법률효과(法律效果)의 면에서의 규제이다. 행정기관의 판단으로 일정한 행위의 법적효과를 저지하는 것이 공공(公共)의 이익을 위해 필요하다고 인정하는 경우 인가제도의 효용이 있다. 예컨대, 공공요금(公共料金)의 인가, 금융기관 합병(合倂)의 인가 등이 그 예이다. 인가를 요하는데 이를 받지 않고 하는 사인 간의 행위는 무효(無效)가 된다.

허가·특허·인가를 비유하자면, 공원에서 자전거를 타지 못하게 금지하고 있지만, 자전거의 정비가 잘 되어 있고 제동장치가 제대로 작동하고 있는 자전거인지 개별적으로 심사하여 적격의 자전거를 가진 사람에게 공원에서 자전거를 탈 수 있도록 허용하는 것이 「허가(許可)」에 상당한다. 일반적으로 자전거를 탈 수 없는 학교 강당에 학교에 장학금을 많이 낸 사람에 자전거를 탈 수 있게 할 수 있다고 하면 이는 「특허(特許)」에 상당한다. 인도로 자전거를 타고 가는 사람을 위해 뒤에서 잡아주어 안전하게 가도록 도와주는 것이 「인가(認可)」에 상당하고, 그렇지 않으면 자전거는 못 타게 된다.

4. 법인의 속성과 권리능력

가. 법인의 정체성

법인은 각기 독립된 법률관계의 주체로서 그 자체의 명의(名義)로 권리를 가지고 의무를 부담하며, 법률행위 내지 법적 활동의 당사자가 된다.

또한, 자기 고유의 명칭(*회사의 경우 상호(商號))를 가진다(민법 40 i · 43, 상법 19 · 179ii · 270 · 289① ii · 543② i). 또 법인 자체의 주소(住所)도 가진다(민법 40iii, 상법 171②).

그리고 법인의 일반적 속성(屬性)으로는, ① 그 대표자나 대리인을 통하여 법인 자체의 명의(名義)로 권리를 취득하고 의무를 부담하는 것, ② 법인 자체의 명의로 소송당사자(訴訟當事者)가 되고 등기나 등록의 주체(*명의자)가 되는 것, ③ 법인 자체에 대한 집행권원(執行權原)에 의해야만 법인의 재산에 대한 강제집행(强制執行)을 할 수 있는 것, ④ 법인의 재산(財産)은 구성원의 책임재산(責任財産)이 되지 않고 법인 자체의 채권자를 위한 배타적(排他的)인 책임재산이 되는 것, ⑤ 구성원 개인의 재산은 구성원의 채권자를 위한 책임재산이고 법인의 채권자의 책임재산이 되지 못한다는 것 등을 들 수 있다.

그러나 법인인 회사 중에서 「합명회사(合名會社)」와 「합자회사(合資會社)」의 경우에는, 사원의 채권자가 사원의 지분(持分)을 압류(押留)하여 사원을 퇴사시킬 수 있기 때문에(상법 224 · 269), ④의 속성은 완전하지 않다. 또 합명회사와 합자회사의 사원은 회사채권자에 대하여 직접 책임을 지기 때문에(상법 212 · 269 · 279), ⑤의 속성은 인정되지 않는다. 따라서 모든 회사가 완전히 가지는 속성은 ①~③에 불과하며, 「주식회사(株式會社)」와 「유한회사(有限會社)」에만 ①~⑤의 모든 속성이 인정될 뿐이다. 이 의미에서 주식회사와 유한회사는 민법상의 법인과 같은 「완전법인(完全法人)」이라고 할 수 있다.

나. 법인의 권리능력의 범위

이상의 속성은 별문제로 하고, 법인(法人)도 권리능력이 있는 이상, 자연인(自然人)과 마찬가지로 각종의 권리(權利)를 취득하고 의무(義務)를 부담할 수 있다. 또 자기의 권리를 실현하고 보호하기 위해 원고로서 소(訴)를 제기할 수 있고, 또한 피고로서 소(訴)를 제기 당할 수 있는 민사소송법상의 이른바 「당사자능력(當事者能力)」도 있는 것이다.

이와 같이 법인(法人)의 권리능력은 근본적으로 자연인(自然人)의 경우와 마찬가지라고 하더라도, 구체적으로 취득할 수 있는 권리와 부담하는 의무에는 약간의 한계가 있다.

(1) 성질상의 제한

먼저, 법인은 육체가 없기 때문에, 성질상 자연인(自然人)에게만 인정되는 권리의무는 가질 수가 없다. 예컨대, 신체 · 생명에 관한 권리나 가족법상의 권리의무는 인정되지 않는 것이다.

(2) 법률에 의한 제한

법인은 법률에 의하여 권리능력이 부여되므로, 동시에 법률(法律)에서 필요하면 법인의 권리능력을 제한할 수 있다(민법 34전단). 예컨대, 은행법에 의해 설립되는 금융기관인 법인은 비업무용의 부동산의 소유권을 취득하지 못하는 것이다(은행법 38ii · 39).

(3) 정관상의 목적에 의한 제한

법인은 일정한 목적을 위하여 모인 단체 또는 재산이기 때문에 법인의 조직과 운영의 근본규칙인 「정관」(定款)에서 규정하고 있는 목적(目的)을 벗어난 권리를 취득하거나 의무를 부담할 수 없다(민법 34 후단).

그러나 법인에게는 정관에 규정된 목적 그 자체에 국한된 권리의무만 인정되는 것이 아니라, 목적을 달성하는 데 필요(必要)하거나 또는 유익(有益)한 권리의무는 취득하고 부담할 수 있다.

또 영리법인인 회사(會社)의 권리능력은 정관상(定款上)의 목적에 의하여 제한되지 않는다는 견해가 있음에 유의할 필요가 있다.

5. 법인의 권리능력의 시기와 종기

법인은 육체나 목숨이 있는 자연인의 출생(出生)과 사망(死亡)이 권리능력을 취득(取得)하고 상실(喪失)하는 원인인 것과 달라, 「설립(設立)」이라는 인위적인 절차를 거쳐야 권리능력을 취득할 수 있고, 또 해산(解散)하여 본래의 사무를 그치고 그것에 이은 잔무처리(殘務處理)의 종결 곧 「청산(淸算)」을 한 때에 권리능력이 없어진다.

가. 권리능력의 취득

이 중에서, 「설립(設立)」은 법인의 내부조직과 운영에 관한 근본규칙으로서 그 목적·명칭 등을 기재한 「정관(定款)」의 작성에서 시작하여 「설립등기」에 이르는 일련의 절차를 말하며, 설립등기(設立登記)에 의하여 법인격을 취득하는 것을 법인의 「성립(成立)」이라고 한다(민법 33, 상법 172).

법인을 설립하기 위해서는, 민법 기타의 법률에 규정하는 조건을 충족하여야 하는데(민법 31), 이 조건을 어떻게 규정할 것인가에 관하여는, ① 개개의 법인의 설립에 대하여, 일일이 특별법을 제정하는 「특허주의」(特許主義－고도로 공익성을 띤 사업 목적의 법인의 경우), ② 법인의 설립에 대하여, 일반적인 법률이 정하는 요건을 충족하는 것 외에, 주무관청의 허가를 받아야 하는 「허가주의」(許可主義－비영리법인의 경우), ③ 일반적으로 법인의 설립에 대하여, 법률로써 미리 정하고 있는 요건을 구비하면 당연히 법인이 성립할 수 있는 「준칙주의」(準則主義－영리법인인 회사의 경우)가 있다. 또 ④ 법인의 설립에 대한 아무 법률적인 제한이 없고 법인으로 등기만 하면 그 성립이 인정되는 「자유설립주의(自由設立主義)」의 입법주의도 있을 수 있다.

비영리법인(非營利法人)을 설립하기 위해서는 정관을 작성하여 주무관청(主務官廳－*예컨대, 자선사업 법인의 경우 보건복지가족부장관, 학예사업 법인의 경우 교육과학기술부장관)의 「허가(許可)」를 받아야 한다(민법 32).

이에 대하여, 영리법인(營利法人)인 회사는 이른바 준칙주의(準則主義)에 입각하여 상법에서 규정하고 있는 설립요건을 충족하여 설립등기를 하면, 회사로서 성립하고 법인격을 취득한다.

다만, 주식회사(株式會社)는 사원이 많고 소유(所有)와 경영(經營)이 분리되어 사원이 반드시 회사의 업무집행과 대표행위를 하여야 하는 것이 아니기 때문에, 정관의 작성 외에 사원인 주주(株主)를 확정하고 기관(機關)을 구비하여야 하는 등 설립등기에 이르기까지 여러 가지 복잡한 절차를 거쳐야 한다.

그러나 주식회사 이외의 회사, 즉 합명회사와 합자회사 및 유한회사는 정관(定款)에서 그러한 절차에 해당하는 설립요건이 기재되므로, 정관(定款)을 작성하여 바로 설립등기(設立登記)를 함으로써 간단히 회사가 법인격(法人格)을 취득(取得)할 수 있게 되어 있다.

나. 권리능력의 소멸

법인은 정관 및 법률에서 정하는 사유가 발생하면 본래의 목적인 사업을 정지하고 잔무(殘務)를 정리하는 절차에 들어가야 한다. 이를 법인의 「해산(解散)」이라고 하고(민법 77 이하), 해산에 의하여 계산관계를 마무리 짓는 것을 「청산(淸算)」이라고 한다. 법인이 청산절차에 들어가더라도, 청산을 종결할 때까지는 「청산의 목적」의 범위 내에서 권리능력을 가진다(민법 81). 법인은 이러한 청산절차(淸算節次)를 종료한 때 그 권리능력(權利能力)이 소멸하는 것이다.

다. 상인자격의 취득과 소멸

한편, 상인으로서의 법인의 권리능력 곧 「상인자격(商人資格)」의 취득과 상실의 시기는, 자연인인 상인 곧 개인상인의 경우와 마찬가지로 영업의 개시시(開始時)와 영업의 폐지시(廢止時)인 것을 원칙으로 한다.

그러나 영리법인인 회사는 「설립등기(設立登記)」로써 법인격(法人格)과 함께 상인자격(商人資格)을 취득하고(상법 172), 청산의 종결과 함께 법인격과 상인자격이 동시에 상실된다(상법 245 · 269 · 542 · 613). 회사는 법인격 또는 권리능력과 상인자격이 일치하고, 그 시기(始期)와 종기(終期)를 같이하는 「생래적 상인(生來的商人)」이기 때문이다.

6. 법인의 권리의무의 귀속

법인은 그 구성원인 사원(社員)이나 제공된 재산(財産)을 떠난 실재적(實在的)인 존재인 사회 구성분자이기 때문에 그 자체 독자적인 의사(意思)를 가지고 스스로 활동할 수 있는 능력이 있다.

가. 법인의 기관

(1) 기관과 그 권한 및 대표관계

법인의 의사와 행위는 한 사람 한 사람 독립된 개체인 자연인(自然人)의 경우와 달라, 법인의 일정한 조직상의 지위에 있는 자에 의하여 실현되는데, 이를 「기관(機關)」이라고 한다.

이러한 기관이 법인을 위하여 의사결정(意思決定)과 행위(行爲)를 할 수 있는 힘 또는 지위를 권한(權限)이라고 한다. 기관(機關)이 그 권한의 행사로 회사의 의사의 결정과 행위를 하면 그것은 법률적으로 바로 법인(法人)에게 귀속된다.

이와 같이 되는 기관과 법인과의 관계를 「대표관계(代表關係)」라고 하고, 특히 대외적으로 법률행위를 하여 그 효과를 회사에 귀속시킬 수 있는 권한이 있는 기관을 「대표기관(代表機關)」이라고 한다.

(2) 대리인과 그 권한・대리관계와의 차이

법인의 기관이나 대표관계와 유사한 것으로 다음에 언급할 대리(代理), 즉 대리인(代理人)과 대리관계(代理關係)가 있다.

기관은 법인의 조직구성의 일부인 데 대하여, 「대리인(代理人)」은 「본인(本人)」과는 독립된 인격자(人格者)이다. 이론적으로, 기관의 행위는 바로 법인(法人) 자신의 행위가 되고 그 효과도 법인에 돌아가는 데 대하여, 대리인의 행위 곧 「대리행위(代理行爲)」는 대리인 자신의 행위이지만, 법률적으로 그 효과가 본인에게 귀속되는 것으로 하고 있다. 이를 「대리관계(代理關係)」라고 한다.

그러나 행위자의 행위의 효과가 행위자 이외의 자(*본인・법인)에게 귀속되는 점에서, 대리인과 기관 또는 대리관계와 대표관계는 실질적으로 마찬가지이다. 따라서 기관 내지 대표관계에 관하여는 민법 또는 상법에 통칙적인 규정이 없기 때문에, 대리(代理)에 관한 규정(민법 114 이하)을 원칙적으로 준용한다(민법 59②).

나. 기관의 분류

(1) 각종 법인의 기관구성

법인의 기관(機關)은 그 권한의 종류에 따라 여러 가지가 있을 수 있다. 즉 의사결정기관, 업무집행기관, 대표기관, 감사・감독기관 등이 그것이다.

비영리법인(非營利法人) 중에서, 민법은 재단법인(財團法人)의 기관으로 「이사(理事)」와 「감사(監事)」를 규정하고 있는데(제57조·제66조), 이사에게 법인의 의사결정·업무집행·대표행위 등의 권한이 집중되고 있다. 사단법인(社團法人)에는 의사결정기관으로 사원총회(社員總會), 업무집행·대표기관으로 이사(理事), 그리고 감사기관으로 감사(監事)가 있다(민법 57·66·68 이하). 비영리법인의 감사는 반드시 두어야 하는 것이 아닌 「임의기관(任意機關)」이다.

이에 대하여, 영리법인(營利法人)인 상법상의 회사(會社)의 경우, 주식회사(株式會社)는 원칙적으로 최고의 의사결정기관으로 「주주총회」(株主總會－제361조 이하), 업무집행에 관한 의사결정과 감독기관으로 「이사회」(理事會－제393조 제2항), 대표기관으로 「대표이사」(代表理事－제389조), 그리고 감사기관으로 「감사」(監事－제409조 이하) 또는 이사회 산하의 「감사위원회(監査委員會)」를 반드시 두게 되어 있다. 주식회사의 이사는 3명 이상이어야 하는 것이 원칙이지만, 자본총액 5억원 미만의 회사는 이사를 1인만 둘 수 있는데, 이 경우에는 이사회(理事會)가 있을 수 없다.

유한회사(有限會社)는 민법상의 사단법인(社團法人)과 같이 「사원총회」(社員總會－제571조 이하)와 이사(理事－제561조), 그리고 임의기관으로서의 「감사」(監事－제568조)가 있으며, 합명회사는 「사원(社員)」, 합자회사는 원칙적으로 「무한책임사원(無限責任社員)」이 회사의 업무집행과 대표기관이 된다.

(2) 대표기관의 권한과 그 제한

법인의 기관 중에서, 대표기관(代表機關)은 권리능력의 범위 내에서 원칙적으로 완전한 대표권을 가진다. 따라서 민법상 법인의 이사에 대한 그 대표권의 제한은 등기하지 아니하면 제3자에게 대항하지 못한다(민법 60). 상법에서도 회사의 대표기관에 대해서 같은 취지의 규정을 두고 있다(상법 209·389②·567).

예컨대, 법인 또는 회사의 대표기관인 이사 등이 회사 명의로 은행으로부터 1억원 이상의 대출을 받으려면 사원총회의 승인을 얻어야 한다는 내규가 있더라도, 그것은 원칙적으로 효력이 없고, 그것을 위반한 이사와 은행 사이의 대차관계는 유효한 것이다.

(3) 법인과 기관의 연대책임

법인의 대표기관이 그 직무에 관하여 다른 사람에게 손해를 끼친 경우에는,

법인과 대표기관이 함께 연대하여 그 손해를 배상할 책임이 있다(민법 35①, 상법 210 · 269 · 389③ · 567).

법인이 목적(目的)의 범위 외의 행위로 인하여 다른 사람에게 손해를 입힌 경우에는, 그것에 결의(決意) 등으로 가담한 사원, 이사 기타의 대표자가 연대하여 배상할 책임이 있다(민법 35②).

Ⅳ. 법인격 없는 사단과 재단

1. 법인격 없는 사단 · 재단의 의의

권리의 주체는 이상과 같은 자연인(自然人)과 법인(法人)이지만, 실제의 우리 사회에서는 실질적으로 법인과 다름없이 단체로서 활동하고 있지만, 법인의 설립에 필요한 요건(*특히 설립등기)을 구비하지 못하여 설립하고 있지 않거나 또는 실제로 설립할 수 있는 처지에 있지 않은 예가 많다. 각급학교의 동창회나 문중(門中)이 그 대표적인 예이다.

이러한 실체가 법인격(法人格)을 취득하지 못하고 있어도, 법률의 규정이나 법률이론(法律理論)으로 그 구성원인 개인들로부터 또는 재산의 운영자인 개인에게서 떠난 사실상(事實上)의 사단(社團)이나 재단(財團)에 대하여, 소송법상의 당사자능력(민사소송법 52), 세법상의 법인취급(국세기본법 13, 법인세법 1② 다), 등 제한된 범위에서 권리능력을 인정하는 경우가 있다. 이를 그 실체에 따라 「법인격(法人格) 없는 사단(社團)」 또는 「법인격(法人格) 없는 재단(財團)」 또는 「권리능력(權利能力) 없는 사단 · 재단」이라고 부른다.

이러한 「법인격 없는 사단 또는 재단」으로 인정되기 위해서는, 단체로서의 조직을 구비하고, 그 의사결정과 단체의 운영 · 대표, 재산의 관리와 그 밖의 단체로서의 중요한 사항이 확정되어 있어야 한다.

2. 사단과 조합과의 구별

법인 또는 법인격 없는 사단의 실체인 「사단(社團)」에 관하여는, 「조합(組合)」과의 구별이 문제가 된다.

널리 사단이라고 하면, 조합을 포함하여 일정한 목적을 위하여 결합한 단체(團體)를 의미하지만, 좁은 의미의 사단은 구성원의 결합관계 여하와 관련하여 조합과 구별되는 단체(團體)를 가리킨다.

조합은 구성원들의 개인적인 목적(目的)을 달성하기 위한 결합체로서 구성원의 개성(個性)이 강하게 나타나는 것인 데 대하여, 사단은 구성원의 개인적으로 목적을 떠난 단체(團體)로서의 독자적인 목적을 가지고 전체로서 통일성(統一性)이 뚜렷한 것이다.

그 결과, 조합에서는 구성원들은 서로 계약관계(契約關係)로 직접 결합하며, 각 구성원의 권리의무(權利義務)는 다른 구성원에 대한 권리의무의 형식을 취하고, 따라서 각 구성원은 단체의 재산(財産)에 대하여 직접 「지분(持分)」 곧 몫을 가진다. 이에 대하여, 사단(社團)의 경우 각 구성원은 사단이라는 단체를 통하여 간접적으로 결합하고, 그 권리의무는 단체 자체에 대한 법률관계로서의 사원의 지위 곧 널리 「사원권(社員權)」의 형식을 취하고, 따라서 단체의 재산(財産)은 단체 그 자체의 소유에 속하고, 각 구성원은 간접적인 지분(持分)을 가지는 데 불과하다.

이와 같이, 사단은 구성원으로부터 독립된 존재이기 때문에 대외적으로 「법인(法人)」이 됨으로써 그 권리능력을 인정받는 것이 정상적인 현상이다. 그러나 앞에 말한 동창회와 같은 것은 법인의 성립요건인 설립등기는 하지 않아 「법인격(法人格)」은 인정되지 않더라도, 실질적으로 구성원인 졸업생들로부터 떠난 단체 곧 사단(社團)이므로, 동창회 자체로서 독자적인 재산이나 권리의무를 가질 수 있도록 하는 것이 적당하다. 따라서 회장 개인의 명의로 재산(財産)이나 권리의무(權利義務)의 관계를 가지더라도, 실질적으로 그것은 회장 개인의 것이 아닌 것은 물론이다. 또한 그것을 회원 전원의 총유(總有) 또는 준총유(準總有－소유권 이외의 권리의무의 귀속의 경우)라기 보다는, 단체 자체의 것으로 파악하여야 할 것이다. 이와 같은 단체가 바로 「법인격 없는 사단」인 것이다.

그런데 실질적으로 「사단(社團)」이고 또한 「법인격」까지 취득하고 있는 단체도 「조합(組合)」이라는 명칭을 붙이고 있는 경우가 있는 점에 유의할 필요가 있다. 농업협동조합, 노동조합 등의 경우가 그 예이다.

Ⅴ. 회 사

1. 회사의 의의

가. 영리사단법인성과 회사법정주의

오늘날 자본주의(資本主義) 시장경제 체제 아래 경제의 주체인 기업(企業) 중에서 국민경제적으로 회사기업(會社企業)이 차지하는 비중이 매우 크다. 따라서 여기서는 법인 중의 회사에 관해 간단히 언급한다.

회사(會社)는 상행위(*상법 제46조의 이른바 「기본적 상행위」) 기타 영리(營利)를 목적으로 하는 사단법인(社團法人)인데(상법 169 · 171①), 현행 상법은 합명회사, 합자회사, 주식회사 및 유한회사의 4종류의 회사로 한정하여 규정하고 있다. 이를 「회사법정주의(會社法定主義)」라고 한다.

회사의 종류를 한정하고 있는 것은, ① 회사에 관한 법률관계의 안정성(安定性)과 예측가능성(豫測可能性)을 확보하도록 하여 회사를 구성하는 사원(社員)과 회사와 거래관계를 가지는 제3자의 이익을 보호하고, 또한 ② 회사의 조직과 운영에 대한 행정적 · 공적인 규제 · 감독을 용이하게 하기 위한 것이다.

나. 상법상의 회사의 분류기준

상법이 4종류의 회사로 구분한 데 대한 기준은 회사의 조직형태(組織形態), 특히 그 중에서도 「사원(社員)」의 책임의 양태이다. 사원의 「책임(責任)」은 회사의 제3자에 대한 채무를 전제로 그 채무에 대한 사원의 변제책임을 가리킨다. 이는 크게 ① 직접책임과 ② 간접책임으로 구분한다.

「직접책임(直接責任)」은 사원이 회사채권자에 대해 직접 변제책임을 지는 것을 말하며, 이 사원의 직접책임에 아무런 제한이 없는 것이 「무한책임(無限責任)」이며, 일정액(*「출자약속액 중 출자 미이행분」)을 한도로만 회사채권자에 대해 사원이 직접 변제책임을 지는 것이 「유한책임(有限責任)」이다.

「간접책임(間接責任)」은 사원이 회사채권자에 대해 직접 변제책임을 지지 않는 경우이다. 사원은 법률적으로는 회사채권자에게 전혀 아무 책임도 없는 것이지만, 사원의 회사에 대한 출자를 기초로 한 회사의 재산이 회사채권자를 위한 담보(擔保)가 되는 재산을 구성하게 된다는 의미에서, 회사채권자에 대해 회사를 통해 사원이 간접적으로 책임을 지는 것이라 하여 비유적으로 「간접책임」이라고 회사법상 관용(慣用)되고 있는 것이다.

여기서 말하는 「사원(社員)」은 회사와 그 밖의 사단법인의 구성원(member)를 가리킨다. 이러한 의미의 사원은 주식회사의 경우 「주주」, 협동조합 등의 경우 「조합원」, 변호사회 등의 경우 「회원」이라는 용어로 쓰이기도 한다. 일상용어로는 사원이라고 하면 「회사원」이나 회사의 종업원 또는 사용인 등을 가리키는데, 이는 회사 등의 사단법인 내지 널리 사단의 구성원을 일컫는 「사원」과는 전혀 의미가 다른 용어인 것이다.

2. 합명회사

합명회사는 「무한책임사원(無限責任社員)」으로 구성되는 회사이다(상법 178 이하). 합명회사의 사원은 회사채권자(會社債權者)에 대하여 개인적으로 직접·연대·무한의 종된(*보증적인) 책임을 진다(상법 212).

따라서 회사에 빚 받을 권리(*채권)가 있는 회사의 채권자는 사원(社員)을 상대로 회사가 자기에게 진 빚을 갚으라고 하고 안 갚으면 사원의 개인재산(個人財産)을 강제집행할 수 있다. 이러한 사원의 개인적인 책임은 사원 전원의 연대책임(連帶責任)이고 회사의 채무(債務) 전액을 다 갚게(*변제)될 때까지 제한이 없는 무한책임(無限責任)이다. 다만, 이는 회사의 재산으로 채무를 완제(完濟)할 수 없거나 또는 회사 재산에 대한 강제집행이 주효(奏效)하지 못한 때에 인정되는 것으로, 민법상의 단순보증인(單純保證人)의 경우(민법 437 본문)에 준하는 종(從)된 책임인 것이다.

합명회사(合名會社)는 사원의 이러한 직접·연대·무한의 매우 무거운 책임으로 인하여, ① 사원의 개성이 강하고 그 지위의 이전 또는 지분(持分)의 양도 내지 사원의 교체가 곤란하여 폐쇄적(閉鎖的)이며(*사원의 지분의 양도에는 다른 모든 사원의 동의를 요한다-상법 197), ② 회사의 업무집행과 회사대표에 대한 사원의 참여 권한이 있다(*소유와 경영의 일치).

따라서 합명회사는 경제적으로 서로 고도의 신뢰관계가 있고 돈도 경영수완도 있는 소수인의 이른바 「기능자본가(機能資本家)」의 인적결합에 의한 중소 · 폐쇄기업의 경영에 적합한 공동형태이다.

합명회사에 대하여는, ① 내부관계에 조합(組合) 규정이 준용(準用)되고(상법 195), ② 광범한 사적자치(私的自治)가 인정되고 있다. 그러므로, ③ 법규가 간단하고 주로 임의법규(任意法規)로 되어 있다.

3. 합자회사

합자회사는 「무한책임사원(無限責任社員)」과 「유한책임사원(有限責任社員)」으로 구성되는 회사이다(상법 268). 합자회사의 무한책임사원의 책임은 합명회사 사원(*「무한책임사원」만 있다)의 책임과 똑같다(상법 269 · 212). 「유한책임사원(有限責任社員)」의 책임은 무한책임사원의 경우와 같은 회사 채권자에 대한 직접 · 연대 · 종된 책임인데, 다만 출자를 약속한 액수 곧 출자인수가액(出資引受價額) 중에서 아직 출자를 하지 않은 미이행분(未履行分)을 한도로 하는 유한책임이다(상법 279①).

합자회사(合資會社)는 무한책임사원 외에 유한책임사원이 추가됨으로써 인정되는 다음과 같은 차이를 제외하고, 합명회사의 경우와 거의 동일하다.

합자회사의 무한책임사원의 지분(持分)은 모든 사원(*무한책임사원과 유한책임사원)의 동의가 있어야만 다른 사람에게 이전 또는 양도할 수 있지만(상법 269 · 197), 유한책임사원은 무한책임사원의 동의만 있으면 지분을 양도할 수 있는 것이다(상법 276). 회사의 업무집행(業務執行)과 회사대표(會社代表)는 원칙적으로 무한책임사원의 권한에 속하며(상법 269 · 200 · 207 · 278), 유한책임사원은 영업연도(營業年度) 말에 영업시간 내에만 회사의 회계서류를 열람하고 업무와 재산상태를 검사할 수 있는 「감시권(監視權)」이 있을 뿐이다.

유한책임사원도 무한책임사원의 경우보다는 못하지만 인적신뢰가 전제가 되고 출자의 회수(回收)도 쉽지 않기 때문에(*무한책임사원의 전원의 동의가 있어야만 그 지분의 양도가 가능하다), 유한책임사원도 많을 수가 없다. 따라서 합자회사도 중소(中小)규모의 폐쇄적인 기업형태로 이용될 수 있는 것이다.

최근의 상법(*특히 회사편)의 개정 논의에서는, 법인인 회사의 일종으로서의 「합자회사」제도의 대안으로 법인이 아닌 합자조합(合資組合)이라는 영미(英

美)의 L.L.P.(Limited Liability Partnership)와 유사한 새로운 기업형태와 함께, 법인기업 형태인 유한책임회사(*미국의 L.L.C.(Limited Liability Company))의 제도 등의 채용 문제가 거론되고 있다.

4. 주식회사

가. 주식회사의 의의

주식회사(株式會社)는 「주식(株式)」이라는 특수한 출자단위의 형태로 세분화(細分化)된 지위 또는 권리를 가지는 유한책임사원 곧 「주주(株主)」로 구성되는 회사이다.

나. 주주유한책임

주식회사의 사원인 주주(株主)의 책임은 이른바 「간접 · 유한책임」으로 회사가 발행하는 주식의 인수가액을 한도로 하는 주식인수인(株式引受人)으로서 회사에 대해 출자의무만 부담할 뿐이다(상법 331). 그 출자의무도 회사의 설립시와 신주발행(新株發行)의 경우에 주식인수를 한 때에만 인정되며, 기존의 주주로부터 주식을 양수하여 주주가 된 자에게는 아예 회사에 대한 출자의무는 거론될 여지가 없다. 따라서 회사채권자에 대한 책임재산은 회사는 재산(財産)만이어서 사원이 그 개인재산으로 책임을 지는 일이 없다.

따라서 종래 주식회사는 회사 채권자를 보호하기 위해 회사의 재산적 기초를 튼튼히 하기 위한 배당규제, 준비금 제도 등에 관한 법적 규제를 받고 있다. 특히, 주식회사는 종래 상법상 「최저자본제도(最低資本制度)」에 의하여 5,000만원 이상의 자본을 확보하게 되어 있는 것이다(상법 329①). 그러나 최근에는 이 주식회사의 최저자본제도는 폐지 문제가 거론되고 있다.

다. 주 식

주식회사는, 주주유한책임과 함께, 사원의 지위 또는 사원으로서 회사에 대해 가지는 각종의 권리(*이익배당청구권 · 의결권 등)가 우러나오는 원천이 「주식(株式)」의 형식을 취하고 있는 것을 그 특색으로 한다. 이 주식은 균등(상법 329③) · 소액(상법 329②)의 출자단위(出資單位)의 형식으로 세분화(細分

化)하고 있다.

주식을 균등한 소액(*100원 이상)의 비율적 출자단위로 세분화하고 있는 것은, 회사와 출자자인 주주 사이의 법률관계를 기계적으로 표준화함으로써, ① 수많은 대중의 유휴자본(遊休資本)의 집중(集中)을 가능하게 하고, ② 주주의 지위를 주권(株券)으로 증권화하여 간이·신속한 거래의 객체로 삼을 수 있는 법률적 기초를 제공하고, ③ 다수의 주주를 상대로 한 대량적·집단적인 법률관계를 간명하게 처리할 수 있도록 하기 위한 것이다.

라. 소유와 경영의 분리

주식회사는 위와 같은 사원인 주주의 간접·유한책임(*실질적으로는 무책임)으로 인하여, ① 사원의 개성이 희박하여 지분인 주식의 양도 내지 이전(移轉－*사원의 교대)이 원칙적으로 주주총회에서 지주수(持株數－*가진 주식수)에 따른 다수결 곧 이른바 「자본다수결(資本多數決)」에 의하여 회사의 조직·운영에 관한 기본적 사항의 결정에만 참여할 수 있을 뿐이고(상법 361), 업무집행은 사원이 선출하는 이른바 「제3자기관(第三者機關)」인 이사(*이사회·대표이사)에게 맡겨져 「소유와 경영의 분리(分離)」가 예정되어 있다.

따라서 주식회사는 경제적으로 사원이 공동기업자로서 부담하는 위험(危險)의 분산·경감이 철저히 되어, 널리 대중에 광범위하게 잠재하고 있는 무기능자본(無機能資本)을 집중·결합시킴으로써 공개적(公開的)인 거대한 공동기업을 영위하는 것이 가능하다. 또한 상법은 원칙적으로 이러한 공개적 대기업회사를 이상형(理想型)으로 하여 주식회사에 대해 규율하고 있다.

이와 동시에, 실제로는 주식회사의 대부분을 차지하는 폐쇄적인 소규모 주식회사를 염두에 둔 여러 가지 예외적인 규정도 두고 있다. 그 대표적인 것으로는, ① 일인회사(一人會社)의 설립과 존속을 인정한 것(상법 289①·517 i), ② 정관의 규정에 의하여, 또한 이사(理事)를 1인만 두는 회사의 경우(④의 경우) 주주총회의 권한을 확장할 수 있도록 한 것(상법 361·383④), ③ 정관의 규정에 의해 주식양도에 이사회의 승인을 받도록 할 수 있게 한 것(상법 335① 단서), ④ 자본 총액 5억원 미만의 회사의 경우 1인의 이사만 둘 수 있게 한 것(상법 383①), ⑤ 자본조달의 결정 권한을 주주총회에 유보할 수 있게 한 것

(상법 416 주문단서 · 513② 주문단서 등) 등을 들 수 있다.

마. 주식회사에 대한 법적규제

(1) 법 규제의 이념

주식회사는 이상과 같이, 전형적인 「공동기업(共同企業)」 형태로서 특히 자본집중(資本集中)과 위험분산(危險分散)의 기능을 발휘할 수 있고, 또한 소유와 경영의 분리에 의하여 경영전문가의 영입으로 그 경영수완을 발휘하게 함으로써 대규모의 영속적 기업을 가능하게 하고, 아울러 기업합동의 형성에 중요한 기초를 제공함으로써 자본주의(資本主義) 경제의 발달에 크게 이바지하고 있다.

이러한 주식회사 기업은 주주나 경영자의 이익 뿐 아니라, 회사 채권자, 종업원이나 일반 소비자 등의 이익을 포함하여 국민경제적으로 중요한 존재인 기업형태가 되고 있다. 따라서 주식회사의 경제적 기능을 고양(高揚)하는 동시에, 그 폐해(弊害)를 방지하고자 하는 것이 주식회사에 대한 법적규제의 목적임과 아울러 그 특색이 되고 있는 것이다.

(2) 강행법적 규제

주식회사에 관한 상법 등은 외부관계는 물론이고, 내부관계도 강행법규(强行法規)로 상세히 규율하고 있다. 이는 주식회사에서는 다수의 관계자 간에 이해관계가 대립하기 쉽기 때문에 그 이기적(利己的)인 이익의 추구를 방지하기 위하여, 대외적(對外的)으로 회사채권자(會社債權者)의 이익을 위하여 회사 재산상태의 건전화를 도모하고자 하는 것과 함께, 대내적(對內的)으로 일반주주의 이익을 위하여 이사(理事) · 대주주 등의 권한남용을 규제할 필요에서 나온 것이다.

특히, 소유와 경영의 분리에 따른 경영진(經營陣)의 권한 남용 내지 위법 · 부당한 업무집행에 대해 감시 · 감독을 위한 「감사」(監事) 또는 「감사위원회(監査委員會)」를 필요 · 상설기관으로 하고 있다.

(3) 공시주의

나아가, 회사에 대한 광범한 이해관계인이 예측하지 못한 손해를 입는 사태를 방지하기 위하여 등기 · 공고 등의 공시주의(公示主義)가 관철되고 있다.

특히, 증권시장에서 공개적으로 주식을 사고팔고 하는 것이 가능한 「상장회사(上場會社)」 내지 「공개법인(公開法人)」의 경우에는, 회사의 일거수 일투족이 특별법(*종래의 「증권거래법」을 다른 금융관련법과 통합한 「자본시장과 금융투자업에 관한 법률」)에 의해 공시의 대상이 되어 있다고 해도 과언이 아닐 정도이다.

(4) 국가기관의 관여

또 주식회사는 다수의 이해관계인 간에 법률관계가 진전되는 것이기 때문에 개별적인 법률관계의 경우와는 다른 처리방법이 인정되고 있다. 특히, 회사의 설립, 주주총회의 결의, 신주의 발행, 합병 기타의 기초적 변경 등이 위법한 경우, 그 무효(無效)를 획일적으로 확정하기 위하여 특별한 소(訴)의 제도가 인정되고 있는 것이다. 이와 함께, 공공(公共)의 이익을 보호할 필요에서 국가기관, 특히 법원(法院)의 관여가 널리 예정되어 있는 것이다.

(5) 기업의 사회적 책임

최근에 와서는, 주식회사가 경영의 정직성・투명성・건전성을 확보하여 주주의 이익을 보호하고 사회에 공헌할 수 있도록 하기 위해, 기업의 적정한 운영・관리 내지 감시・감독을 위한 「지배구조의 개선(corporate governance)」, 「사회적 책임(CSR, corporate social responsibility)」 등의 문제가 회사법제(會社法制)의 개편과 관련하여 활발하게 논의되고 있다.

5. 유한회사

유한회사(有限會社)는 유한책임사원만으로 구성되는 회사를 말한다. 사원의 총수는 원칙적으로 1인 이상 50인 이내로 한정된다(상법 543①・545①본문). 사원의 책임은 원칙적으로 주식회사의 주주와 마찬가지로 출자금액을 한도로 하는 간접・유한책임이다(상법 553). 그러나 다른 사원이 출자를 이행하지 않은 부분에 대해 모든 사원이 연대(連帶)하여 메꾸어 넣어야 할 책임이 있는 등, 특정한 경우 「자본보전책임(資本補塡責任)」이 인정되므로, 주주의 책임보다 무겁다고 할 수 있다.

유한회사는 사원의 간접・유한책임으로, 대체로 주식회사의 경우와 동일한 공동기업형태라고 할 수 있다. 그러나 주식회사의 경우와 비교하여, ① 사원의 개성이 희박하지만, 지분(持分)의 양도는 원칙적으로 사원총회(社員總會)의 특별결의가 있어야 하므로(상법 556・585), 사원의 교체가 제한되고, ② 소유・경영이 분리되지만, 그 조직이 상대적으로 간략(簡略)하고 운영의 탄력성(彈力性)이 인정된다.

유한회사에 대한 법규는 주식회사의 경우와 그 기조(基調)를 같이하지만, 대체로 강행적인 규제 내용 내지 단속이 완화(緩和)되고 있다.

따라서 유한회사는 이른바 준주식회사(準株式會社) 또는 간이주식회사(簡易株式會社)로서, 사원유한책임의 이익을 누리면서 소수인(小數人)에 의한 비공개적(非公開的)인 중소기업의 경영에 적합한 공동기업 형태이다. 그러나 실제로는 그 이용도가 낮다.

따라서 최근의 상법 개정과 관련하여, 내부적으로 조합성(組合性)을 띠면서 대외적으로 사원의 유한책임(有限責任)이 인정되는 새로운 회사기업 형태로 「유한책임회사」(有限責任會社) 제도의 신설이 논의되고 있다. 이는 앞에서 말한 바와 같이 근년에 미국에서 안출(案出)되어 많이 이용되고 있는 L.L.C.(Limited Liability Company)를 도입하고자 하는 것이다.

제 4 장 권리의무의 변동

Ⅰ. 권리의무 변동과 법률요건

1. 법률관계의 변동

권리능력자인 자연인이나 법인은 사회생활 중에 끊임없이 권리(權利)를 취득하고 의무(義務)를 부담하며, 또한 그들에게서 권리의무가 없어지고, 그들 사이에서 권리의무가 이전(移轉)되고 변경(變更)되기도 한다. 이를 권리・의무에 초점을 맞추어 말하면, 권리의무의 발생・소멸・변경 등이 되고, 또 권리자의 처지에서 보면 권리의 취득・상실・이전이 될 것이다. 이는 널리 「권리의무(權利義務)의 변동(變動)」, 「권리(權利)의 득상변경(得喪變更)」, 「권리의무관계(權利義務關係)의 형성・변동(形成・變動)」 등으로 불리운다.

2. 법률요건과 법률효과

권리의무의 변동은 아무 원인(原因)도 없이 거저 일어나는 것이 아니다. 바꾸어 말하면, 자연인이나 법인이 권리능력(權利能力)이 있다고 하여 저절로 권리를 취득하게 되고 의무를 부담하게 되는 것이 아니며, 이유없이 그들 사이에 권리의무관계가 형성되는 것도 아닌 것이다. 권리 의무의 변동에는 반드시 원인이 있기 마련이다. 이 원인을 「법률요건(法律要件)」이라고 한다. 이 법률요건에 따라 권리의무의 변동이나 권리의 득상변경이 생기는 것 또는 권리의무관계가 형성되는 것을 「법률효과(法律效果)」라고 한다.

권리의무 내지 법률관계의 변동은 「만일 ……이면, ……이 된다(또는 ……이다)」고 하는 인과(因果)의 관계(關係)로 표현할 수 있다. 또한 실체법의 조문을 분석・정리하면 「일정한 원인이 있으면, 일정한 효과가 생긴다」고 하는 인과의 관계의 패턴이 된다. 여기서 앞의 「만일 ……이면」이 권리의무관계의 변동·형성의 원인인 법률요건(法律要件), 결과에 해당하는 「……이 된다(또는 ……이다)」가 권리의무관계의 변동 또는 형성인 법률효과(法律效果)인 것이다.

3. 법률사실과 법률요건

법률요건(法律要件)을 구성하는 사실을 「법률사실」(法律事實)이라고 한다. 법률요건 중에는 시간(時間)의 경과나 사람의 사망(死亡)과 같이 하나의 사실로 이루어지는 것이 있는가 하면, 계약과 같이 2개의 법률사실이 합치되어 법률요건(法律要件)을 이루는 것도 있다.

예컨대, 어느 사람한테 돈을 빌려준 사람이 돈 받을 날부터 10년 동안 독촉하지 않고 내버려두면 돈 받을 권리가 없어진다. 이때 10년이라는 시간의 경과가 법률사실(法律事實)이고, 이 법률사실 하나가 「소멸시효(消滅時效)」라는 법률요건(法律要件)이 되어, 돈 받을 사람(*채권자)의 돈 빌려간 사람(*채무자)에 대해 가진 권리 곧 금전채권의 소멸이라는 법률효과(法律效果)가 발생하는 것이다. 또 어느 사람이 죽으면 그 사망의 사실이 「상속(相續)」이라는 법률요건이 되어, 사망한 사람(*피상속인)의 일체의 권리의무를 그 유가족(*상속인)이 승계·취득하는 법률효과가 발생한다.

그리고 A가 B보험회사와 자기 소유의 가옥에 대한 화재보험계약을 체결한 경우, 그 보험계약(保險契約)이 하나의 법률요건(法律要件)이다. 이 법률요건이 보험계약의 성립에는 A의 청약(請約)과 B회사의 승낙(承諾)이 있어야 한다. 이 청약과 승낙이 법률사실(法律事實)이며, 가옥에 화재가 발생하면 A의 B회사에 대한 보험금(保險金) 청구권과 보험사고 발생유무와 관계없이 B회사의 A에 대한 보험료(保險料) 청구권, 또는 반면의 B의 보험금 지급의무와 A의 보험료 지급의무라는 권리의무관계의 형성 곧 「법률효과」의 발생이 인정되는 것이다.

4. 법률요건의 분류

가. 사건과 용태

법률요건을 구성하는 법률사실은, 크게 사람의 정신작용(精神作用)과 관계없는 사실과 정신작용을 바탕으로 하는 것의 둘로 분류할 수 있다.

전자는 시간의 경과, 사람의 생사(生死), 물건의 멸실(滅失) 등이 있는데, 이를 요소로 하는 법률요건을 널리 「사건(事件)」이라고 한다.

후자는, 널리 「용태(容態)」라고 하는데, 이는 예컨대 어떤 사실을 알고 있는 것 곧 「악의(惡意)」, 그것을 알지 못하는 것 곧 「선의(善意)」 등과 같이 사람이 마음 속으로만 품고 있어서 바깥으로 나타나지 않는 사실 및 바깥으로 나타내는 것 곧 「행위」 등이 있다. 이 중에서, 「행위(行爲)」의 경우는 적법행위 또는 위법행위로 나누어진다.

여기서, 법률용어로서의 「선의」와 「악의」는 일상에서의 도덕적·윤리적인 의미와 관련이 없는 것임에 유의할 필요가 있다. 선의(善意)는 착한 마음이나 좋은 뜻과는 전혀 다르고 단순히 어떤 사실을 알지 못한 상태를 의미한다. 그리고 악의(惡意)도 적극적으로 부정하게 남을 해칠 의사 곧 「해의(害意)」를 뜻하는 것과는 달라 어떤 사실을 알고 있는 것을 말하는 것이다.

나. 행위의 구분

(1) 적법행위

위의 행위 중의 「적법행위(適法行爲)」는 법률에 의하여 허용 내지 용납되는 행위인데, 이것에는 당사자의 의사표시(意思表示)를 요소로 하는 「법률행위(法律行爲)」와 당사자의 의사와 관계없이 법률이 일정한 효과를 인정하는 「준법률행위(準法律行爲)」 또는 「법률적 행위(法律的行爲)」가 있다. 중요한 것은 앞으로 비교적 자세히 다룰 법률행위(法律行爲)이다.

준법률행위는 무엇인가의 의사적(意思的)인 요소를 포함하고 있지만, 법률행위와 달라 효과의사(效果意思)를 수반하지 않는 각종의 행위를 말한다.

예컨대, 채권자의 채무자에 대한 채무이행의 청구(請求) 또는 독촉이 그 예이다. 채권자는 돈을 갚도록 독촉할 의사로 이행청구를 하는 것이더라도, 법률에서는 그러한 채권자의 의사와는 달리 채무자가 그 때부터 채무불이행인 이행지체(履行遲滯)의 책임을 져야 하는 효과(민법 387②)와 소멸시효 중단(中斷)의 효과(민법 168ⅰ)를 인정하고 있는 것이다. 이러한 채권자의 준법률행위로서의 이행청구는 「최고(催告)」로 불리운다. 이는 이른바 「의사(意思)의 통지」에 속한다.

준법률행위에는 위의 최고의 경우 외에, 주주총회의 소집통지(상법 363①본문)와 같은 이른바 「관념(觀念)의 통지」 등이 있다. 준법률행위에는 성질이 허용하는 한 「법률행위」 또는 「의사표시」에 관한 규정이 유추적용(類推適用)될 것이다.

(2) 위법행위

위법행위(違法行爲)는 법률에 의하여 허용되고 있지 않는 행위로서, 앞에서 살펴본 채무불이행(債務不履行) 및 나중에 말할 불법행위(不法行爲)가 있다. 위법행위는 손해배상(損害賠償) 등에 관한 권리의무 관계의 형성이라는 법률효과를 가져오는 법률요건이다.

이상과 같이 법률요건에는 여러 가지가 있는데, 여기서는 그 중에서 가장 중요한 「법률행위(法律行爲)」의 문제를 먼저 다루기로 한다. 그 밖의 법률요건에 관하여는 그 다음에 살펴본다.

Ⅱ. 법률행위

1. 법률행위의 의의

법률행위(法律行爲)는 의사표시(意思表示)를 기본요소로 하는 법률요건이다. 오늘날과 같은 민주주의의 자유사회에서는, 법률제도도 사인(私人) 상호간의 권리의무관계 내지 법률관계는 각기 자기의 뜻하는 바에 따라 자유로 결정하도록 하는 것이 합리적이라고 하는 전제에서, 「사적자치(私的自治)의 원칙」이 인정되고 있다. 사인(私人)의 의사표시를 요소로 하는 법률행위(法律行爲)가 모든 법률요건 중에서도 가장 중요한 지위를 차지하고 있는 것도 이 때문이다.

또한 사람들이 서로 얽혀 살아가면서 권리의무관계를 형성해 나가는데에는 법률행위, 특히 그 중에서도 계약(契約)이 가장 중요하다. 따라서 사적자치(私的自治)의 원칙을 「법률행위 자유(法律行爲自由)의 원칙」, 나아가 「계약자유(契約自由)의 원칙」이라고도 한다.

2. 법률행위의 종류

가. 단독행위 · 계약 · 합동행위

단독행위(單獨行爲)는 하나의 의사표시만으로 성립하는 법률행위를 가리킨다. 법률행위의 취소(取消), 계약의 해제(解除) 또는 해지(解止), 채무의 면제(免除), 유언(遺言) 등이 이에 속한다. 채무의 면제를 보면, 돈을 빌려준 채권자가 채무자에 대해 돈을 안 받겠다고 일방적으로 의사표시를 하면 돈을 받지 못하게 되는 것이다. 상대방인 채무자가 돈을 갚겠다고 하여 설사 채권자가 받는다고 해도, 종전의 채무자가 증여자(贈與者)가 되고 종전의 채권자가 수증자(受贈者)가 되는 새로운 법률행위(*계약인 「증여」(贈與－민법 554))가 될지언정 종전의 채무에 대한 이행으로는 취급되지 않는다.

계약(契約)은 매매, 운송계약, 보험계약, 혼인 등과 같이 서로 대립하는 양당사자의 청약(請約)과 승낙(承諾)이라는 의사표시(意思表示)가 내용적으로 합치함으로써 성립하는 법률행위를 말한다.

합동행위(合同行爲)는 사단법인의 설립행위(設立行爲)와 같이 일정한 목적을 위해 하는 여러 사람의 의사표시가 동일한 방향으로 합치되는 것을 말한다.

나. 요식행위 · 불요식행위

요식행위(要式行爲)는 의사표시에 문서(文書)의 작성이나 그 밖의 일정한 방식을 구비하여야 되는 법률행위를 가리키고, 사단법인의 설립행위의 일환인 정관(定款)의 작성, 유언(遺言), 어음행위 · 수표행위 등이 이에 속한다.

유언은 민법상 자필증서 · 녹음 · 공증증서 · 비밀증서와 구수증서에 의한 5가지의 방식만 인정된다(민법 1065). 이 중에서, 「자필증서(自筆證書)」에 의한 유언의 경우 유언자가 유언 내용의 전문(全文)과 연월일 · 주소 · 성명을 자서(自署)하고 도장으로 날인을 하여야 하는데(민법 1065), 자서(sign)만 하고 도장을 찍지 않았다고 무효라고 한 판례(*연세대학에 대해 어느 독지가의 발전기금의 제공에 관한 유언의 경우)가 최근에 나온 일이 있다.

불요식행위(不要式行爲)는 의사표시에 법률상 아무 방식도 필요로 하지 않는 법률행위이다. 보통의 법률행위는 「사적자치(私的自治)의 원칙」의 일환으로 「방식(方式)의 자유」가 인정되어 불요식 행위이다.

다. 물권행위 · 채권행위 · 준물권행위

법률행위의 내용이 물권(物權)의 발생 · 변경 · 소멸이라는 법률효과를 가져오고 더 이상 장래의 이행(履行) 문제를 남기지 않는 것을 「물권행위(物權行爲)」라고 하며, 채권채무의 발생 · 변경 · 소멸을 내용으로 하는 법률행위로서 그 이후 이행(履行)의 문제가 뒤따르는 것을 「채권행위(債權行爲)」라고 한다.

예컨대, A와 B 사이에 2월 10일에 A의 가옥을 B에게 1억원으로 팔기로 하는 매매계약을 하고, 그 가옥에 대한 소유권의 이전(移轉)과 대금의 지급은 3월 10일에 하기로 하였다. 이 경우, 2월 10일에 이루어진 A · B 간의 매매계약은 채권행위(債權行爲)이고, 3월 10일에 대금을 주고받고 가옥의 이전등기(移轉登記)로 소유권을 넘겨주고 받는 것은 물권행위(物權行爲)인 것이다. 2월 10일의 매매계약의 경우에는 3월 10일에 A는 B에게 소유권을 이전해 주어야 하고 B는 A에게 대금을 지급하여야 할 상호간의 채무 이행의 문제가 남게 되는

데 대하여, 3월 10일에 대금을 지급하고 수령하고 또는 소유권을 이전해 주고 받고 하고 나면 더 이상 상호간에 아무 이행의 문제가 남지 않는 것이다. 이 경우 물권행위는 채권행위에 의해 발생한 채무의 이행행위(履行行爲)로 이루어지는 셈이다. 시장에서 현금을 주고 물건을 사는 경우에는 채권행위와 물권행위가 동시에 이루어지는 것 같지만, 이론적으로는 매우 짧은 기간 동안이나마 채권행위가 먼저 있고 물권행위가 그 다음에 있었다고 하여야 할 것이다.

채권행위의 이행으로 변동되는 권리가 물권(物權)이 아닌 다른 재산권(財産權)이지만 물권행위의 경우처럼 이행의 문제를 남기지 않는 것을 「준물권행위(準物權行爲)」라고 한다. 채권 또는 주식의 매매 (*이는 債權行爲이다)에 따른 채권양도(債權讓渡), 주식양도(株式讓渡) 등이 그 예이다.

3. 법률행위의 요건

가. 성립요건과 효력발생요건

법률행위가 완전한 하나의 법률요건(法律要件)으로 성립(成立)되어 권리의무의 변동 또는 권리의무관계 내지 법률관계의 형성이라는 온전한 법률효과(法律效果)를 가져오기 위해서는 일정한 요건을 갖추어야 한다. 이는 법률행위의 「성립요건(成立要件)」과 「효력발생요건(效力發生要件)」의 문제이다. 법률행위는 일반적으로 당사자, 내용 및 의사표시의 3가지 요소(要素)를 구비함으로써 성립한다.

이러한 요건을 구비하여 법률행위로서 성립하면 그 성립과 동시에 「법률효과」(*권리의무의 발생·변동) 곧 「효력」이 발생하는 것이 원칙이어야 할 것이다. 그러나 그러기 위해서는, 그 3가지의 성립요건이 각각 「효력발생요건」을 다시 구비하여야 하는 것이다.

이러한 법률행위의 일반적 성립요건을 구비하였더라도, 그 밖에 법률행위 중에서 유언(遺言)의 경우에는 유언한 사람이 「사망(死亡)」하여야 유언의 내용에 따른 법률효과가 발생한다. 그리고, ① 조건부 법률행위(條件附法律行爲)와 ② 기한부 법률행위(期限附法律行爲) 및 ③ 기간부 법률행위(期間附法律行爲), 즉 이들 이른바 「부관부 법률행위」(附款附法律行爲)는, ①의 경우 조건의 충족(이를 조건의 「성취(成就)」라고 한다)과 ②의 경우 기한의 도래 및 ③의 경우

기간의 진행이 있어야 각각 법률효과가 발생한다.

또 생명보험계약의 경우에는, 일반적 요건은 다 갖추고 있어 문제가 없더라도, 15세가 안된 자를 피보험자(被保險者)로 한 「사망보험계약」이나 피보험자의 동의(同意) 없이 체결한 「타인의 생명의 보험계약」은 무효(無效)가 된다. (상법 732 · 731 · 734②).

나. 당사자에 관한 요건

법률행위자 곧 법률행위의 당사자는 권리능력자인 사람(자연인 · 법인)이어야 하는 것은 말한 것도 없다. 사람이 아닌 것과 형식적으로 법률행위를 한 것처럼 하여도(*예컨대, 개에게 갈비뼈를 일주일에 한 번씩 공급해 주기로 한 개주인의 약속에 개가 동의하였다고 주장하는 경우), 사람 아닌 것은 법률행위의 당사자가 될 수 없기 때문에 그것은 법률행위(*이 예에서는 「계약」이라는 법률행위)가 아니다. 그 경우 법률행위의 「불성립(不成立)」 또는 「부존재(不存在)」라고 하여야 할 것이다.

(1) 사람의 의사능력과 행위능력

법률행위는 의사표시(意思表示)가 그 기본요소이기 때문에, 법률행위를 하는 당사자가 자기가 하는 행위가 어떤 의미와 중요성이 있고 또 어떤 결과를 가져올 것인가를 제대로 판단할 수 있는 정신적인 능력이 있어야 한다. 이러한 정신능력을 「의사능력(意思能力)」이라고 한다.

의사능력이 없는 사람 곧 「의사무능력자(意思無能力者)」의 법률행위는 처음부터 그것을 법률요건으로 한 법률효과가 발생하지 않는 「무효(無效)」가 된다. 예컨대, 술에 잔뜩 취하여 정신이 오락가락한 상태에서나 마약(痲藥)을 복용한 환각상태(幻覺狀態)에서 맺은 계약이나 또는 무의식(無意識)의 꿈 속에서 잠꼬대로 한 권리(權利)의 포기나 채무(債務)의 면제는 효력이 없는 것이다.

이와 같은 법률행위에 불가결한 유효요건인 의사능력(意思能力)은 하나하나의 법률행위를 할 때마다 요구된다. 따라서 법률행위의 당사자에게 의사능력이 있었느냐 없었느냐는 법률행위마다 개별적으로 따져 보아야 할 것이다. 그러나 일반적으로 그렇게 따지는 것은 번잡하며, 또 의례히 의사능력이 있다고 믿고 법률관계를 맺은 상대방은 뜻밖의 손해를 입을 염려가 있다. 그래서 민법에서는 의사능력이 불충분하다고 인정될만한 자를 우선 일정한 연령(年齡) 또는 절차(節次)에 의하여 일률적으로 정하고, 그러한 사람이 혼자서 한 행위는 당시에 의사능력이 있었는가 없었는가를 따짐이 없이 취소할 수 있도록 하고 있다. 이를 「무능력자제도(無能力者制度)」라고 한다. 이는 평소 의사능력이 불충분한 사람을 보호하기 위한 것이다.

무능력자(無能力者)가 아닌 자로서 스스로 법률행위를 하여 완전한 법률효과를 발생시킬 수 있는 법률상의 자격을 「행위능력(行爲能力)」이라고 한다. 법인은 권리능력(權利能力)의 범위 내에서 행위능력(行爲能力)도 또한 인정된다. 따라서 법인의 경우에는 미성년법인 등의 무능력 법인을 관념할 수 없다. 다만, 법인의 대표기관인 자연인이 법인을 대표하여 법률행위를 할 때에 의사능력이 없는 상태였다면 그 대표행위는 무효인 것이다.

(2) 행위무능력자

(가) 무능력자의 의의 · 종류

법률상 무능력자라고 하면, 보통 무능한 사람을 가리키는 통상의 낱말과 달라, 사법상의 「행위능력(行爲能力)」이 없거나 부족한 사람을 가리키며, 따라서 이를 「행위무능력자(行爲無能力者)」라고도 한다. 이러한 무능력자에는 미성년자(민법 5~8), 한정치산자(민법 9~11) 및 금치산자(민법 14)가 있다.

「미성년자(未成年者)」는 만19세가 안 된 사람을 가리킨다(민법 4 참조).

「한정치산자(限定治産者)」는 심신이 박약하거나 재산의 낭비로 자기 또는 가족의 생활을 궁박하게 할 염려가 있는 자로서 법원에 의하여 「한정치산(限定治産)」의 선고(宣告)를 받은 사람을 말한다(민법 9).

「금치산자(禁治産者)」는 심신상실(心神喪失)의 상태(常態－일시적으로 정신이 올바로 돌아와도 보통은 정신이 오락가락하는 상태)에 있는 자로서, 역시 법원에 의하여 「금치산(禁治産)」의 선고를 받은 자이다(민법 12).

한정치산자와 금치산자는 각각 무능력자가 된 선고(宣告)의 사유가 없어진 때에는 법원으로부터 「한정치산 선고의 취소(取消)」(민법 11)와 「금치산 선고의 취소」(민법 14)를 받아 행위능력자로 복귀할 수 있다.

(나) 무능력자의 법률행위

「미성년자」와 「한정치산자」는 법정대리인(法定代理人)의 동의(同意)를 얻어서 법률행위를 하거나 또는 법정대리인이 미성년자 · 한정치산자를 위해 법률행위를 대신해 줄 수 있다. 다만, 이들에게 유리(有利)한 법률행위, 즉 권리(權利)만을 얻거나 의무(義務)만을 면하는 행위는, 이들이 법정대리인의 동의가 없어도 할 수 있다(민법 5①단서 · 10).

이들에게 법정대리인이 용돈을 준 경우와 같이 범위를 정하여 처분을 허락한 재산은 이들 무능력자가 임의로 처분할 수 있다(민법 6 · 10).

또 이들이 법정대리인으로부터 어떤 영업(營業)을 할 것을 허락받은 경우에는, 그 영업과 관련된 법률행위는 법정대리인의 동의 없이 혼자서 할 수 있다(민법 8 · 10).

그러나 「금치산자」의 법률행위는 법정대리인의 동의를 얻더라도 혼자서는 할 수 없고, 언제나 법정대리인이 대신 해주어야 한다.

무능력자의 법정대리인은 가족 등 무능력자의 법률적인 보호자라고 할 수 있다. 미성년자의 경우 부모 곧 친권자(親權者)가 제1순위로 법정대리인이 되며(민법 911), 한정치산자와 금치산자의 경우는 그 후견인(後見人)인 배우자(配偶者)가 제1순위의 법정대리인이다(민법 934 · 938).

(다) 법정대리인의 동의없이 한 무능력자의 법률행위

「미성년자(未成年者)」와 「한정치산자(限定治産者)」가 법정대리인의 동의를 얻지 않고 한 법률행위는 법정대리인이 취소할 수 있다(민법 5②). 이 「취소(取消)」도 단독행위인 법률행위이기 때문에, 미성년자나 한정치산자는 성년이 되거나 한정치산선고의 취소로 행위능력을 회복한 때에 비로소 취소할 수 있고 미성년자나 한정치산자인 상태로는 취소할 수 없다.

「금치산자(禁治産者)」는 언제나 법정대리인이 대신 법률행위를 해주어야 하기 때문에, 금치산자가 한 법률행위는 설사 일시적으로 의사능력(意思能力)을 회복한 때에 이루어졌거나 또는 법정대리인의 동의를 얻어 하였다고 하더라도 항상 취소할 수 있다(민법 13).

취소(取消)는 나중에 언급하겠지만, 취소할 때까지는 유효하고 취소하면 법률행위를 한 때로 소급(遡及)하여 효력이 없어지는 것을 말한다. 물론, 금치산자가 심신상실(心神喪失)의 상태(常態-보통의 상태(狀態))에서 한 법률행위는 의사능력(意思能力)이 없었기 때문에 처음부터 아무 효력(*법률관계의 변동,

즉 권리의 취득이나 의무의 부담 등)도 없는 무효(無效)이다.

(라) 무능력자의 행위와 상대방의 보호

무능력자(無能力者)를 상대로 법률행위를 한 자는 그 행위가 언제 취소(取消) 당할지 모르기 때문에, 민법은 그 상대방을 보호하기 위한 규정을 두고 있다. 즉 상대방은 무능력자의 법정대리인(法定代理人) 또는 이제 행위능력자가 된 당초의 무능력자에 대하여 1개월 이상의 기간을 정하여 그 법률행위를 취소(取消)할 것인지 또는 취소하지 않고 이를 그대로 인정하여 유효로 할 것, 즉 「추인(追認)」을 할 것인지 대답할 것을 재촉(「최고(催告)」)할 수 있는데, 이 기간 내에 확답이 없으면 추인한 것으로 본다고 하고 있다(민법 15).

또 무능력자가 속임수 곧 사술(詐術)을 써서 자기가 행위능력자(行爲能力者)인 것으로 믿게 하거나, 미성년자 또는 한정치산자가 법정대리인의 동의(同意)가 있는 것으로 믿게 하고 법률행위를 한 경우에는, 이를 취소할 수 없다(민법 17).

(3) 법인의 의사능력과 행위능력

법인(法人)의 경우에는, 의사능력인 기관담당자(機關擔當者)를 기준으로 따지며, 자연인의 경우와 달라 무능력자(無能力者) 제도는 인정되지 않는다.

법인의 기관(機關)도 대리인(代理人)에 준하여 행위능력자(行爲能力者)가 아니라도 좋다(민법 117의 유추적용). 다시 말하면, 무능력자를 법인의 이사(理事)로 선임한 경우, 그 이사인 무능력자는 의사능력이 있는 이상 자기의 법정대리인의 동의(同意) 없이도 유효하게 법인을 위한 법률행위를 할 수 있는 것이다.

나. 법률행위 내용에 관한 요건

법률행위 또는 그 요소인 의사표시에 의하여 당사자가 어떤 권리를 취득하고 어떤 의무를 부담할 것인가, 즉 발생·변동시키고자 의도한 구체적인 권리와 의무 또는 그 변동을 법률행위의 「내용(內容)」 또는 「목적(目的)」이라고 한다. 이 법률행위의 내용에 관련해서는 그 「확정성」·「가능성」·「적법성」이 법률행위의 유효요건(有效要件)이 된다. 아예 목적이 없는 「당사자」의 「의사표시」로는 법률행위의 성립(成立) 자체가 인정되지 않는다.

(1) 확정성

법률행위는 구름 잡는 것 같이 막연해서는 안 되고 그 내용이 구체적인 것으로 확정(確定)되어 있거나 또는 확정할 수 있는 것이어야 한다.

어떤 사람이 수천 종류 수만 개의 물건을 파는 백화점에 와서 백화점의 영업부장한테 「괜찮은 물건 하나 삽시다」라고 하자, 백화점 영업부장은「예, 팔지요. 대금은 적당히 내십시오」하고, 그러자 백화점에 온 사람은 「예. 그럼, 적당히 내지요」라고 하였다고 할 경우, 도대체 양자 간에 무엇을 의도하고 서로 어떤 법률관계를 형성하기로 하였는지 도무지 알 수 없다. 양자가 한 행위는 내용의 불확정(不確定)으로 법률행위로서 의미가 없고 무효(無效)이다.

(가) 의사표시의 해석

실제의 법률행위에서는, 그 내용이 도무지 무엇인지 알 수 없을 정도로 막연하지는 않지만 불명확하고 불완전한 경우가 많다. 법률지식(法律知識)이 없고 거래관념(去來觀念)도 신통찮은 사람들 사이에서의 매매에서, 무슨 물건을 얼마의 대금으로 사고파는가는 알 수 있더라도, 언제 어디서 물건을 인도하고 대금을 어떻게 지급하여야 할 것인가는 분명치 않는 경우가 많다. 이런 경우 후일에 당사자 간에 다툼이 일어날 수 있다.

그래서 민법에서는 이와 같은 경우가 있을 때를 대비하여 법률행위의 내용을 명확히 하고 그 불충분한 점을 보충하도록 배려하고 있다. 이를 「법률행위의 해석(解釋)」문제라고 한다. 이는 법률행위의 기본요소인 의사표시에 초점을 맞추어 말하여, 「의사표시의 해석(解釋)」이라고도 한다.

이는 나중에 언급할 「법의 해석」과 관련된 「사실(事實)의 인정」의 일환으로 문제가 되는 것이다.

(나) 의사표시 해석의 기준

법률행위 또는 의사표시(意思表示)는 다음과 같은 표준에 의해 또한 그 순서에 따라 해석하여야 한다.

(a) 당사자의 목적

불명확한 의사표시의 내용을 파악하기 위해서는, 먼저 당사자의 마음 속의 진정한 의도 곧 「진의(眞意)」를 무리하게 탐색하려고 할 것이 아니다. 당사자가 그 외부에 나타난 행위에 의하여 어떤 「사회적 · 경제적 목적(目的)」을 달성하고자 하는가를 파악하여, 이 목적에 적합하게 당사자의 의사를 풀이하고 법률행위의 전 내용을 이해하도록 하여야 할 것이다.

(b) 사실인 관습

다음에, 당해 실제 사회에서 널리 인정되어 오고 있는 관행 곧 이른바 「사실인 관습(慣習)」이 있으면(민법 106), 당사자가 특별히 그것에 따르지 않겠다고 명백히 표시하지 않은 이상, 그러한 관습에 따라 법률행위의 내용을 결정하도록 하여야 한다.

예컨대, 어느 지역에서 물건을 사고 물건 값을 '큰 것 한 장'으로 하자고 합의한 경우, 그러한 물건 값 한 장은 그 지역에서는 10만원을 의미한다는 관행(慣行)이 형성되어 있으면, 물건을 산 사람(*매수인)은 물건을 판 사람(*매도인)에게 10만원의 대금지급의무(代金支給義務)를 부담하게 되는 것이다.

(c) 임의법규

그리고 「임의법규(任意法規)」도 그 다음의 해석의 표준이 된다. 임의법규란, 당사자의 준수의사 여하와 관계없이 적용되는 「강행법규(强行法規)」에 대립하는 것으로, 당사자가 그것과 다른 의사표시를 하면 그 적용이 배제되는 법규를 말한다. 민법에서는 이를 추상적으로 「선량한 풍속 기타 사회질서와 관계없는 규정」이라고 정의하고 있다(민법 105).

예컨대, 매매계약의 경우 물건의 포장비(包裝費)나 가까운 데 있는 매수인의 집까지 운반하는 데 드는 비용은 사는 사람 곧 매수인(買受人)이 부담한다고 하지 않는 이상 원칙적으로 채무자(債務者)가 그 채무 이행의 비용을 부담한다고 하는 민법의 임의법규(민법 473본문)가 적용된다. 물건을 인도하여야 할 채무자인 물건을 판 사람 곧 매도인(賣渡人)이 그 비용(*판 사람이 물건을 소유권의 이전의무(移轉義務) 이행으로 판 물건을 포장하고 운반하는 데 드는 비용)을 부담하여야 하는 것이다.

(d) 조 리

마지막으로, 이상의 어느 표준으로써도 법률행위의 내용을 결정할 수 없는 때에는, 사물의 이치 또는 도리 곧 이른바 「조리(條理)」에 따라 합리적으로 판단하여 당사자의 의사가 무엇이고 어떤 것이었는가를 탐색함으로써, 법률행위의 내용을 확정하여 그것에 합당한 법률효과를 인정하도록 하여야 한다.

이렇게까지 해석하고자 해도 안 되면 법률행위의 내용 또는 목적의 불확정(不確定)으로 무효(無效)가 될 수밖에 없다.

(2) 가능성

이는 법률행위의 내용이 실현 가능(實現可能)할 것을 말한다. 예컨대, 해상운송계약으로 부산에서 뉴욕까지 이틀 만에 자동차를 운반해 주기로 하는 경우 그 운송계약은 실현이 불가능한 계약으로 무효가 된다고 하여야 할 것이다.

그리고 화재보험계약에서 이미 소실(燒失)되고 없는 건물을 「보험의 목적(물)」(*보험사고 발생의 대상인 재물)으로(로) 하거나, 사망보험계약에서 이미 고인(故人)이 된 사람을 피보험자(被保險者－보험사고인 생사(生死)의 객체인 사람)로 하는 것 등은 보험계약 내용의 불가능으로, 보험계약의 무효(無效) 사유인 것이다(상법 644).

(3) 적법성

이는 법률행위의 내용이 「강행법규(强行法規)」, 곧 선량한 풍속(風俗) 기타 사회질서에 관계가 있는 규정에 위반하지 않는 것을 말한다. 강행법규 또는 강행규정(强行規定)에는 효력규정과 명령규정이 있다.

(가) 효력규정 위반의 경우

효력규정(效力規定)이란 위반행위를 무효(無效)로 하거나 그 효력을 불완전하게 하거나 할 정도로 강력한 강행법규이다. 예컨대, 이자제한법에서는 연 30%가 넘는 이자율을 계약으로 정하더라도 그 초과 부분은 무효(無效)라고 하고 있다(동법 2③). 또 이 초과 부분을 사례금·수수료 등의 명목으로 지급하기로 하는 것도 이른바 「간주이자(看做利子)」로서 역시 무효이다(동법 4). 이 초과 부분의 경우와 같이 무효가 되는 행위를 「탈법행위(脫法行爲)」라고 한다.

그런데 법률에는 구체적인 명문의 규정이 없지만, 도박계약과 같이 법률행위의 내용이 선량(善良)한 풍속(風俗) 기타 사회질서(社會秩序－public policy)에 위반하는 법률행위도 무효(無效)이다.

(나) 명령규정 위반의 경우

명령규정(命令規定)은 위반행위를 한 본인에 대하여 벌칙(罰則)의 적용 기타의 불이익을 부과할 뿐이고, 그 행위 자체의 사법상(私法上)의 효력에는 영향을 미치지 않는 법규를 가리킨다.

여객자동차운수사업법의 경우 국토해양부 장관의 면허(동법 5)와 화물자동차운수사업법의 경우 국토해양부 장관의 허가(동법 3)가 있어야만 여객과 화물의 운수사업을 각각 영위할 수 있는데, 그 면허 또는 허가를 받지 않고 여객운송계약 또는 화물운송계약을 체결하였더라도, 그 운송계약 자체는 무효가 되는 것이 아니라고 본다.

다. 의사표시에 관한 요건

(1) 의사표시의 개념과 형성단계

의사표시(意思表示)는 일정한 「법률효과」(*권리의무와 득상변경 내지 법률관계의 형성・변동)를 발생시키고 싶다는 뜻을 외부에 발표 내지 표시하는 것을 말하며, 법률행위의 기본요소이다.

의사표시를 하는 자를 「표의자(表意者)」라고 한다. 표의자의 의사표시는 마음 속으로 정한 뜻 곧 「효과의사(效果意思)」 또는 「진의(眞意)」와 이를 외부로 나타내는 행위 곧 「표시행위(表示行爲)」로 이루어진다. 그 사이에 효과의사를 어떻게 표시할 것인가(*예컨대, 말로 할 것인가 서면(書面) 또는 문서로 할 것인가) 하는 이른바 「표시의사(表示意思)」도 생각할 수 있으나, 이는 표시행위 속에 넣어 파악하여도 무방하므로 별도로 문제 삼지 않아도 될 것이다. 그리고 효과의사 또는 의사표시를 하게 된 이유가 있는 것이 보통인데, 이를 법률행위 또는 의사표시의 「동기(動機)」라고 한다.

예컨대, A가 ① 자기 노부모가 겨울에 추위로 떨고 지내시는 것을 죄스럽게 생각하고 난방보일러를 하나 사드려야겠다고 마음먹고 있다가, ② TV광고로 소개된 「효도보일러」가 좋아 보여 그것을 하나 사겠다는 뜻을 굳히고, ③ 난방보일러를 취급하는 상점에 가서 효도보일러 한 대를 사겠다고 말한 경우, 이들 3단계 중에서 ②는 효과의사, ③은 표시행위이며, 처음의 ①은 동기에 해당하는 것이다.

(2) 의사표시의 효력발생시기

의사표시가 완성되어 효력을 발생하는 시기는 의사표시의 상대방이 있는 경우에 문제가 된다. 의사표시의 효력발생시기(效力發生時期)에 관하여는, ① 발신주의(發信主義－표의자가 의사표시를 한 때), ② 도달주의(到達主義) 또는 수신주의(受信主義－표의자의 의사표시가 상대방에게 도달한 때), ③ 요지주의(了知主義－상대방이 그 의사표시의 내용을 알게 된 때) 등의 대립이 있을 수 있다. 민법에서는 원칙적으로 도달주의(到達主義)를 취하고 있다(민법 111).

예컨대, 서로 떨어져 있는 사람들 곧 격지자(隔地者) 간에 의사표시를 주고받는 경우, 그 편지가 상대방이 언제든지 볼 수 있는 상태로 배달된 때에 또는 상대방의 우편함에 투입된 때에 의사표시가 완성되는 것이다. 의사표시를 할 수 없는 무능력자에게 배달된 우편에 의한 의사표시는 법정대리인(法定代理人)이 그것이 배달된 사실을 알 때까지는 효력이 없다(민법 112).

서로 마주 대하고 있는 대화자(對話者－전화로 연락하는 경우 포함) 간의 의사표시는 표시행위와 동시에 상대방에게 도달하기 때문에 표시행위를 한 때가 바로 의사표시의 효력발생시기이다. 그런데 격지자(隔地者) 간의 계약의 경우에는 표의자인 청약자(請約者)의 상대방에 의한 승낙(承諾)의 의사표시도 역시 청약자에게 도달하여야 효력이 생기는 것이라고 하겠지만, 민법에서는 신속한 계약관계가 형성되도록 계약은 그 전인 승낙의 의사표시를 발송(發送)한 때에 성립한다고 규정하고 있다(민법 531).

(3) 의사주의와 표시주의

이상과 같은 의사표시는, 마음 속의 효과의사(效果意思)와 외부적인 표시행위(表示行爲)가 일치하여야 완전한 효력을 발생하고, 그 법률행위가 그 의사표시에 따른 법률관계의 변동 또는 권리의무관계의 형성을 가져올 수 있다. 그렇지 못한 경우 법률행위의 효력이 어떻게 되는가가 문제이다.

의사표시는 있지만, 마음 속의 실제의 효과의사 곧 진의(眞意)와 그 사람(*표의자)이 한 표시행위로부터 파악할 수 있는 효과의사 곧 「표시상의 효과의사」가 서로 다른 경우, 어느 것을 중시할 것인가가 문제가 된다. 전자를 중시하는 태도를 「의사주의(意思主義)」, 후자를 중시하는 것을 「표시주의(表示主義)」라고 한다. 법률상으로 의사주의가 원칙이지만 그 사실을 모르는 상대방 또는 제3자를 보호하기 위하여 표시주의도 많이 인정되고 있다.

구체적으로, 표의자 자신의 그 불일치를 알고 있었거나(*비진의의 의사표시 또는 심리유보와 허위표시), 알지 못하였거나(*착오), 또는 그 불일치가 다른 사람의 위법행위로 인한 것이었거나(*사기와 강박)에 따라 법률상의 취급이

다르다. 이들 중에서, 비진의 의사표시 또는 심리유보, 허위표시 및 착오는 「의사의 흠결(欠缺)」, 사기와 강박(强迫)은 「하자(瑕疵)있는 의사표시」로, 크게 두 경우로 구분할 수 있다.

그런데 많은 사람을 상대로 하는 기업활동의 경우에는, 계속적이고 반복적인 「거래(去來)」가 신속하고 원활(圓滑)하게 이루어져야 한다. 거기에는, 무엇보다도 선행(先行) 거래가 무효이거나 취소가 된 때에 후속(後續)의 거래가 그 영향을 받아 번복되면 곤란하다. 따라서 기업활동을 규율하는 상법(商法)에서는, 민법상의 「표시주의」의 취지를 강화·일반화한 이른바 「외관주의(外觀主義)」에 의하여 「거래의 안전(安全)」을 본격적으로 보호하고자 하고 있다. 「외관주의」는 진실(眞實)과 다른 표시 내지 외관이 존재하는 경우 외관대로 법률관계를 처리하도록 하는 법리(法理)이다. 특히, 그 고의·과실로 외관을 생기게 한 자는 그 외관이 진실과 다르다는 것을 알지 못하고 외관을 믿고 거래를 한 자에 대해 외관에 따른 책임을 져야 한다는 원칙을 가리킨다. 여기서 「거래(去來)」는 일반적으로 재산을 증감·변동시키는 사정을 가리키는데, 법률적으로는 재산적 법률행위, 특히 「채권행위(債權行爲)」에 해당한다고 할 수 있다.

외관주의는, 자기가 표명한 사실을 상대방이 신뢰하고 행동한 때에는 그것에 반하는 사실로써 번복하는 것이 법률상 금지되는 영미법상(英美法上)의 「금반언(禁反言)의 원칙(doctrine of estoppel)」과 같은 취지의 법리이다.

예컨대, 고의·과실로 인하여 사실과 다른 등기(*「불실등기(不實登記)」)를 한 자는 그것을 선의(善意)의 제3자에게 대항할 수 없다는 것(상법 39), 주식회사가 주주총회에서 선임하지 않은 사람에게 사장(社長) 등의 명칭을 부여한 경우(*「표현대표이사(表見代表理事)」) 그 사람이 한 대표행위 또는 업무상의 불법행위에 대해 회사가 책임을 져야 한다는 것(상법 395) 등이 외관주의의 표현이다.

(4) 의사의 흠결

(가) 비진의의 의사표시

표시(表示)된 의사와 진의(眞義)가 서로 다르다는 것을 표의자가 스스로 알고 한 의사표시를 「비진의(非眞意)의 의사표시」라고 한다. 상대방이 그 사실을 모르는 경우가 「심리유보」(心裡留保－진의를 마음속에 묻어두고 있다는 의미)

이고, 이 경우의 의사표시는 원칙적으로 유효(有效), 즉 효력이 있다(민법 107① 본문). 이는 그 표시를 신뢰한 상대방을 보호할 필요가 있기 때문이다.

반면에, 그 불일치를 상대방이 알았거나 알 수 있었을 경우에는, 그 의사표시는 무효(無效)인데(민법 107①단서), 그 무효도 그 사실을 모르는 사람, 즉 선의(善意)의 제3자에게는 주장(대항)하지 못한다(민법 107②).

예컨대, A가 자기 가옥의 시가가 2~3억원은 충분히 나가는 데도 B에게 「내 집을 1억원에 너한테 팔겠다」고 농담을 한 경우, B가 그것을 A의 진심이 아닌 농담인 줄 알지 못한 때에는 집을 1억원에 팔겠다고 한 A의 의사표시 곧 청약(請約)은 심리유보(心裡留保)로서 원칙적으로 유효하다. 따라서 B가 그 집을 1억원으로 사겠다고 A에게 승낙하면 그 가옥에 대한 유효한 매매계약이 성립하고, B는 A에 대하여 1억원을 주고 소유권 이전(移轉)의 청구를 할 수 있는 것이다. 그러나 B가 그것이 농담인 줄 알았거나 또는 B가 보통 사람으로서의 주의를 기울였다면 A가 농담으로 한 말이라는 것을 알 수 있었을 경우에는, A의 청약의 의사표시에 대해 B가 그것을 승낙하여도 계약은 유효하게 성립되지 않는다. 그렇더라도, B가 그 사실을 모르는 C한테서 1억 1,000만원을 받고 A에 대한 매매계약상의 채권인 소유권의 이전청구건(移轉請求權)을 C에게 양도한 경우, A는 B에 대한 의사표시가 농담이었음을 이유로 C로부터의 소유권의 이전청구를 거부할 수 없는 것이다.

(나) 허위표시

서로 상대방과 짜고 진의와 다른 의사표시를 하는 것을 「허위표시(虛僞表示)」 또는 「통정허위표시(通情虛僞表示)」라고 한다. 이는 무효(無效)인데, 다만 선의의 제3자를 보호하기 위하여 이 의사표시를 믿은 자에게는 비록 그것이 허위일지라도 표시(表示)대로의 효력이 생긴다(민법 108).

예컨대, A는 B에게서 돈을 빌렸는데, 약속한 날짜에 갚지 못하여, B가 A를 상대로 소송을 걸어 A의 집에 대한 강제집행(强制執行)을 하여 거기서 나오는 경락대금(競落代金)으로 빌려준 돈을 받으려고 하고 있다. A는 이를 모면하기 위하여, 친척 C와 그 집에 대한 매매계약을 체결한 것처럼 하고 C에게 소유권의 이전을 위한 등기를 하였다. 이 경우 A와 C 사이에서는 그 가옥의 매매와 소유권 이전은 무효(無效)이다. 그러나 C가 자기한테 소유권이 있는 것처럼 등기가 되어 있는 것을 기화로 그 사정을 모르는 D에게 그 집을 팔고 소유권(所有權)의 이전등기를 해주었다면, C와 D 사이의 매매계약에 의한 소유권 이전(移轉)은 유효하다. 따라서 A는 D에 대해 이 경우 자기와 C가 짜고 가짜로 C에게 소유권을 이전한 것처럼 한 것이기 때문에 C는 아무 권리가 없고 이 아무 권리도 없는(*즉 소유권자가 아닌) C로부터 소유권을 이전받는 D는 집에 대한 권리를 주장할 수 없다는 항의(*항변)을 제기할 수 없는 것이다.

(다) 착 오

의사표시를 하였지만, 실제로 마음속에 품었던 의사와 그 표시(表示) 사이의 내용이 일치하지 않는다는 것을 표의자(表意者) 자신이 알지 못하는 것을 「착오(錯誤)」라고 한다. 착오는 그 불일치를 의사표시를 한 자 곧 표의자(表意者)가 알지 못한 점에서 앞에 말한 「비진의의 의사표시」나 「허위표시」와는 다른 것이다.

(a) 취소할 수 있는 착오

의사표시를 할 때에 사소한 착오는 얼마든지 있을 수 있는 일이기 때문에, 그것을 일일이 법률적으로 문제삼아 효력을 다투는 것은 좋지 않다. 따라서 민법에서는, 매매계약의 경우는 대금(代金)이나 목적물(目的物)과 같은 「법률행위의 내용(內容)의 중요부분(重要部分)」에 착오가 있는 경우에만 표의자는 의사표시를 취소(取消)할 수 있다(민법 109①본문). 그것도 표의자 자신의 중대(重大)한 과실로 인한 착오의 경우, 즉 표의자가 조금만 주의(注意)를 하고 의사표시를 하였더라면 자기의 진의(眞義)와 다른 표시행위를 할 수 없었을 터인데도 경솔하게 진의와 표시가 일치되지 않는 의사표시를 한 경우에는, 그 의사표시를 취소할 수 없다(민법 109①단서). 또 설사 취소를 할 수 있다고 하더라도 그 취소를 선의(善意)의 제3자에게 대항하지 못한다(민법 109②).

예컨대, 노점상에서 매우 싸게 파는 시계를 금딱지 시계라고 믿고 산 사람은 후에 그것이 금도금(金鍍金) 시계라는 것을 알게 되어도 중대한 과실이 있었던 것이기 때문에, 그 시계의 매매계약을 취소하고 대금을 돌려 달라고 할 수 없다. 또 503호와 505호의 아파트 두 채를 가지고 있는 A가 그 중에서 505호를 팔 생각이었으나, 아파트를 사려고 온 B에게 착각하고 503호에 대한 매매계약을 체결하고 그 소유권을 이전해 주었다. 이 경우 A는 B와 체결한 매매계약을 취소할 수 있으나, B가 그 취소 전에 그것을 이미 C에게 팔고 C 앞으로 소유권의 이전등기까지 마치고 있으면, C에게 B와의 매매계약과 소유권 이전행위의 취소를 주장하고 아파트를 자기한테 돌려달라고 할 수 없는 것이다.

(b) 동기의 착오

내심(內心)의 효과의사를 결정하게 된 연유인 동기(動機)에 착오가 있었던 경우에는, 그 동기를 표시한 경우에 한하여 의사표시 내지 법률행위를 취소할 수 있다고 해석한다.

예컨대, 근처에 시청(市廳)이 들어올 것이라고 착각하고 땅값이 많이 비싸더라도 사기로 하고 그 땅에 대한 매매계약을 체결한 경우 실제로는 그러한 도시계획이 없었던 때에는, 그 땅을 사기로 한 동기를 땅을 판 사람에게 표시하였다면 착오를 이유로 자기의 의사표시 또는 매매계약을 취소(取消)할 수 있다고 해석한다.

(5) 하자있는 의사표시

남에게 속았거나 또는 협박을 받거나 하여, 본의(本意)아니게 표명한 의사표시와 같이, 표의자(表意者)의 의사의 자유가 속박당하여 의사표시를 하게 된 경우를 「하자(瑕疵- 흠)있는 의사표시(意思表示)」라고 한다. 이 중에서, 전자는 「사기(詐欺)」에 의한 의사표시이고, 후자는 「강박(强迫)」에 의한 의사표시이다. 표의자(表意者)는 이러한 의사표시를 취소(取消)할 수 있다(민법 110①).

하자있는 의사표시가 사기(詐欺)나 강박(强迫)을 한 사람 아닌 다른 사람을 상대로 이루어졌다면, 그 상대방이 표의자가 사기나 강박을 당하였다는 것을 알았거나 알 수 있었던 경우를 제외하고, 표의자는 그 의사표시를 취소할 수 없다(민법 110②). 또 표의자가 의사표시를 취소할 수 있는 경우에도, 그 취소는 선의의 제3자에게 대항할 수 없다(민법 110③). 이 경우, 표의자는 사기 또는 강박을 한 자에 대해 불법행위책임을 물을 수 있다(민법 750).

예컨대, A가 B를 속여서 B로부터 시세보다 매우 싼 값으로 집을 산 때에는, B는 매매계약을 취소하고 집을 되돌려 받을 수 있다. 그러나 A가 그 집을 사정을 모르는 선의(善意)의 제3자인 C에게 팔아 소유권이 C한테 넘어간 경우에는, B는 C에 대해 자기의 A와의 매매계약의 취소를 주장하여 집을 자기에게 돌려달라고 할 수 없는 것이다.

(6) 의사표시의 방식

요식계약 내지 요식행위의 경우에는 계약이나 법률행위의 성립에 일정한 형식 또는 방식을 요하는데, 이는 의사표시와 결부된다. 그러나 유언(遺言)과 같은 예외적인 경우를 제외하고, 민법상의 법률행위에는 일정한 방식을 요하지 않는다.

다만, 유가증권상의 행위, 예컨대 어음행위·수표행위는 당연히 의사표시가 서면의 작성과 함께 이루어지는 요식행위이다.

요식행위의 경우 법정(法定)의 형식 또는 방식을 구비하지 않으면 원칙적으로 그 행위는 무효(無效)이다.

라. 부관부 법률행위

법률행위(法律行爲)는 이상과 같은 요건, 즉 표의자가 의사능력·행위능력이 있고, 내용이 확정·가능·적법하고, 의사표시에 흠결·하자가 없고, 상대방에게 도달한 때에는, 유효하게 성립하며, 그것이 성립과 동시에 그것을 법률요건(法律要件)으로 하는 권리의무의 변동 또는 권리의무관계의 형성이라는 법률효과(法律效果)가 발생하는 것을 원칙으로 한다.

그러나 법률행위의 당사자는 이상과 같은 원칙에 대해 그 법률효과를 제한하고 싶으면 의사표시 또는 법률행위를 할 때에 부수적(附隨的)인 사실을 그 법률효과에 관해 붙일 수 있다. 이를 법률행위의 「부관(附款)」이라고 한다. 이 부관에는 조건·기한 및 기간이 있는데, 이러한 부관을 붙인 법률행위를 「부관부 법률행위(附款附法律行爲)」라고 한다.

(1) 조 건

「이번의 시험에 합격하면 양복 한 벌을 맞추어 주겠다」라고 하든가, 「이번 시험에 합격할 때까지 이 책들을 빌려 주겠다」라고 하는 것과 같이, 법률행위의 효력의 발생(發生) 또는 소멸(消滅)이 앞으로 발생할지 발생하지 않을지 모르는 불확실한 사실에 달린 경우, 그 불확실한 사실을 「조건(條件)」이라고 한다. 조건이 붙은 법률행위를 「조건부 법률행위(條件附法律行爲)」라고 한다.

(가) 정지조건과 해제조건

조건(條件)에는, 앞의 예에서와 같이 그 실현 곧 「조건의 성취(成就)」에 이르기까지 법률행위의 효력의 발생을 정지시키는 「정지조건」(停止條件－민법 147①) 및 뒤의 예에서와 같이 그 성취로 법률행위의 효력을 소멸시키는 「해제조건」(解除條件－민법 147②)이 있다.

이러한 「조건부 법률행위(條件附法律行爲)」는 조건의 성취와 동시에 그 효력이 발생하거나 소멸하는 것이 원칙이지만, 당사자가 일단 조건이 성취된 경우 그 조건 성취의 효력을 그 성취 전으로 앞당겨 생기게 할 수도 있다(민법 147③).

(나) 조건의 유효요건

조건(條件)은 선량한 풍속 기타 사회질서(社會秩序)에 위반하는 것이 아니어야 하고, 그것에 위반하는 조건부 법률행위는 무효(無效)이다(민법 151①).

조건이 법률행위를 할 당시에 이미 성취하고 있는 경우에는, 그 조건이 정지조건(停止條件)이면 조건 없는 법률행위로 하고, 해제조건(解除條件)이면 그 법률행위는 무효이다(동조 제2항). 반면에, 조건이 법률행위를 할 당시에 이미 성취할 수 없는 것이었으면, 그 조건이 해제조건이면 조건 없는 법률행위로 하고, 정지조건이면 그 법률행위는 무효(無效)이다(동조 제3항).

(다) 조건부권리의 보호와 신의성실

조건부 법률행위의 경우 당사자는 조건의 성취(成就)로 인한 상대방의 이익을 해치는 행위를 하지 못하며(민법 148), 또 조건의 성취가 미정(未定)인 권리도 처분·상속·보존 또는 담보의 대상이 될 수 있다(민법 149).

그리고 조건의 성취로 인하여 불이익(不利益)을 받을 당사자가 신의성실(信義誠實)에 반하여 조건의 성취를 방해한 때에는 상대방은 그 조건이 성취한 것으로 주장할 수 있으며, 반면에 조건의 성취로 인하여 이익(利益)을 받을 자가 신의성실(信義誠實)에 반하여 조건을 성취시킨 때에는 상대방은 그 조건이 성취되지 않은 것으로 주장할 수 있다(민법 150).

(2) 기 한

(가) 기한과 그 종류

기한(期限)은 조건과 달라, 법률행위의 효력의 발생 또는 소멸이 장래 반드시 일어나는 사실에 걸려있는 경우, 그러한 사실을 가리킨다. 기한이 붙은 법률행위를 「기한부 법률행위(期限附法律行爲)」라고 한다. 기한에는 그것이 일어나는 시기가 확정적인 「확정기한(確定期限)」과 그렇지 않은 「불확정기한(不確定期限)」이 있다.

예컨대, 「금년 크리스마스에 오리털 파카를 하나 사주겠다」라고 하면 「확정기한부 법률행위」이고(*크리스마스는 매년 12월 25일이다), 「이번 겨울에 첫 눈이 내리면 스키복을 한 벌 사주겠다」라고 하면 「불확정기한부 법률행위」이다(*우리나라 겨울에는 언제 내릴지는 몰라도 반드시 눈이 내리는 날이 있다).

(나) 불확정기한과 조건의 구별

불확정기한(不確定期限)은 형식이 조건(條件)과 비슷하므로, 불확정기한과 조건을 혼동하지 않도록 주의하여야 한다.

예컨대, A가 B에게 「네가 시험에 합격하면 자동차를 한 대 사주겠다」라고 할 경우, 그것이 조건이라면 B로서는 매우 기분이 나쁠 수 있을 것이다. 왜냐하면, B로서는 A가 자기의 실력으로 반드시 합격할 것이라고 믿지 못하고 자기를 무시하는 것처럼 들릴 것이기 때문이다. 기한이라고 하였다면, 그 시기는 미정이지만 B는 언젠가는 합격할 것이라고 믿고 그러한 의사표시를 하였을 것이다.

(다) 시기부 법률행위와 종기부 법률행위

기한이 도래할 때까지 법률행위의 효력이 정지되어 있는 경우 그 기한의 도래시기를 「시기(始期)」라고 하며, 이 경우의 법률행위는 「시기부 법률행위(始期附法律行爲)」라고 한다. 그리고 그 도래로 법률행위의 효력을 소멸시키는 기한을 「종기(終期)」라고 하고 그러한 법률행위를 「종기부 법률행위(終期附法律行爲)」라고 한다(민법 152).

이 중에서, 시기(始期)는 채무이행의 기한이 되는 일이 많다. 그 경우에는, 조건부 법률행위의 경우와 달라, 법률행위의 효력의 발생이 정지되고 있는 것이 아니고, 그 효력으로서의 채무는 이미 성립·발생하고 있고 단지 그 이행이 연기되고 있을 뿐이다. 이러한 경우 그 「기한의 이익(利益)」은 특별한 반증(反證)이 없다면 채무자에게 있는 것이라고 인정(*추정)되며, 채무자는 상대방의 이익을 해하게 되지 않으면 그 기한의 이익을 포기할 수 있는 것이다(민법 153).

예컨대, B가 A에게서 빌린 1,000만원을 3월 1일에 갚기로 한 경우, B의 채무이행에 관한 기한을 정한 것이 채무자인 B에게 유리한 것이기 때문에 B는 3월 1일 이전이라도 A에게 빌린 돈을 갚을 수 있을 것이다. 그러나 A가 돈놀이를 하는 사채업자이고 B가 이자를 주기로 하고 돈을 빌렸다면, B는 3월 1일 이전에 돈을 갚더라도 그 때까지의 이자를 A에게 쳐주면서 빌린 돈을 갚도록 하여야 한다.

(라) 기한부권리의 보호

기한부 법률행위에서 기한의 도래로 가질 기한부권리(期限附權利)도 앞에서 말한 조건부권리의 경우와 마찬가지로 보호되고, 처분 등의 대상이 된다(민법 154－148 · 149).

(3) 기 간

기간이란 어느 시점에서 다른 시점까지 계속되는 시간을 가리킨다. 보험계약의 경우는 이러한 기간의 정함이 불가결한데, 그것이 「보험기간(保險期間)」이다.

(가) 기간의 기산점

기간(期間)의 계산방법에 관하여는, 법령이나 재판상의 처분 또는 법률행위로 특별히 정하고 있지 않으면 민법(民法)의 규정이 적용된다(민법 155).

민법의 일반원칙에 의하면, 기간을 시 · 분 · 초로 정한 때에는 그 계산의 개시시점 곧 기산점(起算點)은 즉시이다(민법 156). 그러나 일 · 주 · 월 · 연을 단위로 기간을 정한 경우에는, 기간의 초일(初日)을 계산에 넣지 않고, 그 다음 날로부터 기산하는 것을 원칙으로 하는 바(민법 157 본문), 이를 「초일 불산입(初日不算入)의 원칙」이라고 한다. 그러나 기간이 오전 영시(零時)부터 시작하는 때에는 초일부터 기산하며(동조 단서), 나이 곧 연령의 계산은 출생일(出生日)인 초일도 계산에 넣는다(민법 158).

(나) 기간의 만료점

기간의 만료점(滿了點)은 시 · 분 · 초가 종료된 때이다. 일 · 주 · 월 · 연을 단위로 하는 경우에는, 그 정해진 기간의 말일(末日)이 종료하는 때이다(민법 159).

그리고 기간을 주 · 월 · 연으로 정한 때에는 「역」(歷－달력)을 기준으로 하여 계산하는데(민법 160①), 이중에서 월 또는 연의 경우 월의 대소(大小-28·29·30·31)나 평년(*2월 28일)·윤년(*2월 29일)을 묻지 않는다. 월·연의 처음부터 기간을 기산하지 않는 때에는 최후의 주·월·연에서 그 기산일에 해당하는 날의 전일(前日)로 기간이 만료한다(민법 160②).

예컨대, 1월 15일부터 2개월을 기간으로 정한 경우 초일 불산입의 원칙에 의한 기산일인 1월 16일의 해당 월일인 3월 16일의 전일인 3월 15일이 만료일이 되는 것이다. 그러나 최후의 월에 해당일(예컨대, 2월 30일, 4월 31일 등)이 없는 때에는 그 월의 말일(2월 28일 또는 29일, 4월 30일 등)이 만료일이 된다(민법 160③). 또 기간의 말일이 공휴일에 해당한 때에는 그 다음 날이 만료일(滿了日)이 된다(민법 161).

4. 법률행위의 대리

가. 대리제도의 의의

(1) 대리와 대리관계

(가) 대리의 의의

법률행위(*준법률행위의 경우도 마찬가지이다)는 그 법률효과로서, 권리의무의 변동을 받는 자, 즉 그 의사에 의해 권리를 취득하고 의무를 부담하게 되는자 곧 「당사자(當事者)」가 스스로 하는 것이 원칙인데, 그 예외가 「대리(代理)」의 경우이다.

대리(代理)는 어떤 사람이 자기 아닌 다른 사람에 갈음하여(대신하여) 법률행위를 하고 그 법률효과(法律效果)가 그 다른 사람에게 돌아가게 되는 제도를 말한다. 이때 그 어떤 사람이 「대리인(代理人)」, 대리인이 그를 대신하여 법률행위를 하는 그 다른 사람이 「본인(本人)」, 대리인이 본인을 위하여 하는 법률행위의 파트너를 「상대방(相對方)」, 이 상대방과의 대리인 사이의 법률행위를 「대리행위(代理行爲)」, 대리인의 대리행위에 의한 법률효과가 본인에게 돌아가는 것을 「대리의 효과(效果)」라고 한다.

(나) 대리권과 대리관계

대리인이 본인에 갈음하여 의사표시 또는 법률행위 곧 대리행위를 할 수 있는 지위 또는 자격을 「대리권(代理權)」, 그리고 법률행위가 그 당사자가 아닌 독립된 권리능력자인 대리인이 한 행위의 효과가 그 행위자인 대리인에게 돌아가지 않고 다른 사람인 본인에게 돌아가게 되는 것을 널리 「대리관계(代理關係)」라고 한다.

대리와 대리관계의 경우 법인 또는 법인격 없는 사단・재단의 「대표(기관)」, 「대표관계」의 차이에 관하여는 앞에서 언급한 바 있다.

(다) 대리에 친한 행위

대리는 성질상 다른 사람이 갈음(*대신)하여도 상관없는 「재산법적(財産法的)인 행위」에 인정된다. 이와 같이 대리할 수 있는 행위를 「대리에 친(親)한 행위」라고 한다. 이에 대해, 당사자의 의사를 존중하여야 할 「가족법적(家族法的)인 행위」는 대리할 수 없는, 「대리에 친하지 않는 행위」이다.

(2) 대리의 구분

(가) 능동대리와 수동대리

대리인이 본인을 위하여 상대방에게 의사표시를 할 경우의 대리를 「능동대리(能動代理)」 또는 「적극대리(積極代理)」, 그리고 상대방으로부터 의사표시를 받는 경우의 대리를 「수동대리(受動代理)」 또는 「소극대리(消極代理)」라고 한다.

(나) 법정대리와 임의대리

앞에서 언급한 바와 같이, 미성년자・한정치산자・금치산자 곧 행위무능력자(行爲無能力者)를 위해서는, 그 행위능력의 부족과 결함을 보충하는 「법정대리(法定代理)」의 제도가 있다.

그러나 현재와 같이 사회생활이 복잡해지면, 완전한 행위능력자(行爲能力者)라도 자기 자신이 원하는 모든 법률행위를 혼자서 다 하는 것이 어려운 경우가 있을 수 있다. 특히, 기업을 영위하는 자는 매일 매일의 거래에 관한 법률행위를 기업주가 모두 다할 수 없고 누군가 다른 사람에 맡겨 계속적으로 거래행위를 할 필요가 있다.

이와 같이 대리는 이른바 사적자치(私的自治)를 보충하거나(*법정대리의 경우), 또는 그 사적자치를 확장하거나(*임의대리의 경우)하기 위한 제도이다. 이 대리제도를 이용함으로써 능률적이고 원활한 사회생활을 해나갈 수 있는 것이다.

(다) 민법상의 대리와 상법상의 대리

임의대리(任意代理)의 경우, 일반적으로 수권행위(授權行爲)는 케이스 바이 케이스로 일시적이고 구체적·개별적인 법률행위(法律行爲)에 관한 대리권(代理權)을 수여하는 것을 생각할 수 있다. 민법의 대리의 경우가 이에 속한다.

상법은 대기업의 주체인 상인(商人)의 경우 본점이나 지점에서 본인(*영업주)을 대신할 만한 영업상의 대리권이 인정되는 「지배인(支配人)」 등 장기적·계속적으로 그 영업상의 법률행위를 대신할 수 있는 광범위한 대리권이 있는 「상업사용인(商業使用人)」을 인정하고 있다(상법 10~17).

또 해운기업(海運企業)인 선박회사의 경우 선박의 「항해(航海)」에 관한 포괄적인 대리권이 인정되는 선장(船長)이 있다(상법 749~751·753). 다만, 선장은 동시에 적하이해관계인·사망한 여객의 상속인·해난구조료 채무자 등에 대한 관계에서는 법정대리인(法定代理人)이기도 하다(상법 752·825·895).

그 밖에, 일정한 상인을 위하여 종속된 보조자인 상업사용인이 아닌 독립된 상인으로서 상시 그 상인의 영업부류에 속하는 거래의 대리(代理)를 영업으로 하는 「체약대리상(締約代理商)」의 경우(상법 87~92의3)도 널리 임의대리(任意代理)에 속한다고 할 수 있다.

(3) 대리와 구별 개념·제도

(가) 대리와 대행

대리는 대행(代行)과 구별된다. 대행은 다른 사람이 법률행위가 아닌 「사실행위(事實行爲)」를 본인 대신으로 행하고 그 사실행위를 하는 「대행자(代行者)」의 이름은 전혀 나타나지 않는 것을 가리킨다. 비서가 사장 명의(名義)로 계약서를 작성하고 사장의 도장을 찍는 것과 같은 경우가 그 예이다. 대행으로 한 법률행위가 유효하기 위해서는 대행을 한 사람에게 대행을 할 수 있는 권한 곧 「대행권(代行權)」이 있어야 한다. 대행권이 없는 자가 한 행위는 본인(*이 예의 사장)에 대해 무효(無效)이다. 대행권이 없이 작성한 문서는 무효인 「위조문서(僞造文書)」이며, 행위자는 형법상의 범죄행위로서 처벌된다(형법 231 등).

대행의 경우에 대하여, 대리는 「의사표시」 내지 「법률행위」를 대신하는 것이다. 그리고 이에 준하는 행위, 즉 「준법률행위(準法律行爲)」의 경우에도 대리가 인정된다고 해석한다.

(나) 대리인과 사자 · 이행보조자 · 피용자

대리인과 구별하여야 할 자로, 사자, 이행보조자 또는 피용자가 있다.

「사자(使者)」는 본인의 의사를, 말하자면 단순한 수족으로, 다른 사람에게 표시하거나 전달하는 심부름꾼을 말한다.

「이행보조자(履行補助者)」는 채무자의 채무이행을 대신하는 자를 말하며, 점포의 종업원이 이에 해당하며, 그 밖에도 상인이 고용하고 있는 「상업사용인(商業使用人)」도 이에 속한다. 이행보조자의 잘못으로 채무의 이행이 제대로 되지 못한 경우 채무자 자신의 채무불이행책임이 인정된다(민법 391).

예컨대, A에게 물건을 판 甲회사의 영업부장 B가 부주의로 메이커에 대한 주문을 깜빡 잊었기 때문에 A에 대한 물건의 인도일(引渡日)을 지키지 못하게 된 경우에는, 甲회사가 A에게 이행지체(履行遲滯)의 책임을 져야 하는 것이다.

널리 사무처리를 위하여 다른 사람을 사용하여 부리는 경우, 그 부림을 당하는 사람을 「피용자(被用者)」라고 하고, 이 피용자를 부리는 자를 「사용자(使用者)」라고 한다. 피용자가 그 사무집행을 하던 중에 다른 사람에게 위법하게 손해를 입힌 불법행위(不法行爲)의 경우에는, 사용자도 배상책임 곧 「사용자책임(使用者責任)」을 지게 된다(민법 756).

예컨대, A의 종업원 B가 오토바이로 물건을 배달하던 중에 행인을 부상시켰으면, A는 종업원 B 자신의 불법행위책임(不法行爲責任)과는 별도의 사용자책임(使用者責任)이 인정되는 것이다.

(다) 대리와 중개 · 주선

대리와 구별해야 할 것으로, 중개와 주선이 있다.

(a) 중 개

「중개(仲介)」는 불특정의 다른 사람 간에 계약 내지 법률행위가 성립되도록 중간에서 힘쓰는 활동을 가리킨다. 대리는 대리인이 특정인(*「본인」)을 위해, 또한 법률행위를 직접 행하는 것인 데 대해, 중개는 불특정인을 위한 것이지만, 법률행위를 하는 것이 아닌 점(*따라서 중개활동은 「사실행위(事實行爲)」이다)에서, 양자 간에 차이가 있다.

법률상 「중개인(仲介人)」은 중개의 대상인 법률행위의 당사자 중에서 적어도 일방이 상인(商人)인 경우를 가리킨다(상법 93). 보험중개인, 해운중개인 등이 그 예이다. 양 당사자가 반드시 상인일 필요가 없는 경우는 이른바 「민사중개인(民事仲介人)」이라고 하며, 부동산중개사·혼인소개인 등이 이에 속한다.

(b) 주 선

「주선(周旋)」은 다른 사람의 위탁(委託－믿고 부탁하는 것)을 받아 그 사람의 「계산(計算)으로」, 「자기의 명의(名義)로」 계약 내지 법률행위를 하는 것을 말한다. 이를 「영업(營業－영리를 목적으로 동종의 행위를 계속·반복하는 것)」으로 하는 자가 「주선인(周旋人)」이다. 주선의 목적 또는 대상인 법률행위가 매매(賣買)이면 「위탁매매인」(委託賣買人－상법 101), 물건운송(物件運送)이면, 「운송주선인」(運送周旋人－상법 114), 그리고 그 밖의 법률행위이면 「준위탁매매인」(準委託賣買人－상법 113)이라고 한다.

증권회사가 「위탁매매인」의 예이다. 널리 「거래소」(去來所－exchange)를 통해 물건·유가증권을 매매하고자 할 때에는 그 회원인 영업자를 이용하여야 하는 것이다. 그리고 「운송주선인」은 「물건」의 운송을 주선하는 상인이기 때문에, 여객(旅客)의 운송을 주선하는 영업자는 운송주선인이 아니며, 널리 「준위탁매매인」에 속한다. 운송주선인에는 물건운송주선인과 여객운송주선인이 있다고 오해하고 여객운송의 주선을 하는 자를 「운송주선인」의 일종이라고 착각해서는 안 된다. 광고·출판 등의 주선을 목적으로 하는 주선인도 「준위탁매매인」이다.

주선의 경우 「타인의 계산으로」란 주선인의 법률행위에 의한 경제적 효과가 행위자(주선인)가 아닌 다른 사람(위탁자)에게 돌아가는 것을 말한다. 그리고 「자기의 명의로」란 주선인 자신이 계약 내지 법률행위의 당사자인 「본인(本人)」이 되어 그 행위로부터 생기는 권리의무의 주체가 된다는 것을 의미한다. 대리인(代理人)의 경우에는 대리인이 법률행위를 대신하는 데 그치고, 그 효과(*권리의무)가 대리인 아닌 본인에게 돌아감으로써 법률행위의 당사자는 어디까지나 본인인 점에서, 대리와 주선 간에 차이가 있는 것이다. 다만, 주선의 경우 위탁자가 법률적으로 계약 내지 법률행위의 당사자가 아닌 점을 제외하고 경제적 실질 또는 위탁자와 주선인 간의 내부관계(內部關係)만 보면 대리의 경우와 유사하다. 따라서 주선행위를 「간접대리(間接代理)」로 비유하기도 한다.

예컨대, 화주 A가 운송주선인 甲에게 자기의 수출상품에 관해 부산/뉴욕 간의 해상운송의 주선을 위탁한 경우에, 甲은 해운회사 乙과 「해상운송계약(海上運送契約)」을 체결하게 되는데, 운송인 乙회사와의 운송계약에서 당사자인 송하인 또는 용선자가 되는 자는 어디까지나 주선인(周旋人)인 甲이고 A가 아니다. 따라서 운송인 乙회사에 운송해 달라고 할 수 있는 운송급부청구권 또는 운송채권은 甲이 취득하고 乙회사에 대해 운임을 지급할 의무 곧 운임지급채무도 甲에게 있는 것이다. 다만, 화주 A는 甲이 체결한 운송계약상의 경제적·실질적 효과(*「법률효과」가 아님)로서, 목적지에서 자기 또는 수하인에게 운송물인 수출물품이 인도되도록 甲에게 요구할 수 있을 뿐이다.

여기서, 법률적으로 「누구의 명의로」라고 할 때의 「명의」(名義)는 원칙적으로 형식적인 명칭과 관련이 없고 객관적·실질적으로 그 사람에게 법률상의 권리의무가 귀속될 때의 그 사람을 뜻한다는 점에 유의할 필요가 있다. 대리행위는 대리인(代理人)이 그 명칭(*성명 또는 상호)을 표시하고 그 명칭의 서명 또는 기명날인을 하더라도 그로 인한 권리의무는 대리인이 아니라 본인(本人)에게 귀속한다. 따라서 대리인의 대리행위는 「본인의 명의로」한 것이 되는 것이다. 선박회사의 영업부장이 하주와 운송계약을 체결한 경우 계약서에 그 영업부장의 자필서명(自筆書名) 곧 「자서」(自署－sign)가 있더라도, 운송계약은 선박회사의 명의로 체결된 것이며, 따라서 그 운송계약상의 권리의무의 주체는 영업부장이 아니라 선박회사인 것이다.

(4) 대리의 3면관계

대리에 관한 법률관계는, ① 본인과 대리인 사이의 관계, ② 대리인과 상대방 사이의 관계 및 ③ 본인과 상대방 사이의 관계의 셋으로 나누어 파악하는 것이 편리하다. 이를 대리의 「3면 관계(三面關係)」라고 한다.

이 중에서, ①은 대리권(代理權)과 관련된 것이고, ②는 대리행위(代理行爲), 그리고 ③은 대리(代理)의 효과(效果)에 관한 것이다. 다음에는, 이에 관해 하나씩 살펴본다.

나. 대리권

대리권은 앞에서 말한 바와 같이, 본인(本人)에 갈음하여 의사표시를 할 수 있는 지위 내지 자격을 가리킨다. 이는 권리(權利)와는 달라 대리인(代理人)이라고 하는 지위를 나타내는 데 지나지 않고, 자기 아닌 본인을 위하여 행사하고 그 효과가 자기 아닌 본인에게 돌아가는 것이어서 「권한(權限)」의 일종이다. 대리권이 없이 대리인(代理人)인 것처럼 행세를 하면 무권대리(無權代理)의 문제가 된다.

(1) 대리권의 발생

대리는 대리권의 발생원인에 따라 「법정대리」와 「임의대리」로 분류된다.

법정대리(法定代理)는 본인의 의사와는 관계없이 법률의 규정에 의하여 대리권이 인정되는 대리이다. 법정대리의 대표적인 것은 무능력자(無能力者)의 법정대리인(法定代理人)의 경우이다.

임의대리(任意代理)는 본인의 의사에 의하여 부여된 대리권을 기초로 한 대리를 가리키며, 본인이 대리인을 선임하여 대리권을 주는(*수여하는) 것을 「수권행위」(授權行爲)라고 한다.

(2) 대리권의 범위

(가) 법정대리와 임의대리의 경우

대리인이 본인을 위하여 할 수 있는 대리행위(代理行爲)의 범위 또는 대리권(代理權)의 범위는 법정대리(法定代理)의 경우 대리관계를 정하고 있는 법률(法律)의 규정에 의하여 결정된다.

예컨대, 무능력자의 법정대리인인 친족법상의 「후견인」(後見人－민법 938)의 경우(동법 941 이하), 부재자의 「재산관리인」(財産管理人－민법 23)의 경우(동법 24·25) 등이 그 예이다.

이에 대하여, 임의대리(任意代理)의 경우에는 대리인의 권한의 범위는 수권행위에 의하여 정하는 것이 원칙이다. 일반적으로 이러한 수권행위(授權行爲)를 증명하는 「위임장(委任狀)」이 본인으로부터 대리인을 통하여 상대방에게 교부된다. 이는 수권행위가 법률관계의 처리를 부탁하는 「위임계약(委任契約)」을 기본으로 하여 이와 합체되고 있는 것이 보통이기 때문이다.

위임장 중에는, 누구에게 또는 어떤 범위의 대리권을 부여하는가를 기재하지 않고 대리인으로 하여금 그것을 기입하도록 하거나, 또는 대리인에게 해당 법률행위와 관련된 포괄적인 권한을 준 것이라고 인정되는 위임장을 「백지위임장(白紙委任狀)」이라고 한다. 이것도 일종의 수권행위가 된다.

수권행위에서 대리권의 범위를 정하지 않은 경우에는, 민법상 대리인은 재산의 현상을 유지하는 범위의 행위 곧 보존(保存)·관리(管理)의 행위만 할 수 있고 권리·의무를 양도 내지 이전하거나 담보로 제공하는 등의 처분행위(處分行爲)는 할 수 없다(민법 118).

(나) 대리인의 이해충돌행위 제한

대리인은 본인의 허락이 없으면, 본인의 이익을 해치거나 법률행위 당사자 간의 이해충돌(利害衝突)의 염려가 있는 「자기계약(自己契約)」, 예컨대 팔아달라는 가옥을 자기가 사기로 한 경우와 같이 본인을 대리하면서 동시에 자기가 그 상대방 당사자로 본인과의 법률행위를 하는 것, 그리고 「쌍방대리(雙方代理)」, 예컨대 가옥매매에서 사는 사람과 파는 사람 양쪽을 대리하는 경우와 같이 동일한 법률행위에 관하여 당사자 쌍방을 대리하는 것이 금지된다(민법 124).

또 상업사용인(商業使用人)의 경우 본인의 이익을 보호하기 위하여 본인인 영업주(營業主)의 허락이 없으면 영업주의 영업부류에 속한 거래를 하거나 회사의 무한책임사원(無限責任社員), 이사(理事) 또는 다른 상인의 사용인(使用人)이 되지 못하는 「경업금지의무(競業禁止義務)」가 인정되고 있다(상법 17).

(다) 대리인의 복임권

임의대리(任意代理)의 경우 본인의 승낙이 있거나 부득이한 사유가 있는 경우를 제외하고, 본인을 위한 대리인 곧 복대리인(複代理人)을 선임할 수 없다.

반면에, 법정대리인(法定代理人)은 자기의 책임으로 「복대리인」(複代理人)을 선임할 수 있다(민법 120~123). 대리인이 본인을 위한 복대리인을 선임할 수 있는 권한을 「복임권」(複任權)이라고 한다.

(3) 대리권의 소멸

대리권의 소멸(消滅)에 관하여 보면, 법정대리(法定代理)의 경우에 특유한 소멸원인(消滅原因)은 각종 법정대리에 관한 법규에서 규정하고 있다(*예컨대, 미성년자의 법정대리인인 부모가 자녀의 재산을 위태롭게 하여 대리권 상실의 선고를 받은 때 – 민법 925).

임의대리(任意代理)의 경우에 특유한 소멸원인으로는, 본인이 수권행위(授權行爲)를 철회한 경우 또는 수권행위의 원인이 된 법률관계가 종료된 경우이다(민법 128).

법정대리와 임의대리의 양자에 공통된 소멸원인으로는, 본인의 사망(死亡) 및 대리인(代理人)의 사망·금치산·파산(破産)이다(민법 127). 그러나 상법상의 대리의 경우에는 본인(本人)이 사망하더라도 대리권은 소멸하지 않고 그 상속인(相續人)의 대리인이 되는 것이 원칙이다(상법 50). 본인인 영업주가 사망하더라도 영업활동이 중단되지 않고 계속되는 것이 유익하기 때문이다.

다. 대리행위

대리인이 본인에 갈음하여 상대방에 대해 의사표시를 하거나 상대방으로부터 의사표시를 받음으로써 하는 법률행위가 대리행위(代理行爲)이다.

(1) 대리인의 능력

대리행위(代理行爲)도 의사표시를 기본요소로 하는 법률행위이기 때문에, 대리인에게 의사능력(意思能力)이 있어야 하는 것은 당연하다.

그러나 대리인은 행위능력(行爲能力)이 없더라도 의사무능력(意思無能力)의 상태에서 대리행위를 하지 않는 한, 유효하고 그 효과는 본인에게 돌아간다. 대리인의 행위는 대리인이 아닌 본인(本人)을 위한 것이고, 무능력자를 대리인으로 선임하여 본인이 불이익을 입더라도 자업자득(自業自得)인 것이므로, 대리인은 금치산자가 아닌 한 능력자(能力者)임을 요하지 않는 것이다(민법 117).

다만, 법정대리(法定代理)의 경우에는 무능력자 등을 보호하기 위한 것이므로, 성질상 무능력자가 법정대리인이 되는 일은 있을 수 없다.

(2) 대리인의 의사표시

대리행위를 할 때에 의사표시(意思表示)의 효력에 영향을 미치는 의사의 흠결(欠缺)·하자(瑕疵) 또는 선의(善意)·악의(惡意)의 유무는 본인(本人)이 아니고 대리인(代理人)을 표준으로 판단하여야 한다(민법 116①).

다만, 대리인이 본인의 지시에 좇아 대리행위(代理行爲)를 한 경우 본인은 자기가 안 사정 또는 자기의 과실(過失)로 인하여 알지 못한 사정에 관해서는 대리인(代理人)의 선의(善意)·무과실(無過失)을 주장할 수 없다(민법 116②).

(3) 현명주의와 비현명주의

대리인이 대리행위를 함에는, 「A(본인)의 대리인 B(B의 서명 또는 기명날인)」 등의 표시를 하는 경우와 같이, 자기의 행위가 본인(本人)을 위한 것임을 표시하여야 한다(민법 114). 이를 대리행위의 「현명주의(顯名主義)」라고 한다. 본인(本人)을 위한 것임을 표시하지 않는 경우에는, 상대방이 대리인의 행위가 본인을 위한 것임을 알았거나 알 수 있었을 때를 제외하고, 대리인(代理人)이 자기를 위하여 한 행위로 취급된다(민법 115).

그런데 상법상의 상행위(商行爲)의 대리에 대해서는 현명주의(顯名主義)의 원칙이 인정되지 않는다(*「비현명주의(非顯名主義)」의 원칙). 상행위의 대리인(代理人)은 본인인 영업주(營業主)를 위한 것임을 표시하지 않는 대리행위(代理行爲)를 하더라도 그 행위는 본인에 대해 효력이 생기는 것이다(상법 48본문). 왜냐하면, 일일이 본인(本人)을 위한 것임을 밝히는 것은 상거래의 신속·원활을 저해하고 또 계속·반복적인 상거래의 경우 상대방(相對方)으로서도 대리인의 행위가 본인을 위해 하는 행위라는 것을 쉽게 알 수 있기 때문이다. 다만, 상대방이 본인을 위한 것임을 알지 못한 때에는 상대방(相對方)은 본인 외에 상대방에 대해서도 그 법률행위의 효력(效力)을 주장할 수 있다(상법 48단서).

라. 대리의 효과

(1) 본인에 대한 법률효과의 귀속

대리인이 본인을 위하여 상대방과 법률행위를 하면, 그 효과(效果)는 행위자인 대리인이 아니고 직접 본인(本人)에게 돌아간다. 이것이 대리의 효과(效果)이다.

어느 사람이 한 법률행위의 효과가 그 사람(*행위자)에게 돌아가고, 다만 그 배후의 경제적·실질적 효과가 그 사람이 아닌 배후의 위탁자(*부탁한 사람)에게 돌아가는 위탁매매·운송주선 등의 「주선」(周旋－상법 101~124)의 경우와 다른 것이다. 예컨대, A가 위탁매매인(委託賣買人) B에게 자기가 시골에서 재배한 농작물에 대해 매매를 위탁하고 B는 이를 C에게 판매한 경우, B가 C를 상대로 한 매매계약(賣買契約)의 효과(效果)는 직접 B에게 귀속된다. C에게 물건을 인도(引渡)할 의무와 그 반면의 C에 대한 대금청구권(代金請求權)은 법률상으로 B에게 있고, 다만 B는 C로부터 받은 대금을 위탁자 A에게 주고 A에 대해 수수료를 청구할 수 있을 뿐이다.

(2) 대리행위의 유효요건

대리인의 대리행위가 유효하게 성립하고 그 효과가 본인에게 돌아가기 위해서는, 대리행위를 할 때에 대리인에게 의사능력(意思能力)이 있어야 하고, 대리인의 의사표시에 흠결(欠缺)이나 하자(瑕疵)가 없어야 하며, 또 원칙적으로 본인을 위한 것임이 표시되어야 하는 것 외에, 대리인에게 「대리권(代理權)」이 있어야 한다.

대리권이 없는 자가 대리인이라고 행세하거나 대리권의 범위를 넘어서 행동하는 경우를 널리 「무권대리(無權代理)」라고 한다. 앞에서 말한 대행(代行)의 경우와 관련하여, 대행할 수 있는 권한 곧 「대행권」이 없이 한 대행행위 또는 「무권대행(無權代行)」의 효과에 대해서도, 여기서 말할 무권대리의 효과에 관한 규정을 유추적용(類推適用)할 수 있다고 본다.

(3) 무권대리

무권대리는 크게 「표현대리(表見代理)」와 「협의(狹義)의 무권대리(無權代理)」로 나누어 볼 수 있다. 이들의 경우 상대방(相對方)의 이익과 본인(本人)의 이익 중에서 어느 편을 후하게 보호하여야 할 것인가가 문제인데, 이는 경우에 따라 각각 달리 취급된다.

(가) 표현대리

표현대리(表見代理)는 본인과의 사이에 어떤 외관상(外觀上)의 특수한 관계가 있기 때문에, 무권대리인(無權代理人)에게 표면상 마치 대리권(代理權)이 있는 것처럼 보이게 된 경우이다. 그 특수한 관계가 무엇인가에 따라, 민법에서는 3종류로 나누어 규정하고 있다.

첫째, 본인이 어떤 사람한테 대리권을 준 일이 없는데도 그 사람한테 대리권(代理權)을 주었다는 것을 제3자에게 표시하고, 그 어떤 사람이 이 제3자를 상대로 본인을 위한 대리행위를 한 경우, 즉 「대리권수여(代理權授與)의 표시에 의한 표현대리」 곧 「표시대리(表示代理)」의 경우이다(민법 125).

둘째, 실제로 일정한 범위의 대리권(代理權)을 부여받은 자가 그 대리권의 범위를 넘어 대리행위를 한 「권한을 넘은 표현대리」 곧 「월권대리(越權代理)」의 경우이다(민법 126).

셋째, 과거에는 대리권이 있었지만 이미 소멸하여 이제 그 대리권이 없는 자가 아직 대리권이 있는 것과 같이 행세하고 대리행위(代理行爲)를 한 「대리권 소멸 후의 표현대리」 곧 「멸권대리(滅權代理)」의 경우이다(민법 129).

이들 각 경우 상대방이 자칭 대리인 행세를 한 행위자 곧 「표현대리인(表見代理人)」을 진정한 대리인이라고 과실(過失)이 없이 믿은 때에는, 거래의 안전을 위하여 본인(本人)은 진정한 대리인이 한 대리행위(代理行爲)의 경우와 마찬가지로 대리행위가 성립하고 그것에 따른 책임을 진다. 물론, 표현대리인에 대해서는 본인의 손해배상의 청구가 인정될 수 있을 것이다.

나아가, 상법에서는 민법상의 표현대리의 법리를 발전시켜, 표현지배인(表見支配人－상법 14), 표현대표이사(表見代表理事－상법 395)의 경우와 같은 본인 또는 회사가 부여한 명칭 등을 신뢰한 거래의 상대방을 보다 더 두텁게 보호하는 규정을 두고 있다.

(나) 협의의 무권대리

협의(狹義－좁은 의미)의 무권대리(無權代理)는 본인과 무권대리인 사이에 표현대리의 경우와 같은 특수한 관계가 전혀 없는 경우를 가리키며, 그냥 「무권대리(無權代理)」라고도 한다.

이 경우의 무권대리행위(無權代理行爲)에 관하여는, 진정한 대리인이 한 대리행위의 경우와 같은 책임을 본인에게 지울 수 없는 것은 당연하다.

(a) 본인의 추인권

무권대리인이 본인을 위하여 하겠다는 생각으로 무권대리행위를 하였다면, 본인은 후일에 이를 유효한 대리행위로 받아들이겠다는 의사표시, 즉 「추인(追認)」을 하여 당초부터 대리권을 수여한 것과 같은 법률효과를 받을 수 있다(민법 130·133).

또 무권대리인의 상대방도 본인에 대하여 상당한 기간을 정하여 추인할 것인지 아닌지 확답해 달라고 「최고」(催告－독촉의 통지)할 수 있으며, 그 기간 내에 아무 확답이 없으면 추인을 거절한 것이 된다(민법 131·132).

(b) 상대방의 철회권

상대방은 무권대리행위(無權代理行爲)임을 알지 못한 경우 본인이 추인(追認)할 때까지 무권대리인에 대한 자기의 의사표시를 본인(本人) 또는 무권대리인(無權代理人)을 상대로 철회(撤回)할 수 있다(민법 134).

(c) 무권대리인의 책임

무권대리인의 행위에 대해 본인이 추인한 경우에는, 무권대리인은 상대방에 대해 그 무권대리행위에 대한 책임을 지지 않게 된다.

그러나 무권대리행위가 계약(契約)인 경우 본인의 추인을 받지 못한 때에는, 자기의 의사표시를 철회하지 않은 상대방은, 무권대리행위(無權代理行爲)임을 알았거나 알 수 있었을 경우 또는 무권대리인이 무능력자(無能力者)인 경우를 제외하고, 무권대리인을 상대로 계약의 이행(履行)을 청구하든가 또는 계약의 이행에 갈음하는 손해배상(損害賠償)의 청구를 할 수 있다(민법 135).

5. 법률행위의 무효와 취소

지금까지 의사표시(意思表示) 내지 이를 요소로 하는 법률행위(法律行爲)가 무효(無效)가 되거나 그것을 취소(取消)할 수 있는 여러 가지 경우를 살펴보았다. 이를 나누어 다시 정리해 보기로 한다.

가. 무 효

(1) 절대적 무효

법률행위의 무효(無效)는 외형상 법률행위로 성립하고는 있지만, 일정한 원인이 있기 때문에 법률행위에 따른 법률효과(法律效果)가 생기지 않는 것으로 확정되어 있는 것을 말한다. 이와 같은 법률행위는 아무도 무효라고 주장하지 않는다고 하더라도 처음부터 아무 효력이 없는 것이다. 따라서 그것을 후에 추인(追認)하여도 그 무효의 원인이 상존(尙存－아직 존재함)하는 한 유효한 것으로 될 수 없다(민법 139본문).

이와 같이, 본래의 의미의 무효는, ① 누구와의 관계에서도 무효이고, ② 누구라도 무효를 주장할 수 있으며, 또한 ③ 그것을 사후적으로 추인하더라도 유효하게 할 수 없는 것을 가리킨다. 이를 「절대적 무효(絶對的無效)」라고 한다.

예컨대, 의사무능력자(意思無能力者)의 법률행위, 그 내용이 불확정·불가능한 법률행위, 마약거래나 도박과 같은 사회질서(社會秩序)에 위반하는 계약, 강행법규 중의 효력규정(效力規定)에 위반하는 법률행위, 그리고 보험계약의 경우 보험사고의 주관적 확정(*보험사고가 이미 발생했다는 사실을 알고 보험금을 받기 위해 보험계약을 체결하는 경우－상법 644 본문), 손해보험계약의 경우 피보험이익(被保險利益)의 흠결·불확정·부적법, 15세 미만자 등을 피보험자(被保險者)로 한 사망보험계약(상법 732), 피보험자의 동의없이 체결한 타인의 생명의 보험계약(상법 731①) 등이 이에 속한다.

(2) 상대적 무효

위의 절대적 무효에 대하여, 심리유보(心裡留保)·허위표시(虛僞表示)의 경우와 같이 그 무효를 선의(善意)의 제3자에게는 주장할 수 없는 것도 있다. 이를 「상대적 무효(相對的無效)」라고 한다. 이러한 무효의 경우에는, 당사자가 그 무효임을 알고 추인(追認)한 때에는 그때부터 새로운 유효한 법률행위로 취급된다(민법 139 단서).

예컨대, A가 자기 소유의 가옥을 위장매매(僞裝賣買)로 B에게 소유권을 이전한 형식을 취한 경우, 후일에 B가 집을 한 채 사려고 하고 A에게는 살고 있는 다른 집이 있다면, A와 B는 굳이 그 가옥에 대한 소유권을 A에게 복귀시켰다가 다시 A·B 간에 매매계약을 체결하여 B에 대한 소유권 이전(移轉)의 절차를 밟을 필요가 없이 기왕의 A·B 간의 매매계약과 소유권 이전행위를 추인하고 그 때부터 종전의 A 소유의 가옥을 B 소유로 하도록 하는 것이 그 예이다.

(3) 일부무효의 법리

무효원인(無效原因)이 법률행위의 일부분에만 있는 경우를 「일부무효(一部無效)」라고 한다. 이 경우에는 법률행위를 전부 무효로 취급하는 것이 원칙이지만, 무효 부분이 없었더라도 법률행위를 하였을 것이라고 인정될 때에는 나머지 부분은 무효가 되지 않는다(민법 137). 이를 「일부무효(一部無效)의 법리(法理)」라고 한다.

(4) 무효행위의 전환

법률행위가 당초의 법률행위의 유효요건을 갖추지 못하여 무효(無效)가 된 경우, 그 무효인 법률행위가 다른 법률행위의 요건을 충족하고 당사자가 무효를 알았더라면 그 다른 법률행위를 하려고 마음먹었을 것이라고 인정될 때에는 그 다른 법률행위로서 효력이 있다(민법 138). 이를 「무효행위(無效行爲)의 전환(轉換)」이라고 한다.

예컨대, 아주 엄격하고 복잡한 요건을 갖추어야 하는 「비밀증서(秘密證書)에 의한 유언」(민법 1069)이 그 요건 내지 방식을 구비하지 못하여 비밀증서에 의한 유언(遺言)으로서는 무효하더라도, 그 증서가 「자필증서(自筆證書)에 의한 유언」(민법 1066)으로서의 방식을 충족한 때에는 자필증서에 의한 유언으로 취급되는 것이다(민법 1071).

(5) 원상회복과 불법원인급여

무효인 경우, 표현적(表見的)으로 생긴 법률관계는 실제로는 없는 것이기 때문에, 당사자 간에는 원상회복(原狀回復)의 법률관계가 생긴다. 따라서 무효인 법률행위에 의한 채무가 이미 채권자에게 이행된 경우에는 채권자는 그 수령한 급여 또는 급부를 「부당이득(不當利得)」으로 채무자에게 반환하여야 하는 것이다(민법 741).

그러나 불법인 도박으로 잃은 판돈과 같은 불법원인급여(不法原因給與)가 되는 것은 반환의 대상이 되지 못한다(민법 746). 또 보험계약(保險契約)의 무효로 인한 보험료의 반환은 보험계약자가 무효인 사실을 모르고 또한 모른데 대한 중대한 과실이 없는 경우에 한하여 인정된다(상법 648).

나. 취 소

(1) 취소의 개념과 취소권자

본래 취소(取消)는 법률행위의 취소를 가리키지만, 그 밖에도 널리 무엇인가의 효력을 소멸시키는 것을 의미하는 용어로 사용되기도 한다. 예컨대, 한정치산선고(限定治産宣告) 또는 금치산선고(禁治産宣告)의 취소, 실종선고(失踪宣告)의 취소·법인설립 허가(法人設立許可)의 취소 등과 같은 법원이 한 재판 내지 선고(宣告) 또는 행정관청이 한 허가(許可)의 효력을 소멸시키는 것(민법 11·14·29·38 등)이 그것이다.

이에 대해, 본래의 취소, 즉 법률행위의 취소(取消)는 일단 유효하게 성립한 법률행위의 효력을 당초에 소급하여 소멸시키는 의사표시(意思表示) 또는 단독행위(單獨行爲)를 말한다(민법 141 본문).

취소할 수 있는 취소권자(取消權者)는 행위무능력자(다만, 행위능력자가 된 후에라야만 취소할 수 있다), 착오로 인한 의사표시를 한 자, 사기・강박에 의한 의사표시를 한 자와 그 대리인(代理人) 또는 승계인(承繼人)이다(민법 140).

보험계약의 경우 보험자(*보험회사)가 보험계약을 체결할 때에 보험계약자에게 보험약관을 교부하여 그 약관의 중요한 내용을 알려주지 않은 때에는, 보험자는 보험계약을 취소할 수 있다(상법 638의3).

이들의 취소권(取消權)의 행사는 상대방이 확정되어 있으면 그 상대방에게 하여야 한다(민법 142).

(2) 취소의 효과

법률행위를 취소하면, 법률행위의 효력은 처음부터 무효(無效)가 되기 때문에, 계약에 의한 채무가 이미 이행된 경우에는 그 이행된 급부는 「부당이득(不當利得)」으로 반환의 대상이 된다(민법 746).

다만, 무능력자(無能力者)는 그 받은 이익이 현존하는 한도에서 상환할 책임이 있을 뿐이다(민법 141 단서). 또 무능력자에 의한 법률행위의 경우를 제외하고, 착오・사기・강박으로 인한 법률행위의 취소는 선의의 제3자에게 대항(對抗)할 수 없다(민법 109② · 110③).

그리고 취소권(取消權)은 추인(追認)할 수 있는 날로부터 3년 내에, 법률행위를 한 날부터 10년 내에 행사하여야 한다(민법 146). 이 기간은 제척기간(除斥期間)이라고 해석한다. 보험자의 보험약관의 교부・명시의무 위반으로 인한 보험계약자의 보험계약 취소권은 보험계약의 성립일부터 1개월 내에 행사하여야 한다(상법 638의3②).

(3) 취소할 수 있는 행위의 추인

취소할 수 있는 법률행위는 취소권자가 그 상대방에 대하여 추인할 수 있다. 이 「추인(追認)」은 취소권을 포기하고 법률행위를 유효한 것으로 확정시키는 것을 의미한다(민법 143).

추인은, 무능력자의 추인의 경우 그 무능력자가 능력자가 된 후에라야만 할 수 있으며(다만, 법정대리인의 추인은 당장 할 수 있다). 착오·사기·강박의 경우 그 하자(瑕疵)에서 벗어난 후에라야만 할 수 있는 것이다(민법 144).

그런데 추인할 수 있는 때 이후에, 취소권자에게 이의(異議)를 유보(留保)하지 않고 취소할 수 있는 법률행위에 의한 채무의 전부 또는 일부의 이행 또는 그 이행의 청구, 경개(更改－채무자가 기존의 채무 대신에 다른 채무를 부담하기로 하는 경우 등), 담보의 제공(提供), 취득한 권리의 전부 또는 일부의 양도, 강제집행 등의 사유가 있으면 추인한 것으로 본다(민법 145). 이를「법정추인(法定追認)」이라고 한다.

추인은 이상의 취소할 수 있는 법률행위의 경우 외에, 앞에서 언급한 무권대리행위(無權代理行爲)의 추인(민법 130 이하), 무효행위(無效行爲)의 추인(민법 139) 등이 있다.

Ⅲ. 계 약

1. 계약의 의의

가. 법률요건으로서의 계약

계약(契約)은 당사자 쌍방의 대립하는 의사표시(意思表示)의 합치(合致)로 이루어지는 법률요건(法律要件)을 말한다. 이는 채권채무의 발생, 즉 채권의 취득과 그 반면의 채무의 부담이라는 법률효과를 가져오는 것이다.

널리 개인의 자유를 이념으로 하는 오늘날의 경제사회에서는, 사법상(私法上)의 법률요건 중에서 의사표시(意思表示)를 기본요소로 하는 법률행위(法律行爲)가 중요하다.

나아가, 이러한 사회에서는 자유의사를 가진 사람들이 사회를 이루고 서로 얽혀서 법률관계를 형성해 가는 것이 정상적인 생활인 점에서 법률행위 중에서도 계약(契約)이 가장 중요하다.

나. 계약자유의 원칙

민주주의 경제사회에서는 계약의 자유가 충분히 보장되어야만, 각자의 의사를 기초로 창의(創意)를 발휘하고 사회생활관계를 원활히 처리함으로써, 당사자뿐 아니라 사회 전체의 번영을 가져올 수 있는 것이다. 여기서, 종래 사법(私法)에서는 널리 사적자치(私的自治)의 원칙의 일환으로 「계약자유(契約自由)」의 원칙이 확립되어 있다.

계약자유의 원칙은, ① 계약을 체결할 자유와 체결하지 않을 자유(*「계약 체결의 자유」 또는 「체약(締約)의 자유」), ② 계약의 상대방을 선택할 자유(「상대방 선정의 자유」), ③ 계약내용에 대한 자유(「내용 결정의 자유」), ④ 계약을 할 방식에 관한 자유(「방식의 자유」) 등을 포함한다.

그러나 계약의 자유라고 하여도 그것은 무제한적인 것이 아님은 말할 것도 없다. 크게는 공공복리(公共福利)를 위하여 제한을 받는 것은 당연하다(헌법 23). 아울러, 계약의 자유라는 이름을 내세워 부당하고 불공평한 경제적 결과를 시인할 수 없기 때문에 계약의 자유는 또한 「신의성실(信義誠實)의 원칙」 또는 「신의칙(信義則)」(민법 2)에 부합(符合)하여야 하는 것이다.

2. 계약의 분류

가. 채권계약과 물권계약

(1) 양자의 의의

계약으로 형성·변동시키고자 하는 권리 내지 의무가 채권(債權)인가 물권(物權)인가에 따라 채권계약과 물권계약으로 구분할 수 있다.

채권계약(債權契約)은 당사자 간의 채권채무관계를 형성시키는 계약이다. 물권계약(物權契約)은 물권의 이전(移轉)·설정(設定)을 목적으로 하는 계약이다. 물권계약은 물권행위(物權行爲)로서 이행(履行)의 문제를 남기지 않는 것이기 때문에 장래의 이행이 필요한 의무의 부담은 가져오지 않는다. 물권계약은 제한물권(制限物權)의 경우 「설정계약」으로 불리우는데(*예컨대, 전세권설정계약·저당권설정계약·질권설정계약 등), 일반적으로 「물권적 합의(物權的合意)」라고 부른다.

민법상 물권행위(物權行爲) 또는 물권적 합의만으로 물권의 이전 내지 변동이 생기는 것이 아니고, 부동산은 등기(登記)의 이전, 동산은 인도(引渡)까지 있어야 각기 그것에 대한 물권변동(物權變動)이 생긴다.

(2) 채권계약과 계약자유의 원칙

채권계약(債權契約)은 채권의 발생원인으로 가장 중요한 법률요건(法律要件)이다. 채권은 대인적(對人的)인 청구권이다. 따라서 특정한 물건에 대한 배타적인 지배권인 물권(物權)의 경우 「물권법정주의」(物權法定主義－민법 185)가 인정되는 것과 달라, 채권의 내용 내지 그것에 따른 채권의 종류는 성질상 제약을 받지 않고 당사자가 자유로이 설정할 수 있다. 이는 채권발생의 법률요건(法律要件)인 계약의 자유의 일환인 「내용결정(內容決定)의 자유」로 나타난다. 그 결과, 계약은 당사자가 자유로이 결정할 수 있는 내용(內容)의 차이에 따라 무수히 많은 종류가 있는 것이다.

다만, 법률에서는, 법률관계의 안정성(安定性)의 요청에서 종래 일반적으로 널리 이용되고 있는 대표적인 계약에 관하여 규정하고 있다. 법률에서 규정하고 있는 종류의 계약을 「유명계약(有名契約)」이라고 한다.

특히, 사법(私法) 중의 기본법인 민법에서 규정하고 있는 14종류의 유명계약은 계약 중에서도 가장 본보기가 되는 계약이라는 취지에서 「전형계약(典型契約)」이라고 부른다.

일반사법(一般私法)인 민법에 의한 전형계약은, 「권리이전형의 계약」으로 증여・매매・교환, 「재물대차형의 계약」으로 소비대차・사용대차・임대차, 「노무제공형의 계약」으로 고용・도급・현상광고・위임 및 그 밖의 임치・조합・종신정기금・화해 등 14종류가 있다.

상법상의 유명계약으로는, 상호계산・익명조합・대리상계약・중개계약・위탁매매계약・운송주선계약・운송계약・창고임치계약・보험계약 등이 있다.

위의 「전형계약」 내지 「유명계약」은 민법과 상법에 자세히 규정되어 있다. 여기서는 민법상의 전형계약에 대해 상식적으로 꼭 알아두어야 할 그 핵심적인 내용만 간단히 언급한다.

(3) 전형계약

(가) 권리이전형 계약

(a) 증 여

민법상의 「권리이전형(權利移轉型)」의 계약을 보면, 먼저 「증여(贈與)」는 당사자 일방이 상대방에게 재산(*권리 포함)을 공짜로 (*무상(無償)으로) 주기로 하고 상대방이 그것을 받겠다고 함으로써 성립하는 계약이다(제554조). 주는 사람을 「증여자(贈與者)」, 받겠다고 한 사람을 「수증자(受贈者)」라고 한다. 증여는 아무 대가도 받지 않고 일방적으로 재산을 주는 것이기 때문에 기분에 좌우되어 신중성(愼重性)을 잃은 상태에서 이루어질 수 있다. 따라서 문서로 표시하지 않는 경우에는 각 당사자는 이를 해제(解除)할 수 있다(민법 555).

(b) 매 매

「매매(賣買)」는 당사자 일방이 재산권을 상대방에게 이전하고 상대방이 그 대가로 금전을 지급할 것을 약정함으로써 성립하는 계약이다(민법 563). 쉽게 말하면, 경제적으로 가치가 있는 재물을 돈과 바꾸는 것이다. 매매는 오늘날의 자본주의 시장경제(市場經濟) 사회에서 가장 중요한 계약이며, 일반적으로 계약이라고 하면 얼른 떠오르는 것이 매매계약일 정도로 익숙한 계약이며, 매매계약법은 널리 계약법(契約法) 일반의 기초가 되고 있다(민법 567). 민법은 매매계약에 대해 매도인(賣渡人)의 하자담보책임(瑕疵擔保責任) 등 대체로 사는 사람 곧 「매수인」(買受人－buyer)의 이익을 배려한 규정을 많이 두고 있다(민법 570 이하). 상인(商人) 간의 매매의 경우에는, 파는 사람 곧 「매도인」(賣渡人－seller)을 보호하기 위해 상법에서 몇 가지 특칙을 규정하고 있다(상법 67~71).

(c) 교 환

「교환(交換)」은 당사자 쌍방이 금전 이외의 재산권을 상호 이전할 것을 약정하는 계약이다(민법 596). 이는 일방의 재산권 이전(移轉)의 대가(代價)가 금전이 아닌 점에서 매매의 경우와 다르다. 경제학상의 이른바 「물물교환(物物交換)」에 상응하는 계약이라고 할 수 있다.

(나) 재물대차형 계약

(a) 소비대차

「재물대차형(財物貸借型)」의 계약은 재물을 빌려주고 빌리는 당사자 간의 합의를 가리키는데, 그 중에서 「대주」(貸主－*빌려준 사람)가 빌려준 재물을 빌린 자(*「차주(借主)」)가 쓰고, 후에 그것과 같은 종류・품질・수량의 다른 것을 돌려주는 경우가 「소비대차(消費貸借)」이다(민법 598). 소비대차는 공짜인 무상(無償)의 경우의 경우와 차주가 대가(代價)를 주는 유상(有償)의 경우가 있다.

소비대차는 다른 물건으로 바꿀 수 없는 재물 곧 대체물, 예컨대 널리 쌀, 연탄 등을 대상으로 할 수 있지만, 오늘날의 소비대차는 주로 돈을 빌려주는 「금전소비대차(金錢消費貸借)」가 보통이다.

무상(無償－*공짜)이 아닌 금전소비대차가 「이자부(利子附) 금전소비대차」이다. 돈을 빌려 준 「대주(貸主)」는 돈을 빌려간 차주(借主)에 대해 빌려준 원금 곧 「원본(元本)」 및 이자(利子)를 달라고 할 수 있는 앞에서 언급한 「금전채권(金錢債權)」과 「이자채권(利子債權)」을 가진다.

(b) 사용대차와 임대차

소비대차에 대해, 빌린 물건을 이용(*사용・수익)하고 그 빌린 것을 돌려주는 대차로서, 공짜로 빌려주고 빌리기로 하는 합의가 「사용대차」(使用貸借－민법 609), 빌리고 대가를 주는 경우가 「임대차」(賃貸借－민법 618)이다. 기둥에 못 하나를 박기 위해 이웃사람한테서 망치를 잠깐 빌리는 경우는 「사용대차」가 되고, 집이나 선박 등 값이 많이 나가는 재물의 대차는 「임대차」가 된다.

사용대차에서도 소비대차의 경우와 같이 물건을 빌려주는 사람을 「대주(貸主)」, 빌리는 사람을 「차주(借主)」라고 한다. 임대차의 경우 빌려주는 자는 「임대인(賃貸人)」, 빌리는 자는 「임차인(賃借人)」이라고 한다. 다만, 선박의 임대차는 상법에서 「선체용선계약(船體傭船契約)」이라고 하고, 빌려주는 자는 「선박소유자」, 빌리는 자는 「선체용선자」라고 부른다(상법 848 이하).

(다) 노무제공형 계약

(a) 고 용

「노무제공형(勞務提供型)」의 계약은 그 제공하는 노무 곧 일의 「무엇」에 중점을 두는가에 따라, 「일 그 자체」에 중점을 두고 당사자의 일방이 상대방에게 일을 해주면 그 대가로 보수(報酬)를 지급하기로 하는 계약은 「고용」(雇傭－민법 655)이다. 회사에 취직하여 월급을 받거나 남의 일을 해주고 일 삯을 받는 것 등이 「고용(雇傭)」의 법률효과이다. 고용에 대해서는 민법의 규정 외에, 사용자(使用者)에 대한 관계에서 노무자(勞務者)를 보호하기 위한 근로기준법을 포함한 노동법이 있다.

(b) 도 급

「일의 완성 내지 결과」가 중시되어 원칙적으로 그 결과에 대해 보수를 주고받기로 하는 계약은 「도급」(都給－민법 664)이다. 집을 짓거나 다리를 놓기로 하는 경우가 도급에 해당한다. 일을 맡기는 자를 「도급인(都給人)」, 일을 맡아 완성하기로 하는 자를 「수급인(受給人)」이라고 한다. 도급을 「청부(請負)」, 수급인을 「청부업자」라고 하는데, 이는 일본 말로 잘못된 표현이다.

(c) 현상광고

현상광고(懸賞廣告)는 광고자가 어떤 행위를 한 사람에게 일정한 보수를 지급하기로 하고 상대방이 그 「광고로 정한 행위」를 완료함으로써 성립되는 계약을 말한다(민법 675). 이는 신춘 문예작품 집필, 범인 검거 등의 경우와 같이 광고에서 요구한 급부를 현실적으로 제공해야 계약이 성립하는 것으로, 민법에서 유일한 「요물계약(要物契約)」이다.

(d) 위 임

다음에, 「일할 사람에 대한 믿는 마음」 곧 「신뢰관계(信賴關係)」를 중시하고 일을 맡기고 경우가 「위임(委任)」이다(민법 680). 일을 맡기는 사람을 「위임자」, 일을 맡는 사람을 「수임자(受任者)」라고 한다. 민법상의 위임은 무상계약(無償契約)인데, 상거래에 관한 위임 곧 상사위임(商事委任)은 일반적으로 유상계약이다(상법 382② · 388 · 415 참조).

수임인은 위임인과의 신뢰관계에서, 위임의 본지(本旨)에 따라 선량(善良)한 관리자(管理者)의 주의로써 위임사무를 처리하여야 한다. 이는 이른바 「선관주의의무(善管注意義務)」이다. 이는 그 일을 처리하는 사람의 직업이나 사회적 지위에서 맡은 일을 성심성의껏 돌보아 처리하기 위해 합리적으로 요구되는 정도의 주의를 다해야 할 의무를 가리킨다. 이 선관주의의무는 로마법상의 유명한 선량한 가부(家父) 곧 「양가부(良家父 − diligentissimus pater familias)」로서의 주의의무에 유래한 것으로, 「신의칙(信義則)」과 함께, 사법상의 법률관계 당사자의 행동지침으로 자주 회자(膾炙)되는 법률용어이다.

(라) 임치 · 조합 · 종신정기금 · 화해

(a) 임 치

그 밖의 전형계약을 보면, 「임치(任置)」는 물건의 보관에 관한 계약을 가리킨다(민법 693). 창고(倉庫) 설비를 갖추어 물건의 보관을 영업으로 하는 「창고임치계약(倉庫任置契約)」에 관하여는, 상법에서 별도로 규정하고 있다(상법 155 ~168).

(b) 조 합

「조합(組合)」은 2인 이상이 상호 출자(出資)하여 공동사업을 경영할 것을 합의한 계약을 말한다(민법 703). 조합의 재산은 공동소유 중의 「합유(合有)」이며, 조합이 해산하지 않는 한 조합원은 원칙적으로 그 몫(*지분)의 분할청구나 양도를 할 수 없다는 것은 앞에서 언급하였다.

조합원이 공동으로 부담하는 채무는 「분할채무」인 것이 원칙이고(민법 408), 그것이 상행위(商行爲)로 인한 채무이면 조합원 전원의 「연대채무」가 된다(상 57①).

이와 같이 일반원칙을 정한 민법에서는 조합은 계약의 일종이지만 「조합(組

合)」이라는 명칭이 붙어 있어도 여러 가지 종류의 조합이 특별법에 의해 인정되고 있다. 상법상의 「익명조합」, 현재 상법의 개정을 위해 논의되고 있는 유한책임사업조합계약에 의한 「유한책임사업조합」(*L.L.P.) 등이 있다.

상법상의 익명조합(匿名組合)에서는, 「익명조합원」이 「영업자」에게 출자를 하여 그 사업경영을 일체 영업자에게 위탁하는 대신에, 익명조합원은 그 이익의 분배를 받는 계약을 말한다. 익명조합원은 원칙적으로 외부에 대해 아무 의무도 지지 않고, 영업자가 실제로 사업을 경영하고 외부에 대해 권리의무자로서 책임을 진다(상법 78 이하).

그리고 앞에서 언급한 농업협동조합·노동조합 등과 함께, 「중소기업협동조합법」에 의한 조합의 경우와 같이, 특별법상의 조합으로 법인격이 인정되는 조합 곧 「법인(法人)」인 조합도 있다.

(c) 종신정기금

「종신정기금(終身定期金)」은 당사자 일방이 자기나 상대방 또는 제3자가 사망할 때까지 장기적으로 금전 기타의 물건을 상대방 또는 제3자에게 지급할 것을 약정하는 계약을 말한다(민법 725). 이는 상대방 등의 생계보장을 위한 것인데, 오늘날은 「연금보험(年金保險)」에 의해 이 목적을 달성할 수 있다(상법 735의2).

또 노인이 금융기관에 그 소유 부동산에 대해 저당권(mortgagy)을 설정하고 매월 일정한 생계 자금을 금융기관으로부터 지급받아 노후의 생활설계를 할 수 있도록 하는 이른바 「모기지 론」도 마찬가지이다.

(d) 화 해

끝으로, 화해(和解)는 당사자가 서로 양보하여 당사자 간의 분쟁을 끝내기로 하는 계약을 말한다(민법 731). 예컨대, A는 B에 대해 1,000만원의 채권이 있다고 주장하고, B는 중간중간 갚아나가 200만원밖에 갚을 채무가 없다고 우길 경우, 서로 양보하여 A가 B로부터 600만원을 받고 분쟁을 해결하기로 하는 것이 화해이다. 이 화해로 종전의 A·B 간의 채권채무관계는 소멸하고, A의 B에 대한 600만원의 채권이 새로 확정되는 것이다(민법 732).

나. 낙성계약과 요물계약

계약이 당사자 간의 합의, 곧 청약(請約)에 대한 승낙(承諾)만으로 성립되는 것을 「낙성계약(諾成契約)」이라고 하고, 이 합의 외에 금전의 지급이나 소유권의 이전과 같은 급부도 필요한 계약을 「요물계약(要物契約)」이라고 한다. 민법상의 현상광고(懸賞廣告－민법 675~679)를 제외하고 모든 계약은 법률상 당연한 낙성계약이다.

다. 요식계약과 불요식계약

계약의 성립에 필요한 의사표시 내지 합의가 문서(文書)의 작성 등의 일정한 형식을 갖추어야 하는가의 여부에 따라 「요식계약(要式契約)」과 「불요식계약(不要式契約)」으로 구분된다. 계약의 자유, 특히 「방식자유(方式自由)의 원칙」에 의하여, 사법상의 계약은 불요식계약임을 원칙으로 한다.

다만, 어음행위나 수표행위와 같은 유가증권상의 행위(*발행 · 배서 등)를 계약이라고 보면, 이러한 행위는 「요식계약」이 된다(*어음 · 수표행위의 경우 이를 「단독행위」로 보는 견해가 많다).

라. 유상계약과 무상계약

상품을 주고 대금을 받는 것과 같이, 당사자 쌍방이 서로 대가(代價)로서의 의미를 가진 급부를 주고받고 하는 계약이 「유상계약(有償契約)」이며, 그렇지 않고 일방의 당사자만 급부를 하는 경우의 계약을 「무상계약(無償契約)」이라고 한다. 매매 · 교환 · 임대차 · 고용 등은 유상계약이고, 증여 · 사용대차 · 무이자소비대차 등은 무상계약이다.

매매(賣買)는 유상계약의 대표적인 것이기 때문에, 매도인(賣渡人)의 「하자담보책임(瑕疵擔保責任)」을 포함한 매매에 관한 법률관계의 규정은 원칙적으로 다른 유상계약에 준용된다(민법 567).

이 중의 매도인의 「하자담보책임(瑕疵擔保責任)」이란, 매도인이 매수인에게 이전한 권리 또는 인도한 물건 등이 불완전하고 흠(*하자)이 있는 경우에, 매도인은 매수인(買受人)으로부터 대금감액(代金減額) · 손해배상(損害賠償)의 청구 또는 계약의 해제(解除)를 당하는 것을 말하는데, 이를 매수인을 위해 매도인이 감수해야 한다는 것을 강조하여 그렇게(*「담보책임」이라고) 부르는 것이다(민법 570 이하).

마. 쌍무계약과 편무계약

「쌍무계약(雙務契約)」이란 양 당사자가 서로 대등한 의무를 가진 채무(債務)를 부담하고 또한 각 당사자의 채무가 상대방이 부담하는 채무와 서로 의존관계(依存關係)에 있는 계약을 말한다. 편무계약(片務契約)은 당사자 중의 일방만 채무를 부담하거나 또는 쌍방이 채무를 부담하더라도 서로 대등한 의존적 관계가 없는 계약을 말한다. 매매·임대차 등은 원칙적으로 쌍무계약이며, 증여·소비대차 등은 편무계약이다.

앞에 말한 무상계약(無償契約)은 성질상 당연히 편무계약이다. 유상계약(有償契約)의 경우에는, 당사자 쌍방이 대가(對價)를 주고받더라도 그것이 서로 대등한 의존적 관계의 채무이행이 되지 못하면 편무계약이다.

예컨대, 이자를 받고 돈을 빌려주고 빌리는 계약, 즉 이자부 금전소비대차(利子附金錢消費貸借)는 유상계약이지만, 일반적으로 쌍무계약이 아니고 편무계약이라고 한다. 이 계약이 성립되면 대주(貸主－돈을 빌려 주는 사람)의 차주(借主－돈을 빌리는 사람)에 대한 금전의 지급이 먼저 있어야 하고, 또한 그것으로 더 이상 대주가 부담하는 의무가 없게 되며, 차주의 이자(利子)의 지급 또는 원본(原本)의 반환은 그 다음에 별도로 이루어지기 때문에, 양자의 채무는 그 이행이 서로 의존적인 관계에 있는 것이 아닌 까닭이다.

쌍무계약(雙務契約)은 당사자 쌍방의 채무가 상호의존관계 또는 견련관계(牽聯關係)에 서기 때문에, 다음에 말할 「동시이행(同時履行)의 항변권(抗辯權)」(민법 536) 및 「위험부담」(危險負擔－민법 537·538)에 관한 특칙이 인정된다.

3. 계약의 성립

가. 의사표시의 합치

(1) 청약과 승낙

계약이 성립하는 데에는 당사자 간의 청약(請約)과 승낙(承諾)이라는 의사표시(意思表示)의 일치 곧 합치(合致) 곧 합의(合意)가 있어야 한다. 「청약」은 당사자의 일방(*「청약자」)이 상대방(*「피청약자」)의 승낙으로 일정한 내용의 권리의무관계 내지 법률관계의 형성·변동을 기대하고 행하는 의사표시를 말한다. 「승낙」은 피청약자가 청약자의 청약의 의사표시에 대해 그 내용을 수락(受諾)하고 그것에 따른 법률관계를 형성·변동시키고자 하는 의사표시를 가리킨다.

예컨대, A가 B에게 어느 상품 1개를 10만원으로 사겠다는 의사표시 곧 「청약(請約)」을 하고, 이에 대해 B도 그 상품을 10만원에 팔겠다는 의사표시 곧 「승낙(承諾)」을 하면, A와 B 사이에 계약이 성립하는 것이다.

(2) 청약의 구속력

청약은 상대방의 승낙에 대응하는 것이기 때문에, 청약자가 함부로 청약을 철회(撤回)하면 상대방의 기대를 저버리는 결과가 된다. 따라서 청약은 철회할 수 없고(민법 527), 승낙기간을 정하여 청약한 경우에는 그 기간 내에 승낙의 통지를 받지 못한 때에, 그리고 승낙기간을 정하지 않고 청약한 경우에는 상당한 기간 내에 승낙의 통지를 받지 못한 때에, 청약은 각각 그 효력을 잃는다(민법 528·529). 그 결과, 연착된 승낙은 승낙으로서의 효력은 인정되지 않고 새 청약(請約)으로 볼 수 있다(민법 539).

(3) 청약·승낙 내용의 일치

계약은 청약과 승낙의 내용이 일치하여야 하기 때문에, 승낙자가 청약에 대하여 조건을 붙이거나 변경을 가하여 승낙한 때에는 그 청약의 거절과 동시에 새로 청약한 것이 된다(민법 534).

(4) 계약의 성립시기

앞에서 의사표시의 효력발생시기에 관하여 언급한 바와 같이, 대화자(對話者) 간에서는 청약에 대하여 승낙을 하면 즉시 계약이 성립한다.

격지자(隔地者) 간에서는 청약의 의사표시는 도달주의(到達主義)이고(민법 111), 이에 대한 승낙의 의사표시는 발신주의(發信主義)이기 때문에(민법 531), 승낙의 통지를 발송한 때에 계약이 성립한다.

나. 특수한 계약성립

위와 같이 계약은 청약과 그것에 대응하는 승낙으로 성립되지만, 그 예외로서, ① 물품매매의 청약과 함께 배달된 물품을 소비하는 것과 같이 승낙의 의사표시로 인정될 수 있는 사실에 의하여 성립하는 「의사실현(意思實現)에 의한 계약성립(契約成立)」(민법 532), ② 당사자 간에 동일한 내용의 청약이 서로 교차된 경우 양 청약이 상대방에게 도달한 때에 성립하는 「교차청약(交叉請約)에 의한 계약성립(契約成立)」(민법 533), ③ 상인이 상시(常時) 거래관계에 있는 자로부터 그 영업부류에 속한 계약의 청약을 받았으나 지체 없이 승낙 여부의 통지를 발송하지 않은 경우 및 보험자가 보험계약의 청약을 받고 30일 내에 승낙 여부의 통지를 발송하지 않은 경우(*피보험자가 신체검사를 받아야하는 인보험계약의 경우 제외) 상대방이 승낙한 것으로 보게 됨으로써 성립하는 「승낙의제(承諾擬制)에 의한 계약성립(契約成立)」(상법 53·638의2①·②) 등이 있다.

승낙의 상대방은 반드시 특정인(特定人)이어야 되는가가 문제이다. 예컨대, 상품의 자동판매기는 단순한 청약을 할 것을 권유하는 것 곧 「청약(請約)의 유인(誘引)」이라고 할 것이 아니라 일반공중에 대한 청약을 한 것이고, 이에 대금을 투입하는 것은 승낙이며, 거기서 상품이 나오는 것은 성립한 채무의 이행이라고 하는 것이 무방하다고 보면, 청약은 특정인에 대하여 할 필요가 없다고 할 수 있을 것이다. 거기서는, 말하자면 「계약(契約)의 자동화(自動化)」가 인정되는 것이다.

다. 약관에 의한 부합계약

계약으로 형성시키고자 하는 권리의무관계의 구체적인 내용은, 그것이 주(主)된 급여 또는 급부에 관한 것이든 종(從)된 법률관계에 관한 것이든 간에, 당사자 사이의 개별적·실제적인 의사표시의 합치로 정하여야 한다. 그런데 보험·운송·금융 등의 상거래(商去來)와 같이 대량의 거래가 계속·반복적으로 이루어지는 경우 신속한 계약체결의 편의를 위하여, 어느 특정 종류의 거래계약에 획일적으로 적용할 수 있도록 미리 부동문자(不動文字)로 정형적으로 정한 일정한 내용의 계약조항을 「보통거래약관(普通去來約款)」 또는 「약관(約款)」이라고 한다. 약관에 의해 체결되는 계약을 「부합계약」(附合契約 – 당사자 일방이 제시한 약관 조항의 내용을 상대방이 포괄적으로 수락할 수밖에 없이 성립되는 계약이라는 의미에서 나온 명칭이다)이라고 부른다.

이러한 약관(約款)은 거래당사자가 계약을 체결할 때에 특히 그것에 따르지 않겠다는 뜻을 명백히 표시하지 않는 한, 원칙적으로 계약의 내용으로서 당사자를 구속하게 된다. 그 근거로, 우리나라 판례는 약관이 계약당사자에 의해 구속력을 가지는 것은 당사자가 그 조항을 계약의 내용으로 삼기로 하는 명시적·묵시적 합의(明示的·默示的合意)를 하였기 때문이라고 하고 있다.

약관은 계약체결상의 우월(優越)한 지위에 있는 기업자 측에서 일방적으로 작성하는 것이 보통이기 때문에, 약관에 의한 부합계약의 남용으로부터 거래의 상대방을 보호하기 위한 「약관의 규제에 관한 법률」이 있다.

4. 계약의 효력

가. 권리의무의 발생

계약(契約)이 성립되면 계약을 「법률요건」으로 한 그 법률효과(法律效果)로서 권리의무(權利義務)가 발생·변동한다. 이 권리의무의 구체적인 내용은 계약의 종류마다 또는 당사자 간의 합의의 내용에 따라 여러 가지가 있을 수 있으므로 일률적으로 말할 수 없다.

계약이 물권계약(物權契約)이면 「물권변동(物權變動)」의 법률효과가 발생하며, 채권계약(債權契約)이면 「채권채무관계」의 형성·변동이 생긴다. 채권계약은 불법행위·사무관리·부당이득과 함께 「채권(債權)」의 발생원인으로서의 법률요건이지만, 계약은 채권의 발생원인(*법률요건) 중에서 가장 중요한 법률상의 지위를 차지하고 있는 것이다.

그리고 계약에 의한 권리의무는 의사표시를 한 당사자 자신에게 귀속되는 것이 원칙이다.

나. 제3자를 위한 계약

당사자 간의 합의(合意)로 계약상의 권리를 당사자가 아닌 다른 사람이 취득할 수 있도록 할 수 있다. 이러한 계약을 「제3자를 위한 계약」(민법 539~542)이라고 한다. 다만, 이러한 계약에 의하여 그 제3자(*수익자)가 계약상의 권리를 취득하기 위해서는, 그 권리에 관한 채무자에 대해 계약의 이익을 받을 의사를 표시하는 것 곧 「수익(受益)의 의사표시(意思表示)」를 요한다(민법 539②).

그러나 제3자를 위한 계약에 해당하는 「타인(他人)을 위한 보험계약(保險契約)」의 경우에는, 수익자에 해당하는 피보험자(*손해보험계약의 경우) 또는 보험수익자(*인보험계약의 경우)의 수익의 의사표시가 필요 없다(상법 639②본문). 또한 물건운송계약에서 「송하인(送荷人)」·「용선자(傭船者)」와 「수하인(受荷人)」이 다른 경우도 제3자를 위한 계약에 준하는 것이지만, 수하인의 수익의 의사표시가 있어야만 수하인이 목적지에서 운송인에 대한 운송물 인도청구권을 가지는 것은 아니다(상법 815·841①-140).

계약당사자 이외의 제3자에게 의무를 부담시키는 것과 같은 불이익을 주는 계약은, 그 제3자의 동의(同意)가 없는 한 있을 수 없고 무효이다. 그러한 계약은 개인의 자유·의사에 대한 침해가 되기 때문이다.

다. 쌍무계약의 효력

쌍무계약(雙務契約)의 효력과 관련하여서는, 앞에서 잠깐 언급한 「동시이행의 항변권」과 「위험부담」의 문제가 있다.

(1) 동시이행항변권

동시이행항변권(同時履行抗辯權)이란, 원칙적으로 쌍무계약의 당사자의 일방은 상대방이 채무의 이행을 제공할 때까지 자기의 채무의 이행을 거절할 수 있는 권리 또는 권능을 말한다(민법 536①본문). 예컨대, 매매계약에서 매수인은 매도인이 목적물에 대한 소유권의 이전 또는 인도를 할 때까지 대금의 지급을 거절할 수 있고, 반면에 매도인은 매수인이 대금을 지급할 때까지 목적물에 대한 소유권의 이전 내지 인도를 못하겠다고 할 수 있는 것이다.

이는 당사자 간의 공평을 기하기 위한 것이다. 물론, 일방의 채무를 먼저 이행하기로 한 특약이 있으면 이러한 항변권은 없다(민법 536①단서).

(2) 위험부담의 법리

위험부담(危險負擔)은 특정물의 인도를 목적으로 하는 채무와 관련된 쌍무계약에서, 어느 채무자에게도 책임이 없는 사유로 일방의 채무가 이행할 수 없게 된 경우에 상대방의 채무는 어떻게 되는가의 문제이다. 이는 이행불능(履行

不能)으로 인해 생긴 손해 곧 불이익을 어느 편의 부담으로 하여야 할 것인가 하는 것이다.

이를 이행불능이 된 급부를 기준으로 하여 이 급부를 하여야 했을 채무자가 부담하여야 하는 경우를 「채무자 위험부담주의(債務者危險負擔主義)」 또는 「채무자주의(債務者主義)」라고 하고, 반면에 이행불능이 된 급부의 채권자가 부담하여야 하는 경우를 「채권자 위험부담주의(債權者危險負擔主義)」 또는 「채권자주의(債權者主義)」라고 한다. 민법은 「채무자 위험부담주의」의 원칙을 채용하고 있다(민법 537). 이러한 위험부담의 문제는 「특정물」에 관한 계약관계에서 생기는 문제이며, 불특정물 또는 종류물의 경우에는 이행불능이 된 급부에 대해 채무자가 그 위험을 부담해야 하는 것은 당연하다.

예컨대, 4월 1일 A·B 간에 A의 소를 B에게 500만원으로 팔기로 하는 매매계약을 체결하고, 4월 30일에 소를 인도하고 대금 500만원을 받기로 하였다. 4월 15일 우리(*외양간)가 낙뢰(落雷)를 당하는 바람에 소가 새까맣게 타고 말았다. 이 경우 소가 죽어 4월 30일에 소를 B에게 줄 수 없다. 이는 매매계약의 당사자 A와 B의 책임없는 사유로 인한 것(*고의·과실이 없는 「이행불능」)이므로, A는 4월 30일에 B에 대해 소를 줄 채무(*소에 관한 소유권의 이전 내지 인도 의무)를 면한다(민법 390단서). 그 반면의 B의 채무, 즉 A에 대한 소 값 500만원의 지급채무도 면하게 되는가, 아니면 소를 받지 못하여도 소 값을 지급하여야 하는가가 「위험부담」의 문제이다.

위 예에서, 소박하게 생각하면, B로서는 소를 받지 못하게 되었는데 소 값을 주어야 한다면 억울한 일이 아니냐 하고 말할 수 있을 것이다. 그런데 다른 한편으로, 이 예에서 A가 B와 소 매매계약을 체결하고 얼마 지나지 않은 4월 7일에 C가 와서 A에게 당장 700만원을 줄 테니 소를 자기한테 팔라고 졸랐다. 그래도 A는 이미 B에게 소를 판 이상 B에 대한 신뢰를 지켜야 하기 때문에 억만금을 주어도 소를 팔지 못하겠다고 했다. 이에 C는 A에게 세상 물정을 모르는 바보라고 욕설까지 하고 급기야는 싸움으로 번져 A는 부상까지 당했다. A가 이렇게까지 B에 대한 신뢰를 저버리지 않으려고 하였는데 4월 15일에 불가항력으로 소가 죽은 경우이기 때문에, 어쩐지 A에게 동정이 가고 A가 B에게서 소 값을 받아야 한다고 해서 부당하다고 보기 어려운 일이 아닌가 할 수 있다.

따라서 쌍무계약에서 「위험부담」의 문제를 어떻게 해결하여야 할 것인가는 어려운 문제이다. 다만, 추상적인 해결 기준으로서는, 거래가 아주 드물게 일어나는 경우인가 또는 계속·반복적으로 빈번하게 이루어지는 경우인가에 따라, 전자의 경우에는 「채무자 위험부담주의」(*소 값을 받지 못한다), 후자의 경우에는 채권자 위험부담주의(*소 값을 받을 수 있다)가 일견 타당한 것이 아닌가 한다. 위 예에서 A는 B에서 소 값을 받지 못한다(*채무자주의).

위험부담에 관한 채무자 위험부담주의의 민법의 규정(민법 537)은 당사자 간의 특약에 의해 달리 정할 수 있는 「임의법규」이다.

국제적인 무역거래에서는, 물품의 선적시점을 기준으로 하여 물품이 선적된 이후에 물품의 멸실로 인하여 이행불능이 된 경우에는 위험이 채권자인 매수인에게 이전하고, 따라서 매수인은 대금을 지급하여야 하는 특약이 있다. 이를 CIF, FOB 등의 「본선인도조건(本船引渡條件)」의 매매라고 한다.

5. 계약의 해지와 해제

가. 계약 해지·해제의 의의

계약도 법률행위(法律行爲)이기 때문에 당사자의 일방적인 의사표시로 계약의 성립시로 소급하여 계약관계를 소멸시키는 「취소(取消)」에 관한 규정이 적용될 수 있음은 말할 것도 없다(민법 141, 상법 638의3②).

동시에, 계약의 경우에는, 이와는 별도로, 역시 당사자의 일방이 상대방에 대한 의사표시에 의하여 계약을 소멸시키는 해지(解止) 또는 해제(解除), 즉 널리 「해약(解約)」이 인정되고 있다.

당사자의 일방이 해약의 의사표시(*해약권의 행사)를 하면, 계약관계가 해약 이후로만 소멸하는 경우가 「해지」(민법 550)이고, 계약이 성립할 때로 소급하여 소멸하는 경우가 「해제」(민법 548)이다.

당사자가 이러한 해지 또는 해제를 할 수 있는 권리 또는 권능을 「해지권(解止權)」 또는 「해제권(解除權)」이라고 한다.

이 중에서, 해지(解止)는 해약으로 인한 원상회복이 곤란한 보험계약, 고용계약, 물·전기·가스 공급계약 등과 같은 계속적 관계(繼續的關係)의 계약의 경우에 인정되는 것이 원칙이다.

해지권 내지 해제권이 행사되면 철회(撤回)하지 못하며(민법 543②), 계약의 해제의 경우에는 당사자 간에 「원상회복(原狀回復)」의 의무가 있다(민법 548·549).

나. 약정해약과 법정해약

해지 또는 해제는 그 발생원인에 따라 「약정해지권·약정해제권」과 「법정해지권·법정해제권」의 두 종류가 있다.

약정(約定) 해지·해제권은 당사자 간의 특약으로 미리 해지권 또는 해제권을 일방 또는 쌍방의 당사자에게 유보하는 경우를 말한다. 예컨대, 부동산 매매에서 매수인은 계약이행보증금(예컨대, 대금의 10%)을 포기하고 계약을 해제할 수 있고, 매도인은 받은 계약이행보증금에다 계약이행보증금 만큼의 금액을 합친 해약금을 매수인에게 지급하고 계약을 해제할 수 있도록 하는 것은 약정해제(約定解除)에 속한다.

법정(法定) 해지·해제권은 법률의 규정에 의하여 해지권·해제권이 발생하는 경우이고, 해상물건운송계약의 해제(상법 808)와 보험계약(保險契約)의 해지의 경우(상법 650·651·652·654)와 같이 각종의 계약에 특유한 것과 함께, 모든 계약에 공통되는 것이 있다.

모든 계약에 공통되는 해지·해제의 원인은 채무불이행(債務不履行)이다(민법 544~546).

Ⅳ. 불법행위 · 사무관리 · 부당이득

1. 불법행위

가. 불법행위의 의의

불법행위(不法行爲)라 함은, 다른 사람에게 손해를 끼친 사람이 그 손해를 배상하여야 할 책임 곧 그 손해배상책임의 원인(*법률요건)인 위법행위(違法行爲)를 말한다. 위법행위를 한 사람을 「가해자(加害者)」, 손해를 입은 사람을 「피해자(被害者)」라고 부르고, 가해자가 피해자에게 손해를 배상하여야 할 의무를 「손해배상책임(損害賠償責任)」, 그 반면에 가해자를 상대로 손해를 배상해 달라고 청구할 수 있는 피해자의 권리를 「손해배상청구권(損害賠償請求權)」이라고 한다.

불법행위는 앞에서 말한 「채무불이행(債務不履行)」과 함께, 가해자의 손해배상책임 또는 피해자의 손해배상청구권이라는 권리의무관계의 발생 · 형성에 관한 법률요건(法律要件)인 「위법행위」이다.

또한 불법행위는 계약 · 사무관리 · 부당이득과 함께, 「채권(債權)」의 발생원인(發生原因)인 법률요건으로 파악되는데, 민법은 이러한 관점에서 제3편 채권편의 제2장에서 제5장까지의 규정 체제를 정비하고 있다. 이러한 각도에서는, 불법행위는 「손해배상청구권(損害賠償請求權)」이라는 「채권(債權)」의 발생원인인 법률요건인 것이다.

나. 불법행위의 분류

불법행위(不法行爲)에 관하여, 민법 제750조는 「고의(故意) 또는 과실(過失)로 인한 위법행위(違法行爲)로 타인에게 손해(損害)를 가한 자는 그 손해를 배상할 책임이 있다」라고 규정하고 있다. 이 규정은, 어떤 행위로 어떻게 다른 사람에게 손해를 끼쳤는가를 묻지 않고, 다시 말하면 가해행위의 종류 · 양태와 관계없이 적용되는 일반적 · 포괄적인 규정이다. 또 가해자는 자기의 행위에 대하여 다른 사람이 입은 손해를 배상할 책임이 있는 것으로 되어 있기 때문에, 「자기책임(自己責任)의 원칙」을 규정하고 있다. 다시, 이 규정은 가해자의 고의·과실을 불법행위의 성립요건으로 하고 있기 때문에, 「과실책임(果實責任)의 원칙」을 선언하고 있는 것이다.

이와 같은 민법 제750조에 의한 불법행위를 보통 「일반불법행위(一般不法行爲)」라고 한다.

이에 대하여, 민법에서는 불법행위의 특수한 유형으로, 「감독자책임(監督者責任)」, 「사용자책임(使用者責任)」, 「도급인책임(都給人責任)」, 「공작물책임(工作物責任)」, 「동물점유자책임(動物占有者責任)」, 「공동불법행위책임(共同不法行爲責任)」 등에 관한 규정을 두고 있다. 이들은 민법상 각기 그 적용요건이 한정되어 있는 대신에, 일반불법행위의 성립요건, 특히 과실책임주의가 완화되고 있는 데 그 특징이 있다. 이들에 관한 불법행위는 보통 「특수불법행위(特殊不法行爲)」라고 부른다.

다. 불법행위의 성립

(1) 일반불법행위의 성립요건

일반불법행위가 성립되어 가해자가 손해배상의 책임을 지기 위해서는, ① 가해자가 「위법(違法)한 행위」를 하여야 하고, ② 이러한 위법한 가해행위로 인하여 다른 사람에게 「손해(損害)」가 발생함으로써, 위법행위와 손해 사이에 「인과관계(因果關係)」가 있어야 하고, ③ 행위자에게 「고의(故意) 또는 과실(過失)」이 있어야 하며, ④ 행위자에게 「책임능력(責任能力)」 또는 「불법행위능력(不法行爲能力)」이 있어야 한다.

(가) 행위의 위법성

불법행위 성립의 요건 중에서, 행위의 위법성(違法性)은 그러한 행위가 사회규범인 법(法)의 견지에서 용납될 수 없는 것을 말한다. 권리 본위의 사법체계 아래서는 법률에 의하여 보장되는 생활이익 곧 권리(權利)를 침해하는 것이 그 대표적인 예이다.

그러나 실정법상(實定法上) 반드시 권리라는 이름으로 규정되어 있지는 않지만, 널리 건전한 사회통념상(社會通念上) 법률적으로 보호할 만한 가치가 있는 생활이익을 침해한 것이라고 평가되는 행위에 대하여도 위법성(違法性)을 인정하여야 할 것이다.

의료행위(醫療行爲)와 같은 업무상의 「정당행위(正當行爲)」는 말할 것도 없고, 다른 사람의 불법행위에 대하여 자기 또는 제3자의 이익을 방위하기 위하여 부득이 그 사람에게 손해를 가하는 「정당방위」(正當防衛－민법 761①)와 급박한 위난을 피하기 위하여 부득이 다른 사람에게 손해를 끼치는 「긴급피난」(緊急避難－민법 761②)은 위법행위가 아니다. 이러한 사정을 「위법성조각사유(違法性阻却事由)」라고 한다.

(나) 손해와 인과관계

「손해(損害)」에는, 경제적 손실인 「재산적 손해(財産的 損害)」로서, 물건의 훼손과 같은 물적손해(物的損害)와 사람의 신체·생명에 생기는 인신손해(人身損害)가 있다. 재산적인 성격은 없더라도 「비재산적 손해(非財産的損害)」로서, 사람의 정신에 가한 타격, 즉 정신적 손해 또는 「위자료(慰藉料)」도 포함된다.

또 여기서 말하는 가해행위와 손해 사이의 「인과관계(因果關係)」는 불법행위의 성립요건(成立要件)의 문제로서, 누가 가해자(加害者)인가를 정하기 위한 것이다. 이는 다음에 말할 불법행위의 효과로서, 배상책임의 대상인 손해(損害)의 범위를 정하기 위한 인과관계의 문제와 구별된다.

불법행위의 성립요건으로서의 인과관계(因果關係)는 과거에는 크게 문제되지 않았지만, 과학이 발달되고 근대의 산업사회(産業社會)가 고도화되어 감에 따라 여러 가지 새로운 유형의 불법행위가 나타남으로써 새로운 관점에서 인과관계 유무의 문제를 따져야 하게 되었다. 환경오염·약해(藥害)·의료사고·교통사고 등의 경우가 그 예이다.

불법행위의 일반원칙에 의하면, 인과관계는 피해자(被害者)가 증명하여야 하지만, 새로운 유형의 불법행위의 경우에는 그 증명이 매우 곤란하고, 그것에 관한 자료도 가해자 측이 독점하고 있는 것이다. 따라서 이 때에는 피해자에게 인과관계의 증명을 엄격히 요구하지 않고 어느 정도의 확실성 또는 「개연성」(蓋然性)이 증명되면 된다고 하거나(*「개연성설」), 또는 입증책임(立證責任)의 일부를 피해자 측에서 가해자 측으로 전환(轉換)할 필요가 있다는 이론(*「입증책임의 전환」) 등이 전개되고 있다.

(다) 가해자의 고의 · 과실

(a) 고의 · 과실의 의의

고의(故意) · 과실(過失)은, 종래 가해자의 심리상태(心理狀態)에 중점을 두어, 「고의(故意)」는 '일정한 결과가 발생하리라는 것을 알면서 감히 어떤 행위를 하는 심리상태'이고, 「과실(過失)」은 '그 결과가 발생하리라는 것을 알아야 하는 데도 부주의 때문에 그것을 알지 못하고 어떤 행위를 하는 심리상태'라고 설명하여 왔다.

이 중에서, 고의(故意)란 종래에는 이와 같이 결과(結果)의 발생을 「의욕(意慾)」하는 것을 고의의 요소로 보는 견해가 있었지만, 최근에는 결과 발생의 「인식(認識)」과 「용인(容認)」이 있으면 된다고 한다. 나아가, 아주 최근에는, 환경오염피해 등을 계기로 결과 발생의 인식(認識)만 있으면 고의로 인정되고, 용인까지도 필요하지 않다는 견해도 보인다.

(b) 과실유무와 그 판단

과실의 경우 부주의(不注意)라고 하는 심리상태 자체를 인정하는 것은 어렵기 때문에, 표준이 되는 주의의 정도를 어떤 형식을 정하고, 그것과 비교하여 과실유무(過失有無)를 판단한다.

(ⅰ) 추상적 과실과 구체적 과실

표준이 되는 주의(注意)의 정도를 정하는 문제에 관하여, 그 하나로 일반인(一般人) · 평균인(平均人)으로서의 주의를 기준으로 삼는 것이 생각되고, 또 다른 하나로 가해자(加害者) 본인의 평시의 주의(*대가를 받지 않고 다른 사람의 물건의 보관을 위탁받은 무상수치인(無償受置人)의 「자기 재산에 대한 주의와 동일한 주의」(민법 695) 참조)를 기준으로 하는 것이다. 전자의 주의를 게을리 하는 것을 「추상적 과실(抽象的過失)」, 후자의 주의를 게을리 하는 것을 「구체적 과실(具體的過失)」이라고 한다. 불법행위상의 과실은 추상적 과실이라고 본다.

과실의 기준이 평균인으로서의 주의를 다하였는가 어떤가에 있다고 하면, 그와 같은 주의를 다하여야 하는 것은 행위자의 의무 곧 「주의의무(注意義務)」라고 생각하게 된다. 이 점에서는, 과실은 주의의무 위반으로 파악되고, 따라서 심리상태보다는 「주의의무의 위반(違反)」에 과실(過失)의 근거를 구할 수 있다.

(ii) 예견의무와 연구조사의무 · 결과회피의무

주의의무 위반으로서의 과실이 문제가 되는 단계를 보면, 먼저 가해자가 어느 행위를 하려고 하는 때에는 그 행위로부터 어떤 결과가 생길 것인가를 알도록 노력하여야 한다. 이를 널리 「예견의무(豫見義務)」라고 할 수 있다.

환경오염 사건에서는 이 예견의무를 「연구조사의무(研究調査義務)」라고 하고, 화학제품의 생산기업 등 위험한 기업활동을 영위하는 사람에게는 고도의 연구조사의무가 지워진다. 이러한 예견의무를 다하였다면 결과의 발생이 예견가능(豫見可能)한 데도 이를 게을리 하면 과실이 있는 것이 된다.

다음에, 결과의 발생이 예견 가능한 경우에는 그와 같은 결과를 회피하도록 노력하여야 한다. 이를 「결과회피의무(結果回避義務)」라고 할 수 있고, 그것을 게을리 하는 것은 과실이 된다. 교통사고의 경우에는 어떠한 상황에서도 사고의 발생은 예견할 수 있으므로, 과실의 근거가 되는 것은 주로 사고의 발생을 방지하기 위하여 필요한 결과회피의 조치를 취하지 않는 것이다. 환경오염 사건에서는, 결과회피의무 중에 조업정지(操業停止)의 의무까지 포함한다.

(라) 책임능력

책임능력(責任能力)과 관련하여 불법행위제도를 보면, 가해자 측에서 보면 가해자가 저지른 결과에 대하여 책임(責任)을 지는 제도로 파악되고, 피해자 측에서는 피해자가 입은 손해(損害)를 보전(補塡)하는 제도로 파악된다.

전자의 면에 중점을 두면, 자신이 하고 있는 행위가 어떠한 결과를 가져올 것인가를 판단할 수 없는 사람까지 책임을 지우는 것은 타당하지 않다. 따라서 민법은 이와 같은 처지에서, 일정한 판단능력 곧 「책임능력(責任能力)」이 없는 사람은 손해배상책임을 지지 않도록 하고 있다. 자기의 행위의 책임을 변별하기에 충분한 지능을 갖추고 있지 못한 미성년자(민법 753) 및 심신상실자(민법 754)는 책임무능력자(責任無能力者)인 것이다.

(2) 특수불법행위의 특칙

이는 직접 행위를 한 사람이 아니면서도 피해자(被害者)에게 배상책임을 지게 되는 특수한 경우이다. 일반불법행위의 경우에는 「피해자」(被害者) 측에서 가해자의 고의 · 과실을 증명해야 하는 데 비해, 이 특수한 불법행위의 경우에는 「가해자(加害者)」 측이 상당한 주의를 기울였다는 것(*무과실(無過失))을 증명하여야만 책임을 면할 수 있다. 이는 이른바 「입증책임(立證責任)의 전환(轉換)」의 면에서 그 책임이 가중되고 있다고 할 수 있다.

(가) 감독자책임

책임능력(責任能力)이 없는 미성년자나 심신상실(心神喪失)의 상태(常態)에 있는 자 등이 타인에게 손해를 입힌 경우, 그 감독의무(監督義務)를 지는 자 또는 감독대행자(監督代行者)가 감독의무를 게을리 한 때에는 직접 피해자에 대하여 손해배상의 책임을 진다. 다만, 감독의무를 게을리 하지 않았다는 것을 입증하면 책임을 벗어날 수 있다(민법 755).

(나) 사용자책임

어떤 사업을 위하여 다른 사람을 사용하는 자는 피용자가 그 사무를 집행함에 있어서 제3자에게 손해를 입힌 경우, 피용자(被用者)의 선임(選任)·감독(監督)에 과실이 없음을 입증하지 못하는 한, 그 손해를 배상할 책임을 진다(민법 756①).

예컨대, 회사의 직원이 그 사무집행 중에 고의·과실로 다른 사람에게 손해를 끼친 경우에, 회사가 그 피해자에게 배상책임을 지는 것이다.

또 사용자에 갈음하여 사무를 감독하는 자 곧 사무감독자(事務監督者)도 같은 내용의 책임을 진다(민법 756②).

여기서 유의하여야 할 점은, 사용자나 사무감독자가 피용자의 행위에 관해 책임을 져야 한다고 하여, 피용자의 개인적인 불법행위책임은 면제되지 않는다는 것이다. 따라서 사용자 또는 사무감독자 및 피용자는 피해자에 대해 「부진정연대책임(不眞正連帶責任)」의 관계에 있는 것이다.

(다) 도급인책임

도급인(都給人)은 수급인(受給人)이 그 수급업무를 처리하던 중에 제3자에게 손해를 가한 경우, 도급인에게 도급 또는 지시에 관하여 중대한 과실이 있으면, 도급인은 그 제3자에게 손해를 배상하여야 한다(민법 757).

(라) 공작물책임

가옥과 같은 건조물 또는 공작물(工作物)의 붕괴나 파손 등에 의하여 생긴 손해는, 일차적으로 그 물건의 점유자(占有者)가 배상하여야 한다. 그러나 점유자에게 그 보존・관리상의 부주의가 없는 때에는, 소유자(所有者)가 무과실(無過失)의 배상의무를 진다(민법 758).

(마) 공동불법행위책임

여러 사람이 공동(共同)으로 다른 사람에게 손해를 가한 때에는 연대하여 배상할 책임이 있다(민법 760①). 이는 사전에 2인 이상의 채무자가 같은 내용의 채무를 부담하기로 한 경우의 다수채무자 간의 본래의 연대책임(민법 414)에 대해, 「부진정연대책임(不眞正連帶責任)」이라고 한다.

그리고 공동이 아닌 여러 사람의 행위 중 어느 사람의 행위로 손해가 생겼는지를 알 수 없는 때에는, 각자가 연대하여 손해배상책임을 진다(민법 760②). 예컨대, 어두운 골목에서 甲이 A・B・C 세 사람에게 폭행을 당하여 전치 2주의 타박상을 입은 경우, A・B・C 중에서 누가 직접 주먹을 휘둘렀는지가 분명하지 않으면, A・B・C는 연대하여 배상의무를 지는 것이다.

(바) 동물점유자책임

동물이 다른 사람에게 손해를 입힌 경우, 동물의 점유자가 그 손해를 배상할 책임이 있다(민법 759①). 점유자에 갈음하여 동물을 보관한 자도 마찬가지이다(민법 759②).

라. 불법행위의 효과

(1) 손해배상 채권・채무의 발생

불법행위가 성립되면, 그 법률효과(法律效果)로서 가해자와 피해자 사이에 손해배상에 관한 채권채무관계가 형성되는 것이다. 피해자는 가해자에 대해 손해배상청구권(損害賠償請求權)이라는 채권을 취득하며, 반면에 가해자는 피해자에 대하여 손해배상(損害賠償)의 채무 내지 책임을 부담하게 된다.

(2) 금전배상의 원칙

손해배상의 방법으로는, 채무불이행으로 인한 손해배상의 경우와 마찬가지로, 돈으로 배상해야 하는 「금전배상(金錢賠償)」을 원칙으로 한다(민법 763・394). 자본주의 사회에서는 금전이 모든 재산의 기본이고 또 금전으로 배상하는 것이 원상회복(原狀回復) 등의 경우보다도 간단하기 때문이다.

다만, 명예훼손(名譽毁損)의 경우에는 특칙이 있다. 즉 명예훼손의 경우에는 손해배상에 갈음하거나 손해배상과 함께 명예회복을 위한 적당한 처분을 하는 방법도 인정된다(민법 764).

(3) 손해의 범위에 관한 인과관계

배상하여야 할 손해의 범위에 관하여는 인과관계(因果關係)의 문제가 있다.

손해배상이 일방의 손해를 타방이 보전하게 함으로써 당사자 간의 공평(公平)을 기하려고 하는 제도이므로, 위법행위로 야기된 일체의 손해를 모두 보전시키는 것은 아니고, 이른바 「상당인과관계설(相當因果關係說－*어떤 사실에서 일정한 결과가 발생한 경우 그러한 결과가 그 경우뿐 아니라 그러한 사실이 있으면 일반적으로 그러한 결과가 발생할 수 있을 것이라고 인정되는 때에 그 사실과 결과 사이의 원인·결과 관계 곧 「인과관계」를 인정하는 견해로, 우리나라의 경우 통설이다)」에 따라 사회통념에 비추어 그러한 가해행위가 있으면 보통 생길 수 있다고 생각되는 손해 곧 이른바 「통상손해(通常損害)」를 배상하면 되는 것을 원칙으로 한다(민법 763·393①).

특별한 사정으로 인하여 생긴 손해 곧 「특별손해(特別損害)」는 채무자가 미리 그 특별한 사정을 알았거나 알 수 있었을 때에 한하여 배상하여야 한다(민법 763·393②).

(4) 과실상계

채권자 측에도 과실이 있으면, 손해배상의 책임과 그 금액을 정할 때에 이를 참작해야 하는데, 이를 「과실상계(過失相計)」라고 한다(민법 396·763).

예컨대, 이미 언급한 바와 같이, 우측통행이던 피해자가 자동차 운전자의 과실로 부상한 경우 피해자에게도 우측통행을 한 과실이 있었던 것이기 때문에, 그 만큼의 금액을 손해배상액에서 공제(控除)할 수 있는 것이다.

(5) 손해배상청구권의 소멸시효

불법행위로 인한 손해배상청구권은, 피해자 측이 그 손해와 가해자를 안 날로부터 3년 내에, 그리고 불법행위를 한 날로부터 10년 내에 이를 행사하지 않으면 시효(時效)로 소멸한다(민법 766).

마. 불법행위책임법의 새로운 전개

(1) 무과실책임제도

민법상의 불법행위(不法行爲)는 행위자에게 고의 또는 과실이 있을 때에만 손해배상의 책임을 인정하는 「과실책임(過失責任)의 원칙」에 바탕을 두고 있다. 자유경쟁사회에서 생활하고 있는 사람들이 활동을 하다보면 다른 사람에게 손해를 입히는 경우가 있을 수 있다. 그러한 모든 경우에 법이 간섭하여 그 손해를 배상하도록 하면, 개인의 자유로운 활동은 제한되고 사회의 발전도 기대할 수 없게 된다. 따라서 민법은 가해자 측이 「고의(故意)」 또는 「과실(過失)」로 타인의 권리 또는 이익을 침해하게 된 경우에만, 이를 불법행위로 하여 피해자의 손해를 배상시키는 책임제도의 기본원칙을 취하고 있는 것이다.

이러한 과실책임의 원칙은 사적자치(私的自治)를 근간으로 하는 근대사법(近代私法)의 기본원리이다. 그러나 기계문명이 고도로 발달한 오늘날의 산업사회(産業社會)에서는 대기업(大企業)을 중심으로 한 사업자들에 의한 재해(災害)로 인하여 막대한 손해가 발생하는 경우가 적지 않다. 그 중의 다수는 행위자가 아무리 주의를 하더라도 막을 수 없는 것들이다. 예컨대, 화학제품의 생산공장에서 온갖 수단을 동원하더라도 제조과정에서 유독물질의 발산을 막을 수 없고, 따라서 인근에 광범위한 인적·물적 피해를 입힐 수가 있다.

이러한 경우 과실책임(果實責任)의 원칙에 의하면, 기업 측에 과실이 없는 한, 피해자는 손해의 배상을 청구할 수 없게 된다. 설령 가해기업에 과실이 있다고 하더라도 일반인이 그것을 증명(證明)하는 것은 매우 곤란하다. 이는 불공평(不公平)한 결과가 아닐 수 없다.

따라서 일정한 경우 행위자에게 고의 또는 과실이 없더라도 손해배상의 책임을 인정한 필요가 있는데. 이를 제도적으로 실현하는 경우 「무과실책임주의(無過失責任主義)」라고 한다.

최근에는 무과실책임을 인정하는 특별법이 늘어나고 있다. 환경오염(環境汚染)의 피해자의 구제를 도모하는 환경정책기본법이 무과실책임의 원칙을 선언하고 있는 것이 그 대표적인 예이다(동법 31). 또 자동차사고(自動車事故)로 인한 인명피해에 대한 자동차보유자의 엄격책임의 경우도 무과실책임주의에 준하는 것이다(자동차손해배상보장법 3).

(2) 손해배상책임의 사회화

(가) 개인책임의 기업·단체책임으로의 이행

종래의 경제활동은 개인(個人)을 단위로 이루어져 왔는데, 자본주의가 발달함에 따라 기업(企業)이 그 중심이 되었다. 동시에, 민사책임의 부담자 내지 주체도 개인에서 기업으로 옮겨져 간다.

이에 대하여, 민법의 불법행위책임 법규는 개인책임을 중심으로 구성되어 있다. 따라서 예외적으로 무과실책임이 인정되는 경우, 즉 공작물책임(민법 753), 원자력책임(원자력손해배상법 3), 광해책임(鑛害責任-광업법 91), 공공시설 내지 영조물책임(營造物責任) 등을 제외하고, 기업이나 단체의 구성원의 누군가에게 과실이 없는 한, 기업이나 단체는 책임을 지지 않아도 되게 되어 있다.

그런데 특히 기업책임이 문제로 되는 경우에는, 특정한 구성원의 과실로 손해가 생기는 것 보다는 많은 구성원의 과실이 쌓여 큰 손해가 생기는 수가 많은데, 그것은 널리 기업(企業) 측의 과실(過失)로 파악할 수 있는 것이다.

(나) 기업책임과 보험

책임의 주체가 개인으로부터 기업으로 옮아가면, 기업으로서는 손해배상의 위험에 대하여 미리 보험(保險)을 걸어 이를 회피할 수 있게 된다.

기업이 지급하는 보험료(保險料)는 제품이나 서비스의 판매가격에 가산되어, 결국에 가서는 국민 전체의 부담으로 된다. 국가나 공공단체가 손해배상을 하는 경우도, 그것은 종국적으로 세금으로 처리되기 때문에 역시 국민 전체가 부담하게 된다.

(다) 손해배상책임의 이행보장

나아가, 국가로서도 일정한 위험한 기업과 개인에게 강제적으로 책임보험을 걸 의무를 지움으로써, 피해자의 구제(救濟)의 실효성을 높여가고 있다(자동차손해배상보장법 5·원자력손해배상법 7·화재로 인한 재해보상과 보험가입에 관한 법률 5).

이와 같은 책임보험(責任保險)의 발달에 의하여 법률상의 민사책임(民事責任)의 주체와 경제상(經濟上)의 주체와의 분리가 생기고, 책임은 사회적(社會的)으로 분산되어 자기책임(自己責任)의 원칙의 존재의의를 재검토하게 되었다.

(라) 민사책임과 기업위험보험

책임보험(責任保險)이라고 하더라도, 이는 민사책임(民事責任)의 존재를 전제로 함으로써, 민사책임이 성립되지 않으면 보험은 발동되지 않고 피해자는 구제되지 않는다.

그래서 피해자의 구제에 만전을 기하기 위해서는, 다시 나아가 사고로 손해가 생긴 경우에는 민사책임을 문제로 삼지 않고 모든 기업위험(企業危險)을 보험에 의하여 해결하여야 한다는 제안이 나올 수 있다.

2. 사무관리

가. 사무관리의 의의

사무관리(事務管理)란, 보통 쓰이는 말과 다른 의미를 가진 법률상의 용어로서, 법률상의 의무가 없이 다른 사람 곧 본인(本人)을 위하여 그 사람에게 속하는 일을 처리하여 도움을 주는 것을 말한다(민법 734 이하). 이는 사무관리자가 그것에 들인 필요비(必要費) 또는 유익비(有益費)를 본인에 대해 청구할 수 있는 권리, 즉 「사무관리비용 상환청구권(事務管理費用償還請求權)」이라는 채권의 발생원인인 법률요건(法律要件)이다.

예컨대, 집을 잠깐 비워두고 외출한 사이에 그 집의 수도꼭지가 고장이 나서 물이 온 집에 가득하게 흘러넘치고 있어서 이웃집 사람이 그 집으로 들어가 고쳐 주었다. 그 때 수도꼭지가 도저히 다시 사용할 수 없을 정도로 못 쓸 것이어서 3,000원짜리 수도꼭지를 사서 새로 끼워주었다면, 그 이웃사람은 외출에서 돌아온 사람에 대해 그 대금 3,000원을 사무관리비용(事務管理費用)으로 청구할 수 있는 것이다.

나. 사무관리자의 의무

다른 사람을 위하여 사무를 처리할 때에는, 사무(事務)의 성질(性質)에 좇아 그 사람에게 가장 이익(利益)이 되는 방법으로 처리하여야 하고, 만일 다른 사람의 의사를 알 수 있었다면 그 의사(意思)에 적합하게 처리하여야 한다(민법 734).

3. 부당이득

가. 부당이득의 의의

어떤 사람이 매매계약으로 산 물건을 인도받기 전에 대금을 먼저 주었는데, 후에 가서 그 매매가 취소된 경우 물건을 판 매도인(賣渡人)은 물건을 산 사람 곧 매수인(買受人)에게 물건을 인도하여 소유권을 이전해 주지 않고 대금만 받은 것이 된다. 이와 같은 매도인의 경우처럼 법률상의 원인(*이 예에서, 유효한 매매계약)이 없이 다른 사람의 손실로 이익을 얻는 것을 「부당이득」(不當利得)이라고 한다(민법 741).

부당이득을 그대로 두는 것은 불공평하기 때문에, 민법에서는 부당이득자인 「수익자」(受益者)에게 그 이득을 반환할 의무를 지우고 있는 것이다. 따라서 부당이득은 부당이득의 반환에 관한 권리의무관계의 형성원인인 법률요건(法律要件)이다. 이를 권리의 면에서 파악하면, 손실을 입은 자의 부당이득자에 대한 「부당이득 반환청구권(不當利得返還請求權)」이라는 채권의 발생원인이 되는 것이다.

나. 이득의 반환범위

부당이득으로 반환하여야 할 이득의 범위는, 수익자가 선의(善意)이면 받은 이익이 현존(現存)하는 한도에서 반환하면 되지만(민법 748①), 악의(惡意)의 수익자는 받은 이익에 이자를 붙여서 반환하여야 하고, 또 손실자에게 손해(損害)가 있으면 그 손해까지도 배상하여야 한다(민법 748②).

예컨대, A가 B로부터 빌린 10만원을 이미 갚았는데, 그 사실을 깜박 잊고 다시 10만원을 이중(二重)으로 갚고 B도 그 사실을 모르고 받았다고 하면, B는 10만원의 부당이득을 얻은 것이 된다. B가 이 10만원을 이미 다 써버리고 없다면 돌려주지 않아도 되고, 10만원 중에서 7만원은 쓰고 3만원을 가지고 있다면 이 3만원만 부당이득으로 돌려주면 되는 것이다.

다. 불법원인급여

그런데 불법한 원인으로 재산을 주거나 노무를 제공하는 것을 「불법원인급여(不法原因給與)」라고 한다. 이러한 급부를 한 자는 불법원인(不法原因)이 오직 이득(利得)을 입은 수익자(受益者)에게만 있는 경우(*예컨대, 금제품인 마약을 사실을 모르는 사람에게 판 경우)를 제외하고, 그 급부한 것을 부당이득(不當利得)으로 반환을 청구할 수 없다(민법 746).

예컨대, A와 B가 노름(*도박)을 하여 A가 져서 100만원을 지급하게 된 경우, 이는 사회의 질서와 선량한 풍속에 위반한 것이기 때문에 절대무효(絶對無效)이다. 따라서 A는 B에 대하여 100만원을 줄 필요가 없다. 그런데도 A가 이미 100만원을 주었다면, 이제 B의 부당이득이 되어 본래라면 A가 반환청구를 할 수 있어야 할 것이지만 B가 받은 100만원 역시 불법한 원인으로 급부된 것이므로, A는 B에게 그 반환을 청구할 수 없다. 만일 A의 반환청구를 인정한다면, 그것은 법률로 금지하고 있는 짓을 하면서 법의 보호를 받는 것이 될 것이다.

V. 시 효

1. 시효제도의 의의

가. 시효의 개념

A가 B보험회사와의 보험계약에 의한 보험금을 받아가라는 B회사의 통지를 받고도 가만히 있다가 2년을 넘긴 후에 B회사에 찾아가서 보험금을 달라고 청구한 경우, B회사는 처음부터 보험금을 주어야 할 의무(*보험금 지급의무)를 지지 않았던 것처럼 그 청구를 거절할 수 있다. A는 보험자한테 보험금을 받아갈 수 있는 2년의 기간(상법 662 전단)이 지나 B회사에 대한 보험금 지급청구권이라는 채권이 소멸했기 때문이다. 그리고 甲이 어쩌다가 자기 이름으로 잘못 등기되어 있는 남의 땅(*토지)이 자기 것이라고 믿고 10년 동안 아무 탈 없이 가지고(*점유하고) 있었다면, 甲은 그 땅을 점유하기 시작한 때부터 그 토지에 대한 「소유권」(所有權)을 취득한다(민법 245②).

이들 예에서, A와 같이 상당한 기간에 걸쳐 권리(權利)를 주장(*행사)하지 않고 마치 권리가 없는 것처럼 내버려 둔 때에는 그 권리를 주장할 수 없게 되고, 또 甲과 같이 정당한 권리자가 아닌 자라도 상당한 기간에 걸쳐 권리자(權利者)인 것처럼 행사해 온 때에는 정당한 권리자로 인정되는 것이다. 이와 같은 법률효과를 가져오는 법제를 「시효」(時效)라고 한다.

나. 시효제도의 취지

시효제도가 인정되는 이유로 여러 가지를 들 수 있다.

먼저, 진실(眞實)한 법률관계(法律關係)와 다른 실제의 상태(*사실상태(事實狀態))가 오래 계속되면 일반 사람들이 그 사실상태를 법률적으로도 정당하다고 믿게 되고 그것을 바탕으로 여러 가지 법률관계를 형성해 가기 때문에 후일에 가서 그것이 잘못되었다고 뒤엎으면 법률관계에 혼란을 가져오게 된다.

또 시간이 오래되면 진실한 법률관계를 밝힐 증거(證據)가 날아가버려 찾기가 어렵게 된다는 것, 장기간 계속된 사실상태는 일반적으로 진실한 법률관계와 일치될 가능성이 많다는 것도 시효제도를 인정하는 이유이다.

특히, 소멸시효(消滅時效)의 경우 오랫동안 권리를 행사하지 않으면, 이른바 「권리(權利) 위에 잠자고 있는 자」로서 굳이 보호할 가치가 없다는 것을 시효제도의 근거로 든다.

2. 시효의 종류와 진행・완성・기간

가. 소멸시효와 취득시효

시효에는, 위에 든 예의 A의 B회사에 대한 보험금 지급청구권의 경우와 같이 권리소멸의 원인이 되는 「소멸시효(消滅時效)」 및 甲의 소유권의 경우와 같이 권리취득의 원인이 되는 「취득시효(取得時效)」가 있다.

취득시효는 일정한 기간 물건(동산・부동산) 또는 권리를 사실상 지배하고 있는 상태 곧 「점유(占有)」가 계속되면 인정되는데, 그 대표적인 것이 민법상의 소유권의 취득시효(민법 245~248)이다.

나. 시효의 진행과 완성

법에서 규정하고 있는 기간(*「시효기간」이라고 한다)이 경과하여 시효로 권리의무가 소멸하는 것 또는 권리를 취득하게 되는 것을 「시효의 완성(完成)」이라고 하고, 그 때까지의 시효기간이 계속해서 경과해 가는 것을 「시효의 진행(進行)」이라고 한다.

다. 시효기간

취득시효도 시효제도의 일종으로 중요한 것이지만, 일반적으로 시효라고 하면 소멸시효(消滅時效)를 가리킨다. 소멸시효의 완성에 필요한 기간 곧 「시효기간(時效期間)」은 권리에 따라 민법과 상법 등의 법률에서 여러 가지로 규정하고 있다.

예컨대, 채권(債權)의 소멸시효기간은 원칙적으로 10년이지만(민법 162①), 상거래상(商去來上)의 채권은 5년(상법 64본문), 상품대금채권(商品代金債權)은 3년(민법 163ⅵ), 보험가입자의 보험금 지급청구권과 보험자의 보험료 지급청구권은 각각 2년과 1년(상법 662)이다.

채권 이외의 권리의 시효기간은 20년이고, 소유권은 소멸시효에 걸려 소멸하는 일이 없다(민법 162②).

소멸시효의 완성으로 이익을 받을 수 있는 자는 시효(時效)의 이익(利益)을 미리 포기할 수 없으며, 또 법률행위로 이를 배제·연장 또는 가중할 수 없고, 다만 단축 또는 경감은 할 수 있다(민법 184).

3. 시효의 중단과 정지

가. 시효의 중단

시효의 완성(完成)에는 일정한 사실상태가 계속되어야 하기 때문에, 만일 시효기간(時效期間)이 다 차기 전에 그 사실상태를 뒤엎을만한 사실이 생긴 때에는 시효의 진행은 그치게 되고, 그 때부터 다시 시효기간의 진행 또는 완성을 따져야 한다. 이를 시효의 「중단(中斷)」이라고 한다.

예컨대, A가 B보험사로부터 보험금을 받아가라는 통지를 받고 1년 11개월이 지났기 때문에 1개월만 더 있으면 A의 보험청구권이 소멸하는데, 그 1개월을 남기고 A가 B회사에 대하여 보험금의 지급을 청구하였다. 이러한 경우 B회사가 곧 보험금을 지급하겠다고 한 때에는, 그 청구 또는 채무의 승인으로 시효가 중단되며, 그 때부터 다시 2년이 지나지 않으면 시효가 완성되지 않는다.

시효중단(時效中斷)의 사유는, 권리자의 상대방에 대한 청구(*이는 소(訴)의 제기의 경우와 같은 재판상의 청구(민사소송법 265)가 아닌 독촉 곧 최고(催告)를 한 경우에는 그로부터 6개월 내에 재판상의 청구 등을 해야 한다－민법 174), 상대방의 재산에 관한 압류(押留)·가압류(假押留)·가처분(假處分), 상대방에 의한 권리의 승인(承認) 등이다(민법 168·247②).

나. 시효의 정지

시효의 완성이 임박하고 있는 데도 천재지변으로 인하여 권리자가 시효의 중단행위를 할 수 없는 때에는 그 사유가 없어진 때로부터 1개월 동안은 시효의 완성이 일시적으로 유예된다. 이를 시효의 「정지(停止)」라고 한다(민법 182).

이미 경과한 시효기간은 시효중단의 경우처럼 허사가 되는 것이 아니라, 그 유예기간(猶豫期間) 이후에 진행되는 기간은 이미 진행된 기간과 합산하여 시효의 완성을 따지게 된다. 따라서 위 예에서 1년 11개월이 지난 때에 시효의 정지 사유가 있었다면 유예기간이 종료된 때로부터 1개월이 지나면 시효가 완성되는 것이다.

다. 제척기간과 제소제한기간

소멸시효와 비슷하면서도 서로 구별하여야 할 것으로 「제척기간(除斥期間)」이 있다. 이는 그 권리 자체에 관한 예정된 존속기간으로, 일정한 기간이 지나면 권리가 소멸하는 점이 소멸시효와 마찬가지이지만, 소멸시효의 경우와 달라 「중단(中斷)」 또는 사전의 「포기(拋棄)」의 문제가 없다.

예컨대, 보험계약자 등이 고지의무(告知義務) 등을 위반하는 경우 보험자가 보험계약을 해지(解止)할 수 있는 기간(상법 651 본문 · 652 · 653 등), 선박우선특권의 실행기간(상법 786) 등이 그 예이다.

또 소멸시효에 준하는 권리의무의 소멸원인과 관련하여 「제소기간(提訴期間)」 또는 「제소제한기간(提訴制限期間)」이 있다. 해상운송인의 수하인 등에 대한 운임청구권 또는 해상운송인에 대한 수하인 등의 손해배상청구권은 원칙적으로 운송물의 인도일 또는 인도예정일로부터 1년 내에 재판상의 청구를 하지 않으면 소멸하는 경우(상법 814①)가 그 예이다.

제 5 장 권리의무의 실현

Ⅰ. 권리의무관계의 분쟁

1. 사법상의 분쟁

사람은 사법적(私法的)으로는 권리(權利)를 취득하고 의무(義務)를 부담하면서 살아간다. 이렇게 취득하고 부담하게 된 권리의무가 제대로 실현되어야 법을 통해 추구하는 사회생활의 질서가 유지되고 원만한 법률관계(法律關係)의 생활이 보장될 수 있다.

사법상 권리의무의 실현은 앞에서 언급한 바와 같이 권리의 「행사(行使)」와 의무의 「이행(履行)」을 가리킨다. 이러한 권리의무의 실현이 제대로 되지 않으면 권리의무관계의 당사자 간에 법적인 분쟁(紛爭)이 생기게 된다.

법적분쟁은 주로 권리의 실현이 제대로 안되어서 생기며, 분쟁이 생기면 누구보다도 답답한 자는 권리자이기 마련이다. 그 분쟁은 법이 보장하는 생활상의 이익(利益)을 본체로 하는 권리를 침해 당한 것이 되기 때문이다. 채무불이행과 관련하여 채무자가 채무를 이행하기 위한 「변제(辨濟)의 제공」에 대해 채권자의 「수령지체」 또는 「채권자지체」의 경우와 같이, 채무자를 보호하기 위한 법적구제 문제가 없는 것은 아니다. 그러나 대부분의 분쟁은 권리자(權利者)가 권리를 행사해도 그에 의한 실현이 제대로 되지 않거나 권리를 침해당해 불이익(不利益)을 입게 되어 생기는 것이다.

예컨대, 대인적(對人的)인 청구권인 채권(債權)의 경우 채권자의 권리 침해에 관한 분쟁은 주로 채무자의 채무불이행으로 생긴다. 이와 관련하여, 채권의 발생원인인 계약의 무효・취소・해약・소멸 등도 다투어질 수 있다. 그리고 인격권・물권・지적재산권과 같은 지배권 내지 절대권(*또는 대세권)의 경우에는, 누구로부터도 침해 당할 수 있고, 또한 그 침해에 관한 불법행위의 성립

유무와 그것으로 인한 손해배상청구권(損害賠償請求權)의 실현을 둘러싸고 분쟁이 발생한다. 또 소유권 등의 물권을 침해 당한 경우 그 반환(返還) 또는 방해의 배제(排除)나 예방(豫防)과 관련된 분쟁도 있을 수 있다.

2. 분쟁의 사전적 예방

사법적인 분쟁에 대한 대책으로는, 사전적으로 예방조치와 사후적인 해결방법으로 나눌 수 있다. 법적분쟁의 사후적인 해결에 대해서는 뒤에서 살펴보기로 하고, 여기서는 사전적인 예방에 관해 간단히 언급한다.

분쟁이 발생한 경우 그대로 방치할 수 없고 상대방과 다투게 되면 시간과 비용·노력을 들여야 하고 그로 인해 정상적인 경제활동에 지장을 주게 된다. 따라서 법적인 분쟁을 미연에 방지하기 위한 사전의 예방조치를 취하도록 하는 것이 중요하다.

경제활동을 활발히 함으로써 분쟁에 말려들 가능성이 높은 기업(企業)의 경우 분쟁을 방지하기 위해서는, 법률관계를 항상 명확히 하도록 하여야 한다. 특히, 계약을 체결할 때에는 상대방의 신용을 충분히 조사하고 계약의 내용을 신중히 검토하여 합의의 내용에 의문이 없도록 미리 여러 관련자와 전문가와 상담하여 그 조언을 받을 필요가 있다.

원칙적으로 계약은 당사자의 합의(合意)만으로 성립하는 불요식(不要式)의 법률요건이지만, 후일 계약의 성립과 내용에 관한 다툼이 생길 때 증거로 삼기 위해, 문서(文書) 곧 계약서를 작성하고 당사자 본인(本人) 또는 대리인이나 대표자의 서명 내지 기명날인을 확인하여야 한다. 그 서명이나 기명날인에 관한 다툼이 없도록 그 진정성(眞正性) 여부를 확인하고 인감증명서(印鑑證明書)를 첨부하게 하는 것도 필요하다.

계약관계 내지 법률관계의 진정성을 확보하기 위해서는, 문서를 「공정증서(公正證書)」로 작성하거나, 당사자가 작성하는 「사서증서(私署證書)」에 대해 공증인(公證人)의 「인증(認證)」을 받아두면 좋다. 「공증인(公證人)」은 당사자 기타의 관계자의 촉탁(囑託)에 의하여 법률행위 기타 사권(私權)에 관한 사실에 대한 공정증서의 작성, 사서증서에 대한 인증 등의 사무를 처리하는 것을 직무로 하는 「판사·검사 또는 변호사의 자격을 가진 자」를 말한다(공증인법 2

· 12).

「공정증서」는 공증인에 의해 엄격한 절차에 따라 작성되어 강한 「증거력」(證據力)을 가진 것으로, 진정한 공문서(公文書)로 추정(推定)되고, 상대방이 그 기재(記載)에 대해 다툴 수 없다. 따라서 이를 미리 만들어 두면 분쟁을 미연에 방지할 수 있다. 이 공정증서보다도 간편한 방법은 「사서증서(私署證書)」를 공증인에게서 「인증」을 받아두는 것이다. 주식회사의 설립을 위한 「정관(定款)」은 상법에 의해 반드시 공증인의 인증을 받게 되어 있다(상법 292).

이러한 인증(認證)은 당사자가 공정인의 면전(面前)에서 증서에 서명 또는 날인하게 하거나, 또는 증서에 이미 서명 또는 날인이 되어 있는 때에는 본인이나 대리인으로 하여금 그 서명 · 날인이 당사자가 한 것임을 확인하게 하여 공증인이 그 뜻을 증서에 기재함으로써 행한다(공증인법 57). 공증인이 인증한 문서는 진정하게 성립한 문서로 취급되기 때문에, 이를 통하여 분쟁을 방지할 수 있을 뿐 아니라, 나중에 언급하는 바와 같이 강제집행을 위한 「집행권원(執行權原)」으로도 매우 유용한 것이다.

Ⅱ. 분쟁의 해결방법

1. 당사자 간의 화해

분쟁이 발생한 경우 국가기관이나 제3자가 개입하지 않고 분쟁의 당사자(當事者)가 서로 양보하여 분쟁을 종지(終止)하기로 합의함으로써 분쟁을 해결할 수 있다. 이렇게 분쟁을 해결하는 방법이 앞에서도 언급한 민법상의 「화해(和解)」이다(민법 731).

이러한 화해에 의해 권리가 없다고 인정된 경우에는, 후에 권리가 있다는 「확증(確證)」이 나오더라도 그 없다고 한 권리가 부활하는 것은 아니다(민법 732). 바꾸어 말하면, 후에 가서 화해로 결정된 것에 사실이 아니라는 증거가 나온 경우에도 이미 화해로 결정된 것은 변경할 수 없는 것이다. 그리고 화해는 화해 당사자의 자격 또는 화해의 목적인 분쟁 이외의 사항에 관한 착오의 경우를 제외하고, 「착오(錯誤)」를 이유로 계약을 취소하지 못한다(민법 733).

그러나 화해는 어디까지나 사적(私的)인 민법상의 계약(契約)이기 때문에, 분쟁을 바로 종결시키는 효력은 없다. 만일 당사자의 일방이 화해의 내용에 불만을 가지고 소송(訴訟)을 제기한다면, 상대방은 화해계약서(和解契約書)를 증거로 제출할 수 있을 뿐이다.

2. 소송 외의 분쟁해결

가. ADR의 의의

당사자가 화해로 분쟁을 해결할 수 없는 경우에는, 최종적으로는 재판(裁判)에 의해 분쟁을 해결하게 된다. 그러나 그러기 전에 제3자가 개입하여 분쟁을 해결하는 방법이 있다. 이러한 분쟁 해결의 방법을 영어(Alternative Dispute Resolution)의 이니셜 그대로 사용하여 ADR이라고 한다. 이는 「소송대체적 분쟁해결(訴訟代替的紛爭解決)」이라고 번역할 수 있을 것이다.

ADR은 재판에 의한 해결의 경우와 비교하여, 저렴한 비용으로 단기간에 분쟁을 해결할 수 있고, 또 형식논리적으로 법규의 적용에만 매달리지 않을 수 있다는 점 등을 이점(利點)으로, 오늘날 점점 중시되어 가고 있다. 이러한 ADR으로는, ① 재판상의 화해, ② 조정, ③ 중재 등이 인정되고 있다.

나. 재판상화해

「재판상화해(裁判上和解)」는 법원에서 「법관(法官)」 곧 판사가 당사자 간에 개입하여 서로 양보하도록 하고 그것에 대해 당사자가 합의를 함으로써 성립한다. 재판상화해에는, ① 소송상화해와 ② 제소전화해가 있는데, 보통은 ①의 경우가 많다.

「소송상화해(訴訟上和解)」는 일단 「소(訴)」가 제기되어 소송(訴訟)의 진행 중에, 법원에서 민사상의 다툼의 당사자가 서로 그 주장을 양보하도록 하여 분쟁을 해결하는 것이다. 이는 당사자의 자주적(自主的)인 해결이고, 법원으로서도 심판의 수고를 하지 않아도 되게 된다. 따라서 화해를 장려하기 위해 법원은 소송이 어느 정도로 진행되고 있는가를 묻지 않고 화해를 권고할 수 있는 것이다(민사소송법 145·225).

「제소전화해(提訴前和解)」는 민사상의 다툼에 관해 화해하고자 하는 당사자가 소를 제기하기 전에 상대방의 소재지를 관할하는 법원에 나와 청구의 취지·원인과 다투는 사정을 밝히고 화해를 신청함으로써 이루어진다(민사소송법 385).

재판상화해가 성립하지 않으면, 소송상화해의 경우 소송절차가 그대로 속행(續行)되며, 제소전화해의 경우에는 당사자 쌍방의 소제기의 신청에 의해 소송으로 옮겨질 수 있는데 이 제소(提訴)는 화해를 신청한 때로 소급하여 효과가 있다(민사소송법 388).

재판상화해가 성립하면 화해의 내용을 기재한 「조서(調書)」가 작성되는데, 이 「화해조서(和解調書)」는 「확정판결(確定判決)」과 같은 효력이 있다(민사소송법 220). 따라서 재판외의 민법상의 화해의 경우와 달라, 이를 집행권원(執行權原)으로 하여 바로 「강제집행(强制執行)」을 할 수 있는 것이다(민사집행법 24·56 v). 여기서 말하는 화해조서를 포함한 소송법상의 「조서(調書)」는 소송절차의 경과와 내용을 공증하기 위해 절차에 입회한 법원사무관이 작성하는 「공문서(公文書)」를 말한다(민사소송법 152 이하 등).

다. 조 정

화해는 「당사자끼리의 합의(合意)」에 의한 분쟁의 해결방법이기 때문에, 당사자의 이해(利害)가 서로 달라 합의에 이르지 못하면 분쟁은 해결되지 않는다. 이에 대해, 「조정(調停)」은 제3자인 조정위원회(調停委員會)에서 알선·제시하는 조정안(調停案)을 당사자가 서로 이해·양보의 정신으로 받아들임으로써 다툼을 해결하는 것이다. 「민사조정법(民事調停法)」이 조정에 관한 기본적인 법률인데, 가족법상의 조정은 「가사소송법(家事訴訟法)」 속에 규정되어 있다.

조정위원회는 판사 중에서 지정된 1인의 「조정장(調停長)」과 양식(良識)있는 민간인으로 선정된 2인 이상의 조정위원으로 구성한다(민사조정법 8~10, 가사소송법 52).

조정(調停)은 원칙적으로 당사자가 법원에 조정을 「신청(申請)」함으로써 개시하는 것이 원칙이지만(민사조정법 2, 가사소송법 49), 일단 소송이 계속(係屬) 중이더라도 법원이 조정에 붙이는 것이 적당하다고 인정하는 경우에는 항소심(抗訴審) 판결의 선고 전까지 사건을 직권(職權)에 의한 「결정」(決定)으로 조정절차를 취할 수 있다(민사조정법 6).

다만, 혼인·이혼의 취소, 인지(認知－부모자녀 간 등의 가족관계가 있다는 것을 확인하는 것)·입양(入養－양자로 들이는 것) 등의 무효·취소에 관한 다툼에 대해 소(訴)를 제기하려고 하는 사람은 먼저 조정의 신청을 하여야 한다(가사소송법 50①). 조정을 신청하지 않고 바로 소를 제기한 경우에는, 법원은 그 사건을 가정법원의 조정에 회부하여야 한다(가사소송법 50②). 이를 가사분쟁에서의 「조정전치주의(調停前置主義)」라고 한다.

조정의 절차는 원칙적으로 당사자 본인이 직접 조정위원회에 나와 비공개의 간담(懇談)의 형식으로 분쟁의 실정에 대한 이야기를 나누면서 진행한다(민사조정법 20·22, 가사소송법 49). 이로써 조정위원은 당사자의 말을 듣고 어떻게 분쟁 사건을 해결할 것인가를 깊이 생각하여 양측의 타협점을 찾도록 노력한다. 조정위원회가 제시한 해결방법으로 조정안을 당사자가 받아들이면, 조서에 기재되어 조정이 성립한다. 「조정조서(調停調書)」의 기재는 「재판상화해」가 성립한 것과 같은 효력이 있다(민사조정법 28·29, 가사소송법 59). 그 결과, 기판력(既判力) 있는 「확정판결」의 경우처럼 「집행권원」이 될 수 있는 것이다.

조정은 당사자의 합의가 강제(强制)되는 것은 아니기 때문에, 조정위원회의 조정안을 당사자가 받아들이지 않으면 조정은 성립되지 않는다. 당사자의 신청에 의한 민사조정(民事調停)에서 조정 불성립의 경우 신청인이 조정의 목적이 된 청구에 대해 소(訴)를 제기한 때에는 조정신청을 한 때로 소급하여 소가 제기된 것으로 취급된다(민사조정법 36).

그러나 조정은 당사자의 「상호 이해와 양보」('相互解諒')를 기초로 하는 것이므로, 당사자가 자기의 주장을 굽히지 않고 조금도 양보를 하지 않은 경우 아주 조그마한 차이 때문에 조정이 성립하지 않을 수 있다. 그렇게 되면 그 때까지의 절차가 아무 보람이 없고 조정제도 자체가 무력(無力)한 것이 되고 만다. 이와 같은 경우, 법원은 조정위원의 의견을 들어 당사자의 신청의 취지에 어긋나지 않는 한도에서 공평한 해결을 위한 조정에 갈음하는 「결정」(決定－법원의 판결 이외의 재판)을 하여야 한다(민사조정법 30, 가사소송법 49). 당사자 또는 이해관계인이 이 결정의 고지(告知)를 받은 날부터 2주간 내에 「이의신청(異議申請)」을 하지 않으면 법원의 결정은 재판상화해와 같은 효력을 가진다(민사조정법 34④, 가사소송법 49). 이 기간 내에 이의신청을 한 때에는 결정은 효력을 잃는다(민사조정법 34①~③, 가사소송법 49).

라. 중 재

중재(仲裁)는 「중재법(仲裁法)」에 의한 분쟁의 해결방법이며, 당사자가 제3자인 중재인(仲裁人)에게 분쟁의 해결을 의뢰하여 그 판단에 따라 분쟁을 해결하는 ADR의 대표적인 제도이다. 조정(調停)이 당사자 사이에 국가기관(*법원)이 개입하여 그 합의의 성립을 위해 돕는 것인 데 대해, 중재의 경우에는 그 개입이 사인(私人)인 제3자에 의해 행해지는 점에 특색이 있다. 상거래(商去來)에 관한 분쟁을 중재로 해결하는 데 이바지하고 있는 민간기구로 「대한상사중재원(大韓商事仲裁院)」이 있다.

중재는 당사자 간에 분쟁의 해결을 중재인(仲裁人)에게 맡겨 그 판단에 따르기로 하는 중재계약(仲裁契約) 또는 중재합의(仲裁合意)가 있어야 한다. 다시 말하면, 중재는 이미 발생한 민사상의 분쟁 또는 장래에 발생하는 일정한 법률관계에 관한 분쟁의 전부 또는 일부의 해결을 1인 또는 2인 이상의 중재인에게 맡겨 그 판단(*이를 「중재판단(仲裁判斷)」이라고 한다)에 따르기로 하는 뜻의 합의(*이를 「중재계약」 또는 「중재합의」라고 한다)를 기초로 하는 것이다(중재법 3). 상거래(商去來), 특히 국제거래(國際去來)의 경우에는 계약서 또는 약관(約款)에 미리 「중재조항(仲裁條項)」을 기재 또는 삽입하여 분쟁을 중재에 붙이기로 하는 예가 많다.

중재합의가 이루어진 경우에는, 당사자의 의사를 존중하여 합의의 대상이 되고 있는 분쟁에 대해 소(訴)가 제기되더라도, 법원은 「피고(被告)」의 신청에 의해 소를 각하(却下)하여야 한다(중재법 9). 다만, 중재절차를 원활히 진행하고 그 적법성(適法性)을 확보하기 위해, 당사자는 중재인을 선임할 수 없는 때에 법원에 그 선임을 구하는 등 법원의 판단 내지 도움을 구할 수 있다(중재법 12).

중재인이 중재절차를 통해 당사자 간의 분쟁에 대해 행한 중재판단(仲裁判斷)은 「확정판결」과 같은 효력이 있다(중재법 35). 다만, 중재판단에 의해 「민사집행(民事執行)」을 하기 위해서는 법원의 「집행판결(執行判決)」을 받아야 한다(중재법 37①).

3. 소송에 의한 분쟁해결

가. 소송의 의의

(1) 소송의 개념

이상의 방법으로 분쟁이 해결되지 않는 경우에 생각할 수 있는 방법은 권리자가 권리를 침해한 상대방을 상대로 스스로 권리를 실현하는 이른바 「자력구제(自力救濟)」이다. 이를 인정하게 되면 폭력이나 협박이 수반되어 평화를 해치고 힘이 지배하는 사회가 되고 말 것이다. 따라서 현대의 법의 지배 아래에 있는 문명사회에서는, 아주 예외적인 경우(*예컨대, 물건을 부당히 빼앗긴 사람이 즉시 가해자를 쫓아가서 물건을 되찾아 오는 경우－민법 209 참조)를 제외하고 자력구제는 인정되지 않는다.

따라서 권리의 실현을 위한 구제조치는 국가 공권력(公權力)의 행사를 통해 행해져야 한다. 이와 관련하여, 국가권력이 남용되어서도 안되기 때문에, 이를 실행하기 전에는 신중한 심사와 심리가 필요하다. 그것이 법원을 통한 소송 내지 그 재판절차인 것이다.

소송(訴訟)은 법원에 의한 공적판단(公的判斷)이 분쟁의 당사자 쌍방을 강제적으로 구속하고, 나아가 그 내용을 공권력(公權力)에 의해 강제적으로 실현시킬 수 있도록 하는 것을 말한다. 이로써 분쟁을 최종적으로 해결할 수 있는 것이다.

앞에서 말한 소송 외의 분쟁 해결방법은, 화해나 조정의 경우 당사자의 합의가 필요하고, 또한 중재도 중재합의를 기초로 하는 것이기 때문에, 상대방의 의사(意思)에 반하여 분쟁을 해결할 수 없다. 따라서 소송 외의 분쟁 해결은 최종적인 해결방법이 아니며, 사인(私人) 간의 분쟁을 국가권력에 의해 최종적(最終的)으로 해결하는 방법으로 민사소송(民事訴訟)의 제도가 마련되어 있는 것이다.

「소(訴)」는 법원에 의해 분쟁을 해결해 달라고 하소연하는 것을 가리키고, 「송(訟)」은 서로 따지고 말다툼을 하게 되는 것이기 때문에, 「소」와 「송」을 합한 「소송(訴訟)」은 그렇게 법원에 호소해서 논쟁을 하는 것을 의미한다. 그래서 법원에 하소연해 그 판결을 구하는 것을 "「소」를 제기한다"고 하고 "「소송」을 제기한다"고 하지 않는다. 「소송」은 소를 제기하는 것과 그 후에 진행되는 절차, 그리고 법원이 해결책으로 내놓는 재판(*판결・결정 등)까지를 합쳐서 일컫는 말임에 유의할 필요가 있다.

소송에서 소를 제기하는 자를 「원고(原告)」라고 하고, 그 상대방을 「피고(被告)」라고 한다. 원고 또는 피고가 될 수 있는 일반적인 자격을 「당사자능력(當事者能力)」이라고 하는데, 민법상의 권리능력자인 「자연인(自然人)」과 「법인(法人)」에게는 모두 당사자능력이 인정된다(민사소송법 51). 또 「법인격이 없는 사단 또는 재단」도 대표자(代表者) 또는 「관리인(管理人)」을 결정하고 있으면 그 명의로 소를 제기할 수 있고(*「제소(提訴)」), 또 그 소에 응할 수 있는 것(*「응소(應訴)」)이다(민사소송법 52).

이와 같은 당사자능력이 있어도, 단독으로 소장(訴狀)을 제출하고 법정(法庭)에 나가 변론(辯論) 등의 소송행위(訴訟行爲)를 하기 위해서는 「소송능력(訴訟能力)」이 있어야 한다. 소송능력의 유무는 민법과 그 밖의 법령에 의하여 결정된다(민사소송법 51). 민법상의 행위능력자는 소송능력이 있다. 행위무능력자는, 미성년자나 한정치산자는 법정대리인의 동의를 얻더라도 단독으로 소송행위를 할 수 없으며, 독립하여 법률행위를 할 수 있는 경우(민법 5①단서·6·8·10)를 제외하고 오직 법정대리인(法定代理人)에 의해서만 소송행위를 하게 되는 것이다(민사소송법 55).

우리나라는 「변호사강제주의(辯護士强制主義)」를 채용하지 않고 이른바 「본인소송(本人訴訟)」의 원칙을 취하고 있기 때문에, 소송당사자는 소송능력이 있으면 어느 심급(審級)에서도 본인이 스스로 소송행위를 할 수 있다. 다른 사람에게 소송행위를 위임한 때에는, 변호사(辯護士)만 소송대리인이 될 수 있다(민사소송법 87). 다만, 단독판사가 심리·재판하는 사건 가운데 「소가(訴價)」가 2,000만원 이하인 사건에서는 당사자의 배우자·직계혈족·형제자매 등 사건마다 법원의 허가를 받아 변호사가 아닌 사람을 소송대리인으로 선임할 수 있다(민사소송법 88, 소액사건심판법 8).

(2) 재판의 기초적 용어

소송에 의한 분쟁의 해결은 법원 또는 법원의 판사(*법관)의 「재판(裁判)」으로 이루어진다. 재판을 하는 법원 내지 법관을 「재판기관」이라고 한다. 재판과 관련해서는, 알아두어야 할 여러 가지 용어가 있다. 여기서 그 중요한 몇 가지에 관해 간단히 언급한다.

법원 내지 재판기관이 행하는 판단행위나 의사표시를 널리 「재판(裁判)」이라고 하며, 재판에는 판결·결정·명령 등이 있다. 이들은 재판의 대상·주체, 심리방식, 고지방법, 불복신청방법 등에 차이가 있다.

「판결(判決)」은 소송의 중요한 사항에 관한 재판인데, 원고의 청구 그 자체에 관해 판단하는 「본안판결(本案判決)」과 소송요건의 흠결(*欠缺－빠지거나 잘못된 경우) 때문에 청구 자체에 대해서는 심리하지 않고 소(訴)를 부적합(不適合)하다고 각하하는 「소송판결」이 있다. 판결은 원칙적으로 구두변론을 기초로 하여야 하며, 「선고(宣告)」 또는 「언도(言渡)」에 의해 고지하고 법원의 직권으로 당사자에게 송달한다. 이에 대한 불복은 「상소(上訴－*항소·상고)」이다.

「본안판결(本案判決)」은 원고의 청구를 인정하는 「청구인용판결(請求認容判

決)」과 그 청구를 부정하는 「청구기각판결(請求棄却判決)」로 나뉘어진다.

「청구인용판결(請求認容判決)」에는, ① 법률관계 내지 권리의무의 존부·내용을 확인하는 「확인판결(確認判決)」(*토지의 경계의 확인·채무의 부존재의 확인 등), ② 급부청구권의 존재를 확인하고 그 급부의무의 이행을 명하는 「급부판결(給付判決)」 또는 「이행판결(履行判決)」, ③ 형성요건의 존재를 인정하여 법률관계의 변동을 선고하는 「형성판결(形成判決)」(*매매계약의 취소·주주총회 결의의 취소·이혼의 인정 등)이 있다. 이에 대응하여 제기되는 소는, 「확인의 소」, 「급부(이행)의 소」, 「형성의 소」라고 한다.

「기각(棄却)」은, 민사소송법상으로는 소(訴) 또는 상소(上訴)에 대해 소송요건은 구비하였지만 본안의 청구에 대해 이유가 없다고 배척하는 본안판결 곧 「청구기각판결」을 가리킨다. 형사소송법상으로는 각하(却下)와 엄격히 구별되지 않고, 어느 것이나 이유 없는 신청이나 절차적인 부적법한 소송행위를 배척하는 것이다. 다만, 공소기각(公訴棄却)이나 정식재판청구의 기각은 절차의 무효 때문에 절차를 중지하는 형식재판의 일종이다.

「각하(却下)」는, 넓은 의미로는 국가 간에 대한 행정상·사법상(司法上)의 신청을 물리치는 처분을 말한다. 좁은 의미로는, 민사소송법상 소송요건이나 상소(上訴)의 요건의 흠결 때문에 본안의 심리에 들어가지 않고 신청을 부적법하다고 배척하는 것을 말한다.

다음에, 재판중의 「결정(決定)」(*변론의 병합결정 등)과 「명령(命令)」(*재판장의 소장심사권에 의한 소장각하명령 등)은 본안 또는 소송요건과 같은 중요한 사항에 관한 재판인 「판결」과 구별된다.

「결정(決定)」은 소송지휘, 소송절차에 부수하여 또는 그것에 파생하는 사항, 강제집행에 관한 사항 등의 판단에 관해 행하는 재판이다. 결정은 법원이 행하지만, 「구두변론」을 거치지 않아도 되고, 고지(告知)도 상당하다고 인정되는 방법으로 하면 된다. 결정에 대한 독립된 불복신청이 인정되는 경우 이를 「항고(抗告)」라고 한다.

「명령(命令)」은, 넓은 의미로는 국회(國會) 이외의 국가기관이 정립하는 법규범을 말하고, 좁은 의미로는 행정기관이 정립하는 법규를 가리킨다. 민사소송법에서는 재판의 일종으로 재판장·수명법관·수탁법관 등이 행하는 것이다. 이는 구두변론을 거치지 않아도 되고, 또 고지도 상당한 방법으로 하면 된다. 명령에 대해 특히 불복신청이 인정되는 경우는 「항고(抗告)」 또는 「이의신청(異議申請)」으로 한다.

나. 소송절차

(1) 소장의 제출·송달

소송은 원고가 제1심 법원에 「소장(訴狀)」을 제출하여 소를 제기함으로써 개시한다(민사소송법 248). 다만, 소가(訴價)가 2,000만원 이하인 「소액사건(訴額事件)」에서는 구술(口述)로써 소송을 개시한다(소액사건심판법 4).

소장에는, 당사자(*원고와 피고) 및 법정대리인, 청구의 취지 및 원인, 요구 내용과 근거를 기재하여야 한다(민사소송법 249). 「청구취지(請求趣旨)」는 원고가 소에 의해 어떤 주문(主文)의 판결을 구하는가에 대한 결론(結論)을 간결하게 기재하는 것이다. 예컨대, "피고는 원고에게 금 1억원은 지급하라"(*「이행의 소」인 경우), "원고가 A토지에 대하여 소유권을 가진다는 것을 확인한다"(*「확인의 소」의 경우), "원고와 피고와의 A토지 매매계약을 해제하라"(*「형성의 소」의 경우) 등으로 기재한다. 「청구원인(請求原因)」은 청구의 취지와 소송상의 청구의 내용이 되고 있는 청구권(*이를 「소송물(訴訟物)」이라고도 한다)을 특정하기 위해 필요한 사실 내지 청구를 뒷받침하기 위해 주장하는 사실을 가리킨다.

소장(訴狀)이 제출되면, 법원은 그 「부본」(副本－*일정한 목적으로 작성한 문서인 정본(正本)에 대해, 그 본래의 목적 이외의 목적으로 사용하기 위해 별도로 작성한 같은 내용의 문서를 가리킨다)을 피고에게 송달(送達)한다(민사소송법 255). 피고는 원고의 청구를 다투는 경우에는 소의 배척을 구하는 반대신청(反對申請)이나 그 이유를 기재한 「답변서(答辯書)」를 제출하여야 한다(민사소송법 256).

(2) 변론과 증거조사

법원은 원고의 소장과 피고의 답변서를 통하여 당사자의 주장을 알 수 있다. 따라서 재판장(裁判長－*합의부의 재판장 또는 단독판사(민사소송법 135①))은 쟁점정리와 증거조사 등의 준비, 즉 「변론준비절차(辯論準備節次)」를 취하고

이 절차가 끝난 때에는 「변론기일(辯論期日)」을 지정하여 당사자를 법원으로 호출하여야 한다(민사소송법 258).

소송의 당사자는 변론기일에 법원에서 소송에 대해 「변론」(辯論－소송에서 자기의 주장을 뒷받침하고 심리를 위한 자료를 제출하는 것을 당사자가 그 권한으로 행하는 것)을 하여야 한다(민사소송법 134). 변론을 집중하기 위해 변론은 서면(書面)으로 준비하여야 한다(민사소송법 272). 이 「변론준비서면(辯論準備書面)」은 그것에 적힌 사항에 대해 상대방이 준비하는 데 필요한 시간을 두고 제출하여야 하며, 법원은 상대방에게 그 「부본」을 송달하여야 한다(민사소송법 273). 변론은 당사자가 재판장의 면전에서 구술로써 공개적으로 행하는 것이 원칙이지만, 실제로는 자기의 주장을 문서로 하는 것이 보통이다.

당사자는 자기의 청구 내지 주장을 뒷받침하기 위해 증거를 제출・신청하여야 하고(민사소송법 289), 법원은 이 신청(申請)에 따른 증거조사(證據調査) 또는 직권(職權)에 의한 증거조사를 한다(민사소송법 292). 당사자 본인에 대한 신문(訊問)은 물론(민사소송법 267 이하), 증거조사도 변론기일에 행하는 것이 원칙이다. 증거조사의 방법으로는, ① 증인을 불러 그 말을 듣는 「증인신문」(證人訊問－민사소송법 303 이하), ② 전문가인 「감정인(鑑定人)」의 의견 진술의 청취(민사소송법 333 이하), ③ 증거서류 곧 「서증(書證)」의 제출(민사소송법 343 이하), ④ 사건의 현장을 재판장이 검토・조사하는 「검증」(檢證－민사소송법 364 이하) 등이 있다.

이러한 증거조사(證據調査)가 끝나면, 어느 편이 옳은가를 결정하는 「재판(裁判)」의 단계에 이른다. 법원의 판사 곧 법관(法官)은 「변론(辯論) 전체의 취지와 증거조사의 결과를 참작하여 자유로운 심증으로 사회정의와 형평(衡平)의 이념에 입각하여 논리와 경험의 법칙에 따라 사실 주장이 진실인지 아닌지를 판단한다」(민사소송법 202).

이와 같이 「사실」(*「법률요건」에 해당하는 사실이라는 뜻에서 「요건사실(要件事實)」이라고 한다)의 인정에 관해 법관을 전폭적으로 신뢰하고 그 자유롭고 양심적인 판단에 맡기도록 한 소송법상의 기본원칙을 「자유심증주의(自由心證主義)」라고 한다.

(3) 판 결

법관은 자유심증주의에 입각하여 확정한 사실에 법을 「적용(適用)」하여 판결을 하게 되는데, 판결은 「판결서(判決書)」로 작성된다(민사소송법 198·208). 판결은 「선고기일(宣告期日)」에 재판장이 「판결원본(判決原本)」에 따라 주문(主文)을 읽어 선고하며(민사소송법 209), 이 선고로 판결은 효력이 발생한다(민사소송법 205).

판결서는 선고한 후에 법원사무관 등에게 교부하고(민사소송법 209), 법원사무관은 이를 받은 날부터 2주 이내에 당사자에게 그 「정본」(正本)을 송달하여야 한다(민사소송법 210). 이 법원의 판결은 소송에 관한 심리·절차를 끝마치고 나온 판결이라는 의미에서 「종국판결(終局判決)」이라고 한다(민사소송법 198).

제1심의 종국판결에 대해서는, 원칙적으로 판결서가 송달된 날부터 2주 이내에 제2심 법원에 「항소(抗訴)」할 수 있다(민사소송법 390·396). 제2심 법원의 종국판결에 불복하는 당사자는 그 판결서가 송달된 날부터 2주 이내에 제3심 법원에 「상고(上告)」할 수 있다(민사소송법 422·425~396). 다만, 당사자가 제1심 종국판결에 대해 바로 상고할 수 있다(민사소송법 422②). 제2심에의 항소와 제3심에의 상고를 합쳐 「상소(上訴)」라고 한다.

법원의 판결은 최종적으로는 대법원의 판결로 확정되는 것을 원칙으로 하지만, 제1심이나 제2심의 종국판결도 상소기간 내에 상소를 하지 않으면 그대로 확정될 수 있다. 그렇게 확정된 판결을 「확정판결(確定判決)」 또는 「확정된 종결판결」(민사집행법 24-*「확정종국판결」이라고 한다)로서, 이른바 「기판력(旣判力)」이 있고, 기본적인 「집행권원(執行權原)」이 된다. 기판력이란 확정판결로 판단된 사항은 당사자도 또한 법원도 구속하고, 그 결과 동일한 사항이 다시 소송으로 문제가 되더라도 그 판단과 모순 되는 주장 또는 재판은 허용되지 않는다는 확정판결의 효력을 가리킨다.

다. 심급제도

국가권력 중의 「사법권(司法權)」을 행사하는 헌법상의 국가기관은 「통상재판기관(通常裁判機關)」과 「특별재판기관(特別裁判機關)」이 있다. 특별재판기관으로는, 법률의 위헌심사, 헌법소원, 탄핵심판, 정당해산심판, 국가기간 간의 권한쟁의를 관장하는 「헌법재판소(憲法裁判所)」(헌법 111)와 군인·군무원에 대한 형사재판권을 행사하는 「군사법원(軍事法院)」(헌법 110)이 있다.

통상재판기관으로는, 「대법원」·「고등법원」·「특허법원」·「지방법원」·「가정법원」·「행정법원」의 6종류가 있다(헌법 101②, 법원조직법 31①). 이 중에서, 재산관계의 소송은 「대법원」·「고등법원」·「지방법원」에서 다룬다. 이를 통상(通常)의 민사법원(民事法院)이라고 한다면, 가족관계의 소송을 다루는 「가정법원」과 「특허법원」·「행정법원」은 전문법원(專門法院)이라고 할 수 있다.

민사소송의 경우 맨 처음 소를 제기하는 법원은 지방법원인데, 「소가」(訴價 -*소송의 목적물인 「소송물」또는 청구권의 가액)가 5,000만원 이하의 사건은 지방법원의 「단독판사」(單獨判事)가 심리·재판하며, 5,000만원을 초과하는 사건은 3인 이상의 판사로 구성하는 지방법원 「합의부」(合議部)가 담당한다. 이러한 제1심의 종국판결에 대한 제2심의 항소심(抗訴審)은, 단독판사에 의한 판결의 경우 지방법원 또는 그 지원의 「항소부」가, 그리고 합의부 판결에 대한 항소심은 「고등법원」이 관장한다. 이 항소심의 종국판결에 대한 상고심 법원은 「대법원」이다(*항소심과 상고심에서는 원심(제1심·제2심)의 판결에 대한 상소인(항소인·상고인)의 불복신청(不服申請)이 이유가 없으면 「기각판결」을 하고, 이유가 있으면 「파기판결(破棄判決)」을 한다. 파기판결은 원심판결을 취소하고 스스로 판결을 하는 이른바 「파기자판(破棄自判)」의 경우와 원심법원으로 돌려보내 다시 심판하도록 하는 「파기환송(破棄還送)」의 경우가 있다).

이와 같이 소송사건의 심리·재판이 3단계로 이루어지고 있는 것을 「삼심제」(三審制)라고 하며, 그 위계(位階)에 착안하여 「심급제도」(審級制度)라고도 한다.

제1심과 제2심에서는 「사실(事實)의 확정」과 「법(法)의 적용」에 관한 문제를 다루지만, 제3심인 상고심은 「법의 적용」 문제만 취급한다. 종래 대법원의 상고심을 「법률심」(法律審), 제1심의 원심과 제2심의 항소심을 「사실심」(事實審)이라고 해 왔다. 그러나 제1심·항소심에도 법의 적용 문제를 다루기 때문에, 이를 「사실심」이라고 하는 것은 엄밀한 의미에서는 논리적으로 맞지 않다.

Ⅲ. 강제집행

1. 강제집행의 의의

이상에서 살펴본 각종 방법에 의한 분쟁 해결의 내용이 단순한 권리의무 내지 법률관계의 존부(存否)에 관한 확인이나 새로운 법률관계의 형성이면, 원칙적으로 그 내용 자체를 강제적으로 실현하는 것은 문제가 되지 않는다.

그러나 분쟁 해결의 내용이 분쟁의 당사자 간에 일정한 급부 내지 행위를 하도록 하는 것이면, 그것을 해야 할 당사자가 자발적으로 이행 내지 실행을 하지 않을 경우 강제적으로 실현하기 위한 방도(方途)가 필요하다. 이를 위한 당사자의 「자력구제(自力救濟)」는 인정되지 않고, 국가의 공권력 곧 국가권력(國家權力)에 의한 「강제집행(强制執行)」으로 실현하여야 한다.

강제집행은 주로 채무의 강제이행(强制履行)을 통한 채권의 만족, 즉 채권채무관계의 실현에 관한 문제이다. 따라서 여기서는 이를 염두에 두고 강제집행을 살펴본다.

「강제집행」은 채권자가 채무자에 대해 가지고 있는 청구권(請求權)을 국가권력에 의해 강제적으로 실현하는 방법을 가리킨다. 현재로서는, 「강제집행(强制執行)」에 관한 절차는 판결을 하는 「재판절차(裁判節次)」와 구별된 별개의 독립된 절차로 되어 있다. 즉 재판절차는 「민사소송법」에서 규율하고 있는 데 대해, 강제집행의 절차는 「민사집행법(民事執行法)」에 규정되어 있는 것이다. 강제집행 절차가 재판절차와 구별되어 있는 것은, 「집행관(執行官－*강제집행·경매·권리보전 등의 사무를 행하는 국가공무원)」 또는 법원(*「집행법원」) 등의 집행기관이 이른바 「집행권원(執行權原)」에 대한 실질적인 조사를 하지 않고 바로 집행을 개시할 수 있도록 하기 위한 것이다.

2. 강제집행의 절차

가. 집행권원

강제집행을 하는 데에는, 「집행권원」이 있어야 한다. 강제집행은 공적(公的)

인 강제력에 의해 채무의 이행을 확보하는 것이기 때문에, 그 전제로 당사자에게 권리가 있다는 것을 확정하여야 한다. 이를 확정하여 강제집행을 행할 기초가 되는 서면을 「집행권원(執行權原)」이라고 한다(*종래에는 이를 「채무명의(債務名義)」라고 불렀다).

집행권원은, ① 확정된 종국판결이 그 대표적인 것이다. 그 밖에, ② 가집행의 선고가 있는 종국판결, ③ 확정된 지급명령(민사집행법 56iii, 민사소송법 474), ④ 중재판정에 대한 법원의 승인 또는 집행판결(민사집행법 56ⅴ, 중재법 35·37), ⑤ 소송상화해조서(민사집행법 56, 민사소송법 220), ⑥ 제소전화해조서(민사집행법 56ⅴ, 민사조정법 220), ⑦ 조정조서(민사집행법 56ⅴ, 민사조정법 29, 민사소송법 220), ⑧ 항고로만 불복할 수 있는 재판(민사집행법 56ⅰ, 민사소송법 392 단서), ⑨ 이른바 「집행인낙조항(執行認諾條項)」을 포함한 공정증서(민사집행법 56ⅳ) 등이 있다.

이들 중에서, ②의 경우 「가집행선고(假執行宣告)」는 판결이 종국적으로 확정되어 이른바 「기판력(旣判力)」이 발생하기 전이라도 강제집행을 할 수 있도록 하는 법원의 재판을 말한다(민사소송법 213·406·435). 제1심 법원의 판결에 가집행선고를 붙일 때에는, 어음·수표 금액의 청구소송의 경우를 제외하고, 원고에게 담보를 제공하게 하도록 할 수 있다. 제2심 항소심과 제3심 상고심의 경우에는 원심(原審－제1심·제2심)의 판결 중에 불복신청이 없는 부분에 대해 가집행선고를 붙일 수 있다.

다음에, ③의 경우 「지급명령(支給命令)」은 금전 기타의 대체물(代替物) 또는 유가증권의 일정한 수량의 급부를 목적으로 하는 청구의 경우 채무자에 대해 지급을 명하는 재판을 가리킨다(민사소송법 462). 이는 증거서류도 구비하고 있고 거짓이 없다고 인정되면 채무자의 말을 듣지 않고(민사소송법 467), 채권자의 신청에 의해 일방적으로 발하는 것이다. 지급명령을 얻는 절차를 「독촉절차(督促節次)」라고 하며(민사소송법 462 이하), 간편한 지급강제의 수단으로 이용가치가 큰 것이다.

그리고 ⑨의 경우 채권계약서를 「공정증서(公正證書)」로 작성하고 그 속에 채무를 이행하지 않는 때에는 소송 등의 절차나 화해 교섭 등을 거치지 않고 즉시 강제집행을 할 수 있다는 내용의 기재가 「집행인낙조항(執行認諾條項)」

또는 「청구인낙조항(請求認諾條項)」인 것이다.

나. 강제집행의 방법

강제집행에서 그 신청을 하는 자를 「집행채권자(執行債權者)」, 그 상대방으로 강제집행을 당하는 자를 「집행채무자(執行債務者)」라고 한다. 이들 강제집행 절차의 당사자는 재판절차의 원고와 피고에 상당한다.

집행채권자의 「집행권원(執行權原)」에 의한 현실적인 강제집행은 소액소송의 확정판결 등의 경우를 제외하고 「집행문(執行文)」이 붙은 집행권원의 정본(正本)을 기초로 하여 실시한다(민사집행법 28①). 집행문은 압류채권자의 신청으로 법원사무관 등이 집행권원 정본의 말미(末尾)에 "이 정본은 피고 아무개 또는 원고 아무개에 대한 강제집행을 실시하기 위하여 원고 아무개 또는 피고 아무개에게 준다."라고 덧붙여 적고 기명날인하는 것이다(민사집행법 28②·③·29).

집행문이 부여된 집행권원에 의해 강제집행을 행하는 구체적인 방법에 관해서는, 부동산·선박·유체동산·채권 등의 재산 내지 재산권의 종류에 따라 민사집행법에 자세히 규정되어 있다(제78조 이하). 그 절차는 집행의 대상인 재산(권)에 대한 ① 압류→② 매각(*「경매」)→③ 배당의 3단계로 진행된다. 강제집행의 첫 단계인 「압류(押留)」는 압류 이후 재산에 대한 처분의 효력을 제한하여 재산의 현상(現狀)을 확보하기 위한 조치이다.

금전의 지급을 청구하는 「금전채권(金錢債權)」의 실현을 위한 강제집행의 경우를 보면, 원칙적으로 채무자의 재산을 「압류(押留)」하여 이를 경매(競賣)로 환가(換價)하여 그 환가금(*「매각대금(賣却代金)」)을 채권자에 대한 변제에 충당하는 배당의 방법을 취한다.

여기서 유의할 것은 재산(권)의 매각대금(*이른바 「경락대금(競落代金)」)은, 강제집행을 위한 집행문 부여를 법원에 신청한 채권자만 자기의 채권 만족을 위해 받아갈 수 있는 것이 아니라는 점이다. 매각대금은 이른바 「채권자 평등(債權者平等)의 원칙」의 일환으로 법원이 실시하는 배당절차(配當節次)에 응하여 배당기일까지 배당의 요구를 한 채권자들(민사집행법 148 참조)에게 채권액에 비례하여 골고루 분배하여야 하기 때문이다.

금전의 지급을 목적으로 하는 채권을 위한 「부동산(不動産)」에 대한 강제집행의 경우는 「강제경매(强制競賣)」와 「강제관리(强制管理)」의 방법이 있는데, 양자를 병용할 수 있다(민사집행법 78②·③). 강제관리는 부동산의 수익(收益)으로 채권의 변제에 충당하는 방법이다(민사집행법 163 이하). 그리고 금전채권의 지급을 목적으로 채무자가 제3자에 대해 가진 「금전채권(金錢債權)」에 대한 강제집행의 경우, 본래라면 그 제3자가 채무자에게 지급하여야 할 것이지만, 그것을 압류한 채권자에게 지급하도록 집행법원에 「추심명령」또는 「전부명령」을 신청하여 그 명령을 받아 제3채무자(*집행채무자에 대한 채무자)로부터 변제를 받을 수 있다는 것은 앞에서 언급하였다(*「채권자대위권」 참조).

가옥의 명도(明渡-*점유의 이전 곧 인도) 등 특정물(特定物)의 인도 또는 동산이나 그 밖의 대체물(代替物)의 일정한 수량의 인도(引渡)를 청구하는 권리에 관한 강제집행은 집행관이 상대방으로부터 그 특정물의 점유(占有) 또는 그 대체물을 채무자로부터 빼앗아 채권자에게 인도하는 방법으로 행한다(민사집행법 257 이하).

3. 보전처분

강제집행을 하기 위해서는 「집행권원(執行權原)」이 필요하다. 이를 확보하기 위해 소를 제기하여 확정판결을 받도록 하는 등의 절차를 밟는 동안에, 채무자가 「책임재산(責任財産)」을 숨기거나 낭비하여, 막상 집행권원을 통해 강제집행을 하고자 할 때에는 채무자의 재산이 감소하였거나, 심지어는 다 없어지고 마는 수가 있다. 이러한 일이 없도록 미리 채무자의 재산을 현재의 상태로 확보해 둘 수 있게 하는 것이 법원에 의한 「보전처분(保全處分)」의 제도이다. 보전처분에는 「가압류」와 「가처분」이 있다.

가. 가압류

보전처분은 상대방의 해명 또는 변명을 듣지 않고 대뜸 법원의 가압류 결정이나 가처분 결정이 나오는 일도 있다. 이는 채무자가 재산을 숨기는 것을 방지하기 위한 것으로, 상대방이 알지 못하는 사이에 가압류·가처분을 행할 필요가 있기 때문이다.

가압류(假押留)는 「금전채권」 또는 금전으로 환산할 수 있는 채권을 위하여, 미리 돈이 될 만한 채무자의 재산(*동산 또는 부동산)을 확보하여 장래 강제집행을 유효하게 행할 수 있도록 하는 것을 목적으로 하는 법원의 명령 및 이에 필요한 절차를 말한다(민사집행법 276~299).

가압류를 당하면 채무자는 그 재산에 관한 권리를 행사할 수 없다.

정식의 강제집행에서 이러한 효과를 거두는 「압류(押留)」를 할 수 있지만, 아직 강제집행을 할 수 있는 단계에 이르지 못하였기 때문에 장래의 강제집행에 대비하여 임시로 압류에 준하는 효과를 가져오는 보전조치를 한다는 의미에서 「'가'압류」라고 하는 것이다. '「가」'는 가짜·엉터리를 뜻하는 것이 아니다. 법에서 '「가(假)」'자(字)가 붙으면 대체로 「임시(의)」를 의미한다.

채무자가 가압류의 집행정지(執行停止) 또는 집행한 가압류의 취소(取消)를 위해서는 법원이 명하는 금액을 공탁(供託)하여야 한다(민사집행법 282). 이는 이른바 「가압류해방금액(假押留解放金額)」인데, 오직 금전 등으로 현실적으로 하여야 하고 금융기관의 보증 등으로 갈음하지 못한다.

나. 가처분

가처분(假處分)에는, 계쟁물(係爭物)에 관한 가처분과 임시의 지위(*일정한 법률관계)를 정하기 위한 가처분이 있다. 다툼이 있는 금전채권 이외의 특정물의 급부·인도를 목적으로 하는 청구권을 보전하기 위한 법원의 처분을 「계쟁물에 관한 가처분」이라고 하며(민사집행법 300①), 다툼이 있는 권리관계에 대해 임시의 지위를 정할 것을 목적으로 하는 재판 및 그 집행을 위한 처분이 「임시의 지위를 정하기 위한 가처분」이다(동 ②).

예컨대, A가 선친(先親) 甲으로부터 상속한 토지를 자기 앞으로 등기의 이전(移轉)을 않고 있는 사이에, B가 甲의 생전(生前)에 甲으로부터 매수(買受)한 것으로 하는 위조의 「매매계약서」에 의해 B 앞으로 토지소유권의 이전등기를 하고 있다. 이 경우 A가 B를 상대로 그 토지의 인도를 청구하는 소를 제기하고 있거나 또는 소를 제기하려고 하는 때에, B가 그 토지에 건물을 지으면 건물의 철거(撤去)에 관한 소를 제기하여야 할 뿐 아니라, 그 강제집행도 매우 곤란하게 된다. 그래서 그 토지를 집행관에게 보관시키고 건물을 짓지 못하도록 「가처분」을 신청할 수 있다(민사집행법 300① · 301 · 305). 이 예가 계쟁물에 관한 가처분의 경우이다.

또 주식회사에서 주주총회의 소집절차를 거치지 않고 개최한 총회에서 또는 결의의 방법이 현저히 불공정하였던 총회에서 A가 「이사」(理事)로 선임되었다. 이사 A를 선임한 주주총회 결의의 취소(取消)를 구하는 소(상법 376)를 제기한 경우에, A가 당장 직무집행을 하지 못하도록 직무집행정지(職務執行停止)의 가처분을 법원에 신청할 수 있다(민사집행법 300② · 304 · 306). 이 예가 임시의 지위를 정하기 위한 가처분의 경우이다.

Ⅳ. 법의 적용

1. 법 적용의 과정

가. 법 적용의 의의

권리의무의 실현과 관련된 분쟁은 법률적인 문제이기 때문에, 원칙적으로 법의 적용으로 해결하는 것이 원칙이다. 다만, 법원의 재판을 제외한 다른 해결방법은 당사자의 의사에 따른 양보 또는 형평(衡平)과 선(善) 등을 참작하여 우의적(友誼的)으로 분쟁을 해결하고자 하는 경향도 있다. 그러나 법원의 재판은 법을 엄격하게 적용함으로써 분쟁을 해결하는 방법인 것이다.

법의 「적용(適用)」은 분쟁의 대상인 실제의 구체적인 사실에 일정한 법을 해당시켜 그 법적효과를 부여하는 논리적인 작업이다.

나. 법문의 구조

법은 사회규범으로서, 여러 형식으로 존재한다. 그 존재 형식을 법원(法源)이라고 하는데, 주된 「법원」인 성문법(成文法)은 문장으로 표현된 법문(法文) 곧 「조문(條文)」으로 이루어져 있다. 그러나 조문 하나하나가 반드시 법 또는 법규범(法規範)인 것은 아니다. 법규범은 법문 또는 법조문이 의미(意味)하는 바를 가리키는 것이다. 따라서 법(법규범)과 조문(법문)을 구별해야 한다. 다만, 조문의 의미가 명확한 경우에는, 법조문과 법규범이 동일한 것 같이 보이기도 한다.

법조문 내지 법규범은 일정한 사태에 관한 「법률요건(法律要件)」의 부분과 그것에 대한 「법률효과」(法律效果－*권리의무관계의 형성)의 부분으로 나뉘어져 있다. 즉 「A라는 사실이 있으면, B라는 법률효과가 생긴다」라는 조건문(條件文) 곧 논리학상의 이른바 「가언판단」(假言判斷)의 형식을 취한다. 즉 일정한 「요건사실」 또는 「법적사실」에 대해 일정한 「법률효과」가 귀속해야 할 것을 지시하는 규칙의 구조를 취하고 있는 것이다.

예컨대, 민법 제390조는 「채무자가 채무의 내용에 좇은 이행을 하지 아니한 때에는 채권자는 손해의 배상을 청구할 수 있다. 그러나 채무자의 고의나 과실 없이 이행할 수 없게 된 때에는 그러하지 아니하다.」라고 규정하고 있는데, 이는 「채무자가 고의 또는 과실로 채무의 이행을 하지 않아 그로 인해 채권자가 손해를 입으면」하는 요건과 「채권자는 채무자에 대해 그 손해배상을 청구할 권리를 취득한다」의 효과 두 부분으로 재구성할 수 있다. 또 민법 제750조의 조문인 「고의 또는 과실로 인한 위법행위로 타인에게 손해를 가한 자는 그 손해를 배상할 책임이 있다」라고 하는 규정은, 「사람이 고의나 과실로 인한 위법행위로 타인에게 손해를 입히면」과 「손해를 입은 사람은 그 손해를 입힌 사람에 대해 손해배상청구권을 취득한다」로 분석된다. 앞 부분이 「법률요건(法律要件)」, 나중 부분이 「법률효과(法律效果)」에 관한 것이다.

이러한 법규와 관련하여, 채권자(민법 390의 경우) 또는 피해자(민법 750의 경우)가 채무자 또는 가해자를 상대로 손해배상 청구의 소를 제기한 경우, 이 청구에 따른 법률효과(法律效果)를 인정할 것인가 인정하지 않을 것인가를 판단하는 데에는, 원고인 채권자 또는 가해자에게 이러한 법률효과 발생의 원인인 법률요건(法律要件)에 해당하는 사실(*① 채무자 또는 가해자의 채무의 불이행·가해행위, ② 채무자·가해자의 고의·과실, ③ 채무의 불이행·가해행위의 위법성, ④ 채권자·피해자의 손해, ⑤ 채권자·피해자의 손해와 채무자·가해자의 채무의 불이행·가해행위 사이의 인과관계 등)이 있었다는 것을 인정 내지 확정하여야 한다. 이는 「사실의 인정 또는 확정」의 문제이다.

그런데 이 사실은 법률요건(法律要件)에 관한 법조문의 내용에 포함된 것이어야 한다. 따라서 분쟁의 대상이 된 사실이 거기에 포함되는 것인지 아닌지를 판단하는 데에는 그 법률요건의 규정이 의미하는 바를 파악하고 있어야 하는 것을 전제로 한다. 이와 관련하여, 법조문 내지 널리 법규범의 개개의 말이나 문장의 의미 내지 그 내용을 명확히 밝히는 것을 「법의 해석(解釋)」이라고 한다. 법의 해석은 관습법의 경우와 같은 「불문법(不文法)」의 경우에도 문제가 될 수 있지만, 「성문법(成文法)」의 형식을 취한 법규에 대해 특히 문제가 되는 것이다. 성문법의 경우 실제의 사회에서 일어날 수 있는 모든 사태를 빠짐없이 또한 의문의 여지가 없도록 개별적·구체적으로 상세히 규정하는 것이 불가능하기 때문이다.

다. 법적 삼단논법

위와 같은 사정 아래서 법의 적용의 논리적 순서를 보면, ① 일정한 법규를 「대전제(大前提)」로 하고, ② 법의 적용 대상인 사실을 구체적으로 인정하여 이를 「소전제(小前提)」로 하여, ③ 법률요건에 관한 법문의 내용과 사실이 일치하면 「결론(結論)」으로서 사실에 법을 해당시켜 법적효과를 부여하는 판결을 하게 되는, 「삼단논법(三段論法)」의 형식을 취한다. 이를 논리학상의 삼단논법에 대해, 「법적 삼단논법(法的三段論法)」 또는 「판결삼단논법(判決三段論法)」이라고 부른다.

아주 쉬운 형법의 경우와 관련하여 예를 들면, 논리학상의 삼단논법은 ① 대전제 「사람은 죽는다」, ② 소전제 「시저는 사람이다」, ③ 결론 「시저는 죽는다」가 되는데, 법적 삼단논법은 ① 대전제(법) 「사람을 살해한 사람은 사형에 처한다」(형법 250 참조), ② 소전제(사실) 「부르터스는 시저를 살해하였다」, ③ 결론(판결) 「부르터스는 사형에 처한다」가 되는 것이다.

물론, 실제의 법 적용의 과정에는 수많은 법문 중에서 어떤 것이 「대전제」로 선택되고, 다시 그 선택된 법문의 의미・내용을 명백히 하는 것과 「소전제」로 제시된 사실을 인정하는 것이 전혀 별개로 행해지는 것이 아니다. 실제로는 양자 간에 끊임없이 복잡한 상호적인 피드백이 이루어지는 것이다. 다시 말하면, 법의 적용의 경우 사실(事實)을 염두에 두고 법의 선택・해석이 되는 것과 아울러, 법(法)을 전제로 하여 사실을 인정 또는 확정하고, 그 확정한 사실에 대한 가치판단(*어떻게 해야 법을 강제함으로써 법의 목적인 법적 안정성과 구체적 타당성을 확보할 수 있겠는가 등에 관한 심사숙고)을 함으로써 법의 적용이 이루어지는 것이다.

2. 사실의 인정

가. 증거재판주의

법원을 통한 재판의 경우 법의 적용과 관련된 「사실의 인정(認定)」은 법원의 재판관(裁判官) 곧 법관(法官)이 한다. 사실의 인정은 사실이 추정(推定)되거나(*예컨대, 「동시사망의 추정」－민법 30) 또는 의제(擬制)되는 경우(*예컨대, 「태아의 출생의제」－민법 1000③)를 제외하고, 증거(證據)에 의한 증명 곧

「입증(立證)」 또는 「거증(擧證)」으로 이루어진다. 이를 「증거주의(證據主義)」 또는 「증거재판주의(證據裁判主義)」라고 한다.

이와 관련하여, 사실의 인정과 관련된 증거를 들(*제출할) 책임이 누구에게 있는가 하는 「입증책임(立證責任)」 또는 「거증책임(擧證責任)」 내지 「입증 또는 거증 책임의 분배(分配)」의 문제가 있다.

오늘날 재산관계(財産關係)의 소송절차에서는, 그 진행의 주도권을 소송의 당사자가 쥐는 「변론주의(辯論主義)」가 지배한다. 이 원칙 아래서는, 사실의 인정에 관한 이른바 「형식적 진실주의(形式的眞實主義)」가 적용된다. 그 결과, 당사자에게 입증책임이 있으며, 그것도 제1차적으로는 자기에게 유리한 「법률효과」 곧 권리의 발생·성립을 주장하는 「원고(原告)」 측에 있다. 다만, 변론주의에 대립하여, 신분관계(身分關係)를 대상으로 하는 「인사소송(人事訴訟)」과 같은 특수한 경우에 예외적으로 인정되는 「직권탐지주의(職權探知主義)」 아래서는 입증책임은 법원에 있다.

증거의 평가나 증거로부터 사실을 추리(推理)할 때의 판단은 근대 소송법의 경우, 이미 언급한 바와 같이 법관의 자유에 맡겨지고 있는데, 이를 「자유심증주의(自由心證主義)」라고 한다. 과거 재판제도가 미비하고 법관에 대한 신뢰도가 낮은 시대에는, 법으로 증거의 능력 또는 가치를 규정하는 「법정증거주의(法定證據主義)」가 채용되었다. 자유심증주의 아래서는, 소송의 당사자는 법관이 자기에게 유리(有利)한 판결을 하는 데 필요하고 충분한 정도의 심증을 형성할 수 있도록 그 입증을 충실히 하여야 하는 것이다.

나. 입증책임 원칙의 예외

소송에서 입증의 대상이 되는 사실(*법률요건에 해당하는 사실 곧 「요건사실(要件事實)」)은 대체로 과거의 사실이기 때문에 입증이 곤란하거나 불가능한 경우가 있다. 이러한 경우 원고(原告) 측에서 입증책임을 부담하여야 한다는 원칙을 관철하면 부당한 결과가 되는 경우가 있다. 이러한 문제를 해결하기 위한 예외적인 법규가 인정되고 있다.

(1) 입증책임의 전환

민법과 상법의 경우 채무불이행책임(債務不履行責任)은 사법상의 「과실책임

(過失責任)의 원칙」에 따라 그 성립요건으로 채무자의 고의 또는 과실이 있어야 한다. 이 과실은, 앞에서 말한 입증책임에 관한 일반원칙에 의하면, 채무자에 대한 채무불이행으로 인한 손해의 배상을 청구하는 채권자(債權者) 곧 「원고(原告)」가 채무자(債務者) 측의 고의·과실을 증명하여야 할 것이다.

그러나 상법에서는 운송계약상의 운송인의 손해배상책임의 경우 손해배상을 청구하는 채권자(*원고)의 상대방인 「피고(被告)」 곧 운송인 측에 입증책임(立證責任)을 지우고 있다. 즉 운송인이 손해배상책임을 면하기 위해서는 자기 측에 과실(過失)이 없었음(*「무과실(無過失)」)을 증명하여야 한다고 함으로써, 이를 증명하지 못하면 원고에 대한 손해배상책임을 면할 수 없다고 하고 있는 것이다(상법 135·794·795① 등).

민법상의 일반 채무불이행책임의 경우에는 명문으로 규정하고 있지 않지만(민법 390 참조), 마찬가지로 채무자(債務者)가 「무과실(無過失)」의 입증책임을 진다는 데 대해서는 이론(異論－*반대의 견해)이 없다.

이와 같이, 입증책임이 청구인 곧 피고 측에 있는 경우 입증책임의 일반원칙에 대해 「입증책임의 전환(轉換)」 내지 「입증책임의 완화(緩和)」라고 한다.

(2) 사실의 추정과 의제

사실의 증명이 불가능하거나 또는 사실이 아닌 데도 사실로 인정하는 경우가 있을 수 있다. 이와 관련된 사실의 인정(認定)으로, 사실의 「추정」과 「의제」가 있다.

「사실의 추정(推定)」은 일정한 사실이 명백하지 않은 경우 법문(法文)에서 여러 가지의 사정을 고려하여 경험법칙상 보통 그럴만하다고 인정되고 또한 상대방에게 크게 불리(不利)하다고 할 수 없다고 해야 할 때 사실의 존재(存在) 또는 부존재(不存在)에 대해 일단 그렇다는 취급을 하는 것을 말한다. 이는 우선의 편의상의 취급방법이기 때문에, 추정에 의해 불이익을 받는 자가 반대사실의 입증(*「반증(反證)」)을 하여 번복할 수 있는 것이다(*법문 중의 「------로(으로) 추정한다」－민법 30).

사실의 「의제(擬制)」는 법이 공익상(公益上)의 필요성 등에 의하여 사실의 존재 또는 부존재를 아예 확정적인 것으로 하는 것을 말한다. 이는 실제로는 진실(眞實)이 아니라고 하여도 사회생활의 필요에 의하여 법적으로 결정적인 사실로 인정·확정하는 것이기 때문에, 「추정」의 경우와 달라, 의제된 사실을 후에 반증에 의해서 번복할 수 없다(*법문 중의 「------로(으로) 본다」－민법 1000③).

3. 법의 해석

가. 해석법학

법의 해석(解釋)은 「법의 적용(適用)」과 관련하여, 기능적으로 법규범을 실제로 문제가 된 사실에 해당시킬 수 있도록 그 의미·내용을 명확히 하고 구체화하는 작업을 말한다. 법의 해석이 필요한 것은 실정법(實定法－*현재 구속력이 있는 법규), 특히 성문법(成文法)의 경우 그 법문의 일반성·추상성 등의 문제와 관련이 있다는 점은 이미 언급하였다. 법의 해석은 보통의 법학의 대상이다. 법의 해석을 위주로 한 법학을 「해석법학(解釋法學)」 또는 「법해석학(法解釋學)」이라고 하며, 이 교재 제1부도 주로 해석법학의 결과물이다.

영미법(英美法)의 경우에는, 법규범은 판례법(判例法)을 기초로 하는 것이므로, 그 내용이 상세하고 매우 구체적이어서 해석의 여지가 비교적 적다. 그러나 우리나라가 속하는 대륙법계(大陸法系) 국가의 법학은 실정법(實定法)에 대한 해석을 위주로 하는 「해석법학(解釋法學)」이 중심이 되고 있는 것이다.

나. 법 해석의 분류

법의 해석은 「법규적 해석」과 「학리적 해석」으로 대별되고, 후자의 학리적 해석은 다시 「문리해석」과 「논리해석」으로 구분된다. 논리해석에는 「확장해석」·「축소해석」·「변경해석」·「반대해석」·「유추해석」·「물론해석」 등이 인정된다.

(1) 법규적 해석

「법규적 해석」(法規的解釋)은 「입법해석」 또는 「강제해석」이라고도 하며, 별도의 법규정(*정의규정·목적규정·해석기준규정 등－*예컨대 민법 98)을 두어 특정의 법규를 해석하는 것을 말한다. 이는 그 해석의 대상에 관한 한 절대적 권위를 가진다.

일반적으로, 「유권해석(有權解釋)」이라고 하면, 입법해석과 함께 사법해석·

행정해석을 포함하는 의미를 가진다. 「사법해석(司法解釋)」은 사법기관인 법원이 행하는 해석으로, 판결로 표시된다. 「행정해석(行政解釋)」은 행정관청이 법을 시행·집행하는 데 자기의 판단으로 해석하거나 하급관청의 질의에 해답하는 형식으로 이루어지는 해석이다. 이는 상급관청에 의해 취소될 수 있고, 소송으로 법원에 의해 부정될 수 있다. 사법해석과 행정해석은 널리 학리적 해석에 준하는 것이다.

(2) 학리적 해석

「학리적 해석(學理的解釋)」은 학문적 이론 곧 학리(學理)에 의하여 법규범의 의미·내용을 명확히 하는 것으로, 이른바 「학설(學說)」로 나타난다. 학리적 해석에는 문리해석과 논리해석이 있다. 「문리해석(文理解釋)」은 법규범의 언어(말)와 문장 곧 법문(法文)에 충실한 해석으로, 법해석의 기초이고 출발점이다. 「논리해석(論理解釋)」은 법문 이외의 사물의 도리에 주안을 두고 하는 해석이다.

「문리해석(文理解釋)」의 예로는, 법문에서의 「남자」는 여자를 포함하지 않는다고 해석하는 것, 「3인 이상」은 3인을 포함하여 그 이상의 다수인을 의미한다고 해석하는 것 등의 경우를 들 수 있다.

이러한 문리해석은 누구의 해석에 의해도 똑같은 결론이 나오는 것이므로, 「법적 안정성(法的安定性)」을 확보할 수 있는 장점이 있다. 그러나 추상적인 법문이나, 여러 가지 뜻을 지녔거나 또는 잘못 사용된 용어 등은 문리해석으로는 그 의미·내용을 명백히 할 수 없다.

따라서 이러한 경우에는, 입법의 목적 내지 취지, 다른 법규와의 관련, 법의 연혁, 사회정의·형평 등을 참작한 해석인 「논리해석(論理解釋)」이 필요한 것이다.

논리해석으로는 다음과 같은 해석방법을 들 수 있다.

(가) 확장해석(擴張解釋)·축소해석(縮小解釋)은, 법문의 자구를 그것이 가진 통상의 의미 이상으로 넓게 또는 좁게 해석하는 것이다.

(나) 변경해석(變更解釋)은, 법문의 사항이 그 법률의 제정 당시와 달리 변경되었거나 잘못 표현된 경우 그 변경된 것 또는 타당한 내용을 가리키는 것으로 해석한다(*예컨대, 법문의 「교육인적자원부」→「교육과학기술부」·민법

제7조의 「취소」 → 「철회」).

(다) 반대해석(反對解釋)은, 법문에 일정한 사항을 인정하고 있는 경우 그 반대되는 것을 인정하지 않는 해석을 말한다(*예컨대, 민법 제356조에서 저당권은 부동산에 인정된다고 규정하고 있는데, 이로써 동산에는 저당권이 허용되지 않는다고 해석하는 것).

(라) 유추해석(類推解釋)은, 어느 사항에 대하여 명문의 법 규정이 없는 경우 입법이유 등을 참작하여 유사한 사항에 적용되는 법규를 그 사항에도 적용하도록 하여야 한다고 해석하는 것이다. 이러한 유추해석에 의해 그 유사한 사항에 적용되는 법규를 적용하게 될 때 그 적용을 「유추적용(類推適用)」이라고 한다. 「형법」의 경우 죄형법정주의(罪刑法定主義)의 파생원리로서, 또 조세법률주의(租稅法律主義)가 인정되는 「세법」의 경우에는, 유추해석이 금지된다. 유추해석의 취지를 명문으로 규정하려고 할 경우 「준용(準用)한다」라는 용어를 사용한다.

(마) 물론해석(勿論解釋)은, 법문에 일정한 사항을 규정하고 있는 경우 법문에 명기되어 있지 않는 사항도 그 중에 당연히 포함된다고 하는 해석이다(*민법 제150조의 적용대상인 조건부권리(條件附權利)에 기한부권리(期限附權利)도 당연히 포함된다고 해석하는 것).

이상의 논리해석(論理解釋)의 방법에 관한 아주 쉬운 예를 들면, 「차마통행금지(車馬通行禁止)」라는 법문의 행정법규의 경우, ① 당나귀도 통행할 수 없다고 하는 해석은 「확장해석」, ② 사람은 통행할 수 있다고 하는 해석은 「반대해석」, ③ 유모차는 통행할 수 있다고 하는 해석은 「축소해석」, ④ 맹수는 통행할 수 없다는 해석은 「물론해석」, ⑤ 소도 통행할 수 없다는 해석은 「유추해석」이 된다. 이 「차마통행금지」의 법규에 대한 변경해석의 여지는 일반적으로 없다고 본다.

제 2 부 법학의 기초

제 1 절 법의 의의

제 2 절 법의 목적

제 3 절 법의 분류

제 4 절 법의 연원

제 5 절 법의 효력

제 6 절 법의 적용

제 7 절 법의 발전

제 1 절 법의 의의

1. 법의 기본관념

가. 법의 정의

법학(法學－Science of Law)의 대상인 법(法)은 사람이 무리를 이루어 살아가는 사회(社會)에서 질서를 유지하여 안심하고 행복을 누리면서 살아가는 데 필요한 규범(規範)으로서, 그 준수(遵守)가 조직화된 강제력, 특히 국가의 공권력(公權力)에 의하여 보장되는 것이라고 할 수 있다.

* 어떤 사항에 대해 그것이 무엇인가 하는 뜻을 밝히는 것이 정의(定義)이다. 이 정의에는, 그 사항이 다른 것과는 근본적으로 어떻게 다른가 하는 본질(本質), 그 속에 구체적으로 무엇이 들어 있는가 하는 내용(內容), 그것이 어떤 것을 지향하는가 하는 목적(目的) 등이 포함되어야 한다. 법(ius, law, Recht, droit, diritto)이란 무엇인가 하는 「법(法)의 정의」에도 마찬가지로 그 본질·내용·목적 등이 포함되도록 하여야 할 것이다. 그러나 유감스럽게도 법의 본질과 내용, 목적 등에 관해서는 여러 가지 견해가 나뉘어져 있기 때문에, 아직도 법에 대해 명확히 하나로 정의를 내려 「법이란 이런 것이다」라고 말하기 어렵다. 따라서 비록 완전하다고는 할 수 없어도, 지금까지 많은 학자들이 논의해 온 바를 참고하여 법에 대한 정의를 내리면 위와 같이 말할 수 있다.

나. 질서와 사회

세상의 일은 그것이 무엇이든지 질서(秩序－제대로 된 차례 또는 순리)가 유지되지 않으면, 혼돈이나 혼란에 빠지고 그 결과는 망해 없어지게 되는 것이다. 사람이 사는 사회 또는 사회생활도 마찬가지이다. 사람의 삶과 관련이 있는 질서는 다음과 같이 말할 수 있는데, 법은 사회규범으로서 인위적으로 질서를 가져오는 것이다.

(1) 자연의 질서와 본능의 질서

(가) 자연의 질서

세상은 「자연법칙(自然法則)」에 의해 질서가 유지된다(*지구의 자전과 공전·만유인력 등) → *자연법칙은 원래 사람의 뜻이나 사회생활과 직접적인 관계가 없는 것이지만, 사람이 자연법칙에 순응함으로써 어느 정도 공동생활상의 질서가 유지되는 면이 있다.

* 자연법칙은 예외가 없는 「인과(因果)의 법칙」 또는 「필연(必然-Müssen)의 법칙」이며, 사람은 이를 발견하여 이용할 수는 있어도 새로 만들거나 변경할 수 없다. 그리고 그 자체 아무런 목적과 가치를 가지지 않는다. 따라서 이를 「존재(存在-Sein)의 법칙」이라고 한다. 이는, 법의 경우와 같이 사회 구성원 전체가 통유하는 의식적인 규칙으로 마땅히 지켜야 하는 것이지만 언제나 지켜지는 것이 아니고 예외가 있을 수 있는 「당위(當爲-Sollen)의 법칙」 또는 「규범법칙(規範法則)」과 다르다.

(나) 본능의 질서

사람 이외의 사회적 동물(*개미·벌·집단생활을 하는 짐승 등)의 경우와 같이 자연적 본능(本能)에 의해 유지되는 질서를 말하며, 세력권(勢力圈)의 확보·서열(序列) 등의 힘에 의한 질서이다. 이는 사람의 공동생활의 경우에도 볼 수 있는 현상이다 → *이는 법에 의한 「이성(理性)」의 질서와 구별되며, 위의 자연(自然)의 질서에 준하여 생각할 수 있다.

* 본능이나 힘에 의한 질서는 힘의 강약관계가 유지되는 동안만 인정되고, 세력권이 약화하고 힘의 서열이 바뀌면 종래의 질서는 무너지고 만다. 따라서 사람의 사회생활에서는 이러한 본능 곧 물리적인 힘에 의한 질서가 아니라, 사람이 이성(理性)을 발휘하여 생긴 합리적인 규칙(規則)에 의한 질서, 즉 「인위(人爲)의 질서」가 바람직한 것이다.

(2) 인위의 질서

(가) 사회생활의 질서

① 사람은 혼자 살 수 없고 여럿이 모여서 공동으로 살아가기 마련이다. 여러 사람의 생활 공동체가 「사회(社會)」이다. ← *ⓐ 「사람이 혼자 사는 것이 좋지 못하다」(*기독교 구약성경 창세기 1 : 27) ⓑ 「사람은 사회적 동물(Politicon)이다」(아리스토텔레스(Aristoteles-BC 384~322)) ⓒ 「사람이 사람인 것은 사람과 사람의 결합에 있다(Was der Mensh ist, verdankt er der Vereingung von Mensh und Mensh)」(기에르케(Otto Friedrich von Gierke-

1841~1921)) 등

② 사람은 다른 동물보다 욕망(*소유욕·권력욕·명예욕 등)이 강하여 다른 사람과의 대립·분쟁 가능성이 많다. 이를 지양하여 보다 나은 사회를 이룩하기 위하여, 합리적·이성적 판단으로 해야 할 것과 하지 말아야 할 지침 곧 「규칙(規則-rule)」을 궁리해 내어 이 규칙에 따라 공동생활을 해나가게 되었다. 이로써 유지되는 질서는 자연의 질서 또는 본능의 질서에 대응하는 「인위(人爲)의 질서」이다 → *이러한 규칙에 의한 질서는 자연법칙 곧 「인과의 법칙」에 의한 질서에 대해, 「당위(當爲)의 법칙」 또는 「Sollen의 법칙」에 의한 질서라고 한다. 「당위(當爲)」란, 해야 하는 것이 바람직하면 마땅히 해야 하고 하지 않는 것이 마땅하면 하지 말아야 한다는 것을 뜻한다.

(나) 주관적 기준의 규칙과 객관적 기준의 규칙

① 일정한 규칙은, 처음에는 특정인(*권위자)의 생각이나 의견에 의한 규칙이었다고 할 수 있다. 이는 「주관적(主觀的) 기준에 의한 규칙」이다 → *그러나 이는 특정인의 의사 여하에 달린 것이어서, 그 내용이나 결과가 예측되기 어렵고 불공평한 것일 수 있다. 비노그라도프(Paul G. Vinogradoff-1854~1925)의 『법에서의 상식(Common Sense in Law)』에서, 아프리카 어느 부족이 "It is right when I take my neighbour's wife, but it is wrong when he takes mine."이라고 한 것이 적혀 있는데, 주관적 기준의 부당성을 잘 나타내고 있다.

* 주관적 기준의 규칙은 그것을 만든 사람의 권위(權威)가 떨어지고 사람들이 그 권위에 승복하지 않으려고 하면 쓸모가 없게 된다. 그러나 오늘날에도 일정한 권위자의 주관적 의견에 따라 분쟁을 해결하도록 하는 조정(調停)이나 알선(斡旋) 또는 중재(仲裁)의 제도가 인정되고 있기도 하다.

② 다음에, 인위의 질서와 관련하여, 객관적(客觀的) 기준에 바탕을 둔 규칙이 바람직하다. 이러한 규칙이 법을 포함한 「규범(規範-Norm)」 또는 「사회규범(社會規範)」인 것이다. 사회규범은 보다 많은 사람이 또는 나아가 누구나 납득함으로써 지킬만한 규칙이다. 이는 널리 누구에게나 지키도록 해도 좋을 규칙, 즉 「보편적 타당성(普遍的妥當性)이 인정되는 규칙」이다. 「규범(規範)」은 규칙 중에서 어느 특정인에 치우치지 않고 공평한 것이어야 한다는 희

망에서 「모범적인 규칙」을 함축한 말이라고도 할 수 있다.

이러한 사회규범은 여러 가지가 있지만, 종내 법(法)이라는 형태를 취하게 되고, 이 법이 없으면 사회가 이룩되지 못하고 법이 있다는 것은 그 전제로 사회가 있다는 것을 의미한다. 따라서 「사회가 있는 곳에 법이 있다」(Ubi societas ibi ius) 또는 「법이 있는 곳에 사회가 있다」(Ubi ius ibi societas)라는 법언(法諺)이 나오게 된 것이다. 따라서 「사회를 망각한 법은 신비학(occult science)이나 마법(black art)이 되어 손붙잡을 데를 잃어 미궁에 빠지고 말게 되는 것」(Alam Harding, A Social History of English Law)에 비유할 수 있다.

또 법과 사회 간의 관계에서, 「사회가 단순하면 법도 단순하고, 사회가 복잡하면 법도 복잡하게 된다」고 할 수 있다. 더 나아가, 법과 법학(jurisprudence)의 역사는 인류사회 또는 문명의 역사이고, 인류사회와 문명을 제대로 알기 위해서는 법제를 알아야 하는 것이다.

규범 또는 사회규범은 나중에 구체적으로 살펴보는 바와 같이, 「법(法)」뿐 아니라 관습, 도덕, 종교 등도 있다.

* 법을 제외한 관습과 도덕, 종교 등은 법보다 먼저 생긴 것이라는 뜻에서 「제1차적 규범」 또는 「원시규범(原始規範)」이라고 한다. 당초의 법은 주로 이러한 제1차적 규범의 내용을 따온 것이라는 점에서 「제2차적 규범」이라고도 한다.

다. 사회규범으로서의 법과 강제

(1) 법의 강제규범성

법은 다른 사회규범의 경우와 달라, 사회 구성원이 준수하도록 강제하는 힘, 곧 「강제력」이 뒷받침이 되고 있는 규범 곧 「강제규범(强制規範)」이다.

* 동양에서 고대(古代)에 세상은 법으로 다스려야 한다고 강조한 이른바 법가(法家)는 물론이고, 인의예지(仁義禮智) 또는 덕(德)으로 세상을 바로 잡아야 한다는 유가(儒家)의 사상에서도, 법은 "형벌을 수반하는 권력에 의한 강제"라고 하였다. 또 서양의 법사상가(法思想家) 중에서, 도위치의 법학자 예링(Rudolf von Jhering－1818～1892)은 "법적 강제가 없는 법은 그 자체 모순이고, 타지 않는 불, 비추지 않는 등불과 같다"(『법에서의 목적(Zweck im Recht)』)라고 하였고, 켈젠(Hans Kelsen－1881～1973)은 "사람을 해쳐서는 안된다고 하는 규범은 그 자체만으로는 아직 법이 아니고 그것이 강제되면 법이 된다"라고 하였다.

(2) 법의 강제력과 공권력

법의 준수(遵守)를 뒷받침하는 강제력(强制力)은 일정한 방식 또는 제도로 한 군데로 모아진 힘(*이를 「권력(權力)」이라고 한다)이어야 한다. 이는 「정치적으로 조직화(組織化)한 사회(politically organized society)의 권력」, 즉 「국가의 공권력(公權力)」이다.

* 법에 의한 강제력으로 그 질서(order)의 유지가 되는 사회를 특히 이러한 법의 기능을 강조하여 「법질서(法秩序－Order juridique) 단체」라고 하기도 한다. 그러나 일반적으로 오늘날 문명사회는 국가의 공권력에 의하여 그 질서가 유지되고 있다는 뜻에서, 좁은 의미의 법질서 단체라고 하면 「국가(國家)」를 가리킨다.

(3) 법의 강제수단

(가) 강제수단의 종류

① 형법에 의한 「형벌(刑罰)」

② 사법상(私法上)의 채무(債務) 내지 의무의 위반(*계약 내지 채무의 불이행의 경우)에 대한 「강제집행(强制執行)」

③ 위법행위(違法行爲－*채무불이행 또는 불법행위)의 경우 행위자의 「손해배상책임(損害賠償責任)」

④ 계약 내지 법률행위의 하자(瑕疵) 또는 위반의 경우 그 「효과(效果)의 부인」(*무효・취소・해약 등)

(나) 법적 강제의 한계 또는 제한

① 국제법의 불완전성(*집단적 안전보장 체제・국제사법재판소의 기능 내지 지위의 한계)과 힘의 지배

② 헌법의 경우 ⓐ 「조직규범(組織規範)」의 실효성 문제(*다만, 헌법재판소의 위헌법률심판권), ⓑ 프로그램적 규정 내지 이른바 「장식적 헌법(裝飾的憲法－semantic constitution)」의 존재

③ 불완전 법규의 존재(*ⓐ 소구력 내지 집행력이 없는 불완전채무(不完全債務)」－「자연채무(obligatio naturalis)」・「책임 없는 채무」, ⓑ 위반에 대한 제재(制裁)가 없는 이른바 「훈시규정(訓示規定)」 등)

(4) 법적 강제력의 근거

이는 법은 왜 지키게 되는가(*법의 「실효성(實效性)」), 또 법은 왜 지켜야

하는가(*법의 「타당성(妥當性)」)의 문제이며, 법의 「효력의 근거」와 관련하여 후술한다.

2. 법의 구성

가. 삼위일체의 법구조

* 법은 헌법을 비롯하여 민법·형법 등 수많은 종류가 있다. 그 내용을 여러 가지로 분석해 볼 수 있다. 여기서는 기능 면에서 법이라는 규범의 구성 형태 곧 「법규범의 구조(構造)」를 살펴본다.

① 법은 사회의 질서를 유지하기 위한 규범인데, 다른 사회규범의 경우와 달라 그것이 지켜지도록 강제력이 뒷받침되고 있는 것이다. 따라서 법은 무엇보다도 그 질서유지의 기초가 되는 사회, 특히 국가와 법의 준수를 강제할 국가기관(國家機關)의 짜임새에 관한 규범을 필요로 한다. 이것이 이른바 「조직규범(組織規範)」이다.

② 그리고 이러한 조직규범에 의하여 짜여진 국가 또는 사회의 구성원인 국민과 그 조직을 대표하는 국가나 사회의 기관(機關)에게 요구되는 행위에 관한 것, 즉 하여야 하고 하지 말아야 할 것 또는 할 수 있는 것과 할 수 없는 것을 내용으로 하는 규범이 있어야 한다. 이는 「행위규범(行爲規範)」이며, 법 중에서 실제로는 가장 중요한 것이다.

③ 또 조직규범이나 행위규범이 지켜지도록 하고 그것이 지켜지지 않을 경우 그 위반에 관한 다툼인 「분쟁(紛爭)」을 해결하고 법으로서의 규범력(規範力)이 제대로 발휘되도록 하는 행정기관의 처분 및 사법기관 곧 법원의 재판에 관한 규범이 필요하다. 이것이 「재정규범(裁定規範)」 또는 「제재규범(制裁規範)」인데, 법의 준수에 관한 분쟁의 최종적인 해결은 사법기관(司法機關)인 법원의 재판에 맡겨져 있다는 점을 강조하여, 이는 일반적으로 「재판규범(裁判規範)」으로 불리우고 있다.

이와 같은 세 가지의 규범이 「삼위일체(三位一體)」로 법이 기능을 제대로 발휘하고 그 목적을 실현하도록 유기적인 관련을 맺고 있는 것이다.

나. 조직규범

(1) 국가 · 지방자치단체에 관한 법규

「헌법(憲法)」은 국가기관의 큰 틀을 규정하고 있다. 즉 헌법에서 규정하고 있는 국가기관은 대통령을 비롯하여, 국회, 정부 및 법원과 헌법재판소이다. 헌법에 따른 국회법, 정부조직법, 법원조직법, 헌법재판소법 등도 대표적인 조직규범이다. 그리고 지방자치단체에 관한 조직규범으로는 「지방자치법(地方自治法)」이 있다.

(2) 공법인과 사법인에 관한 법규

국가 또는 지방자치단체 이외의 단체의 기관 · 조직에 관하여는 각종의 공법인(公法人)과 사법인(私法人)을 규율하는 법규가 있다. 예컨대, 주식회사의 주주총회, 이사회와 대표이사, 감사(監事) 또는 감사위원회에 관한 상법의 규정(상법 361～415의2 · 542의2～542의12)도 널리 조직규범에 속하는 것이다.

* 다음에 말할 행위규범과 재판규범도 그것이 법으로 제정되어 실제로 적용되고 집행됨으로써 그 효력이 발휘된다. 이 의미에서, 조직규범은 행위규범과 재판규범을 포함하여 널리 법의 제정과 적용 및 집행에 관하여 정하고 있는 법이라고도 할 수 있다.

이러한 조직규범은 일반인이나 법관을 상대로 하는 것이 아니라, 널리 국가의 공무(公務)를 담당하는 자 곧 공직자(公職者) 또는 국가기관을 법 적용의 상대방인 이른바 「수범자(受範者)」로 하는 규범인 것이다.

다. 행위규범

(1) 명령규범

예컨대, 민법에서 규정하고 있는, 「토지소유자는 처마물이 이웃에 직접 낙하(落下)하지 아니하도록 적당한 시설을 하여야 한다」(민법 225), 「부부는 동거하며 서로 부양하고 협조하여야 한다」(민법 826①본문), 「자(子－*딸 · 아들)는 친권자(*부모)가 지정한 장소에 거주하여야 한다」(민법 914) 등

(2) 금지규범

민법의 경우 「권리는 남용하지 못한다」(민법 2), 「대리인은 본인의 허락이 없으면 본인을 위하여 자기와 법률행위를 하거나 동일한 법률행위에 관하여

당사자 쌍방을 대리하지 못한다」(민법 124 본문), 「임차인은 임대인의 동의없이 그 권리를 양도하거나 임차물을 전대(轉貸－빌린 물건을 다른 사람한테 빌려주는 것)하지 못한다」(민법 629①) 등

(3) 허용규범

민법상의 「소유자는 법률의 범위 내에서 그 소유물을 사용, 수익, 처분할 권리가 있다」(민법 211), 「점유자는 그 점유를 침탈 또는 방해하는 행위에 대하여 자력(自力)으로써 이를 방위할 수 있다」(민법 209①) 등

* 형법에서 규정하고 있는 형벌 또는 처벌의 대상인 범죄(犯罪)는 모두 명령 또는 금지의 행위규범을 전제로 하여 그 위반으로 성립하는 것이다. 예컨대, 절도죄(竊盜罪)에 관하여, 「타인의 재물을 절취한 자는 6년 이하의 징역 또는 1,000만원 이하의 벌금에 처한다」(형법 329)라고 규정하고 있는 규정 속에는, 사람은 남의 재물을 훔치지 말라고 하는 금지규범(禁止規範)이 당연히 포함되어 있다. 또 위증죄(僞證罪)에 관하여, 「법률에 의하여 선서한 증인(證人)이 허위의 진술을 한 때에는 5년 이하의 징역 또는 1,000만원 이하의 벌금에 처한다」(형법 152①)라고 규정하고 있는 것은, 증인은 진실을 말하도록 하여야 한다는 명령규범(命令規範)을 전제로 한다.

** 행위규범인 법은 그것이 제대로 지켜지도록 하기 위한 제재(制裁－sanction)가 인정된다. 형법의 경우 범죄에 대한 처벌(處罰) 곧 형벌(刑罰－punishment), 민법의 경우 행위규범의 위반에 대해 법원을 통한 강제이행 또는 손해배상 등의 불이익 처분이 제재이다(민법 389·390).

행위규범은 공권력(公權力)을 통한 제재로 그 준수가 강제되는 점이 도덕 등 다른 사회규범과 근본적으로 다른 것이다. 법이 「강제규범(强制規範)」으로 불리우는 것은 이 때문이다.

이 점에서, 법은 문장에 관한 이른바 복문(複文) 중에서 조건부의(conditioning) 「조건문(條件文)」 형식의 구조를 취하고 있다. 이와 관련하여 논리학에서는, 법을 「가언판단(假言判斷)」의 형식을 취하는 규범으로 파악하는 것이다. 가언판단은 "～이면, …이다"로 표현되는데, "～이다"로 표현되는 「정언판단(定言判斷)」 또는 "～이거나, 또는 …이다"로 표현되는 「선언판단(選言判斷)」과 대립된다. 법 이외의 도덕 기타의 사회규범은 「～하여야 한다」, 「……하여서는 안된다」 등의 정언판단 형식의 규범인 데 대하여, 법은, 예컨대 「남의 물건을 훔치면, 징역을 살거나 벌금을 물어야 하는 벌을 받는다」, 「다른 사람에게 손해를 입히면, 그 손해를 배상하여야 한다」 등으로, 조건의 부분(*이를 형법의 경우 「구성요건(構成要件)」, 민법 등 사법의 경우 「법률요건(法律要件)」이라고 한다)

과 결과의 부분(*이를 널리 「효과」라고 하며, 형법의 경우에는 「형벌(刑罰)」, 사법의 경우에는 특히 「법률효과(法律效果)」라고 한다)이 결합되어 있는 것이다. 이상의 예에 대해, 도덕은 규범의 논리적 표현의 구조가 단순히 「남의 물건을 훔치지 말라」, 「남에게 피해를 주지 말라」 등의 단문(單文)의 정언판단 형식을 취한다.

라. 재판규범

(1) 재판규범의 의의

법이 지켜지지 않아 사회질서가 어지럽혀지는 다툼 곧 사회적 분쟁(社會的紛爭)은 최종적으로 공권력을 가진 국가기관인 법원(法院)에서 법관이 재판으로 해결하게 된다. 이때 법관은 법을 「적용(適用)」하여 양심에 따라 재판을 하여야 한다(헌법 103). 따라서 법은 이러한 분쟁 해결의 기준이 되는 기능을 하는 것이 보통이다. 이러한 재판의 기준이 되는 법이 「재판규범(裁判規範)」이다.

* 법은 행정기관이 행정처분을 하기 위한 「결정(決定)」의 경우에도 기준이 되는 것이므로, 법관에 의한 재판의 경우와 합쳐서 법을 재판과 결정의 기준이 된다는 뜻을 함축하여 「재정규범(裁定規範)」이라고 하기도 한다.

** 사회적 분쟁은 법원의 재판에 의하여 그 최종적인 해결이 기대되는 만큼, 법은 재판의 절차나 내용을 규정하는 준칙인 「재판규범」이 중시되고, 재판의 공정성(公正性)을 보장하기 위한 「사법권(司法權)의 독립」이 강조되는 것이다.

(2) 재판규범과 행위규범

법 중에는, 시효제도(*「소멸시효」－민법 162 이하, 「취득시효」－민법 245～248), 서면에 의하지 않는 증여계약의 해제 가능성(민법 555) 등의 경우와 같이, 재판규범(裁判規範)이라고만 해야 하는 것이 있다(*"제 때에 권리를 행사하도록 하라", "증여계약은 서면으로 하도록 하라" 등의 행위의 준칙과는 관계가 없다). 따라서 법을 「재판규범」으로 파악하려는 견해도 있다 → *법규범은 종래 도덕이나 종교 등의 행위규범에서 발달한 것이 많고, 또한 재판규범이라고 하여 모두 행위규범으로서의 색체를 잃는 것이 아니다. 따라서 법규범을 재판규범으로만 파악하는 것은 무리이다. 법규범 중에는, 형법의 경우와 같이 「행위규범」으로서의 성격이 강한 것과 고도의 기술성(*합리성・전문성)을 띠는 상법

(商法)의 경우와 같이 「재판규범」으로서의 성격이 강한 것이 상존(相存)하고 있다고 하여야 할 것이다.

3. 법과 다른 사회규범

가. 사회규범 간의 차이와 연관성

① 사회규범 또는 규범은 법만 있는 것이 아니다. 널리 관습 또는 관례, 도덕, 종교 등도 사회규범이다. 법 이외의 이러한 사회규범도 사람의 행위를 규율하는 준칙으로서 사회질서 유지에 이바지하고 있다.

② 법과 다른 사회규범 사이의 근본적인 차이는 「강제력(强制力)」의 유무에 있다. 법은 궁극적으로 국가 공권력의 뒷받침에 의한 강제력으로 그 준수가 보장된다. 다른 규범은 그렇지 못하고, 그것을 지키지 않으면 세간의 비난이나 따돌림 등을 받게 됨으로써 그 위반이 억제되고, 그런 만큼 그것에 의해 사회질서 유지의 기능이 인정될 수 있는 것이다.

③ 따라서 법과 다른 사회규범은 강제력을 제외하고는 적어도 행위규범(行爲規範)으로서의 기능에 관한 한 내용상으로는 절대적인 차이가 없다고 할 수 있으며, 서로 연관을 맺으면서 함께 사회질서를 지탱해 가고 있다.

나. 관 습

(1) 관습의 의의

관습(慣習－custom)이란 어떤 일(*이를 「사실(事實)」이라고 한다)이 계속적으로 반복됨으로써, 그것이 무의식적으로 또는 자연스럽게 사람의 일정한 행동 또는 행위의 준칙(準則)이 되고 있는 것을 말한다(*식사는 하루 세끼로 해야 하게 되었고, 보통 사람은 낮에는 일하고 밤에는 잠을 자야 한다는 것 등).

* 관습은 널리 「습관(habit)」 또는 행동 또는 행위 면에서의 「관행(慣行－usage)」이 규칙화한 것이다. 이 관습이 지속되지 못하는 것도 있을 수 있는데, 그것은 「유행(流行)」이라고 할 수 있다.

(2) 관습과 법의 차이

(가) 구속력

관습은 그 위반에 대해서는 세간의 비난(*절교·따돌림)이 제기됨으로써 위반이 억제되어 사회의 질서가 유지될 수 있는 것이다. 그러나 그것을 따르지 않는다고 해서, 행정기관의 처분이나 법원의 재판을 통해 제재를 가해 강제적으로 지키게 할 수 없다. 이 점이 국가기관의 강제력(强制力)에 의하여 그 위반에 대한 제재가 따름으로써 준수가 보장되는 법규범과는 다른 것이다.

(나) 적용범위

관습은 한 나라에서 시대에 따라 또한 지역(地域)에 따라 다를 수 있다. 이에 대해, 법은 일정한 절차로 변개(變改)될 때까지 지속성을 가지고 전국적으로 실시된다.

(3) 관습과 법의 연관성

(가) 관습의 법적 기능

법의 실효성(實效性)은 관습을 무시하고 확보하기 어렵다 → *따라서, ① 사회적인 윤리 도덕과 밀접한 관계가 있는 관습은 「선량한 풍속」으로 법규범으로 취급된다(민법 103). 또 ② 민법은 관습(*이른바 「사실인 관습」)이 법률행위 당사자의 의사(意思)가 명확하지 않은 경우 그 의사표시의 목적 또는 당해 법률행위의 내용이 됨으로써 성문법의 「임의규정」(任意規定－*「강행규정(强行規定)」에 대립되는 법규로서 당사자가 그 내용과 다른 의사표시로써 적용을 배제할 수 있는 규정)에 우선하는 효력을 인정하고 있다.

(나) 관습법의 형성

관습은 오래 지속되어 널리 전국적으로 퍼져 일반인이 관습을 법이라는 확신(*「일반인의 법적신념－opinio iuris et necessitatis」)을 할 정도가 되기에 이르면 「불문법(不文法)」의 일종인 법원(法源)이 된다. 이를 「관습법(慣習法－customary law)」이라고 한다 → *관습법은 우리나라와 같이 성문법 중심주의(成文法中心主義)의 국가에서는 성문법에 대한 관계에서 성문법에 위반하는 관습법의 성립이 인정되지 않는 것이 원칙이다. 이를 관습법의 「보충적 효력(補充的效力)」이라고 하고, 관습법의 「성문법 개폐력(成文法 改廢力)」의 경우에 대립되는 것이다(민법 1 참조).

* 관습법의 「성문법 개폐력」은 성문법과 다른 관습법이 형성되면 그것이 기존의 성문법의 적용을 배제(排除)함으로써 성문법이 개정되거나 폐지된 것으로 취급하

는 효력이 인정되는 것을 말한다. 일반인의 상식이나 전통의 지배를 받지 않고 고도로 합리주의(合理主義)의 정신이 지배하는 법 분야라고 할 수 있는 「상법(商法)」의 경우 상관습법(商慣習法)의 성문의 민법(民法)에 대한 우선적 효력 곧 개폐력(改廢力)이 인정되고 있다(상법 1).

다. 도 덕

(1) 도덕의 의의

① 도덕(道德－moral)은 양심에서 우러나오는 사람이 살아가야 할 도리(道理)라고 말할 수 있다.

* 도덕은 예의와 구별된다. 「예의(禮義)」는 습속(習俗)의 일부로서 먼저 외형을 단정히 하여 마음을 깨끗이 하도록 하는 것이다. 이에 대해, 「도덕(道德)」은 먼저 마음을 깨끗이 닦아 그것에 걸 맞는 외형을 갖추도록 하는 것이다.

공자는 예의와 도덕의 유용성을 중시하여, 이를 천하를 평화롭게 다스리기 위한 정치의 기준으로 삼아야 한다는 덕치국가론(德治國家論)의 발상(發想)을 하였다. 그러나 현재의 법 중에는 예의규범적인 요소는 거의 없다고 할 수 있다.

② 그런데 도덕은 인륜(人倫)과 같은 가족적인 윤리를 포함하기도 하고, 예의(禮儀)라고 하는 경우 관습의 일부로 사회적인 생활 양식과도 관련이 있다. 교통도덕이나 공중도덕 또는 상도덕(商道德)이라고 하면 각각의 생활 영역에 맞는 구체적인 행동지침을 의미한다.

③ 이와 같이 여러 가지 뜻을 내포하는 도덕(道德)이 법(法)과는 어떻게 구별(區別)되고 어떤 관계(關係)를 가지는가는, 예링이 그것이 심해(深海)의 소용돌이를 헤쳐나가기처럼 어렵다는 의미에서 "법철학상(法哲學上)의 케이프 곶"(Cape Horn der Rechtstheorie)이라고 말하고 있을 정도로 풀기가 아주 어려운 문제이다.

④ 그러나 법과 도덕 간의 차이나 구별 내지 연관성 등에 관해서는, 크게, ⓐ「법·도덕 일원설」, ⓑ「법·도덕 이원설(구별설·준별설)」, ⓒ「법·도덕 상관론」의 셋으로 정리해 볼 수 있다.

(2) 법·도덕 일원설

법·도덕 일원설(一元說)은 고대에 도덕과 법의 구별이 분명하지 않던 시대의 처지라고 할 수 있다.

┌도덕 일원론 : 도덕이 법을 포함하는 것으로 파악하는 그리스나 동양의 유가(儒家)의 사상
└법 일원론 : 법이 도덕을 지배하는 것으로 보는 히브리나 동양의 법가(法家 - *중국 전국시대의 한비자(韓非子) 등)의 사상

* 유교(儒敎)의 영향 아래 있는 우리나라를 비롯한 동양의 각국에서는 서구의 각종 법제를 계수하고 있음에도 불구하고, 일반인의 법의식(法意識) 속에는 여전히 도덕 일원론적인 사고가 도사리고 있다.

(3) 법 · 도덕 이원설

법 · 도덕 이원설(二元說)은 중세에서 근세에 이르는 서양의 법철학(法哲學 - Philosophy of law)에서는, 법과 도덕의 상이(相異)에 관한 기준을 두고 다음과 같은 많은 논의와 함께, 양자의 차이를 인정하고 양자를 구별하려는 견해가 지배적이었다 → *특히, 토마시우스(Christian Thomasius - 1655~1728), 칸트(Immanuel Kant - 1724~1804) 등의 「법실증주의(法實證主義 - legal positivism)」의 학자는 법과 도덕을 서로 성질 또는 기능이 다른 별개의 규범이라고 엄밀히 구별하려는 이른바 「법 · 도덕 준별론(峻別論)」을 주장한 것으로 유명하다.

(가) 대상설 : 법은 사람의 행위로서 외부에 나타나는 행동을 대상으로 삼는 것인 데 반해, 도덕은 사람의 심정(心情)으로서 내부적 양심을 대상으로 한다는 견해이다. 이는 법의 「외면성(外面性 - Äusserlichkeit)」, 도덕의 「내면성(內面性 - Innerlichkeit)」으로 불리운다. 따라서 법의 경우 사람의 행위가 규범에 합당한 것이면 「합법성(合法性 - Legalität)」, 도덕의 경우 양심에 비추어 가책(呵責)이 없으면 「도덕성(道德性 - Moralität)」이 인정된다고 한다.

* 법 중에도, 형법의 경우 고의범(故意犯)과 과실범(過失犯)을 구별하여 고의범만 처벌하는 것이 원칙이고 과실범은 예외적으로 처벌한다(형법 13). 민법의 경우에도, 악의(惡意 - *어떤 사실을 아는 것)와 선의(善意 - *어떤 사실을 알지 못하는 것)의 구별에 따라 법률효과가 다른 경우가 있으며(민법 29② · 201 · 748 등), 나아가 사법상(私法上)의 대원칙으로 신의성실(信義誠實)의 원칙이 선언되고 있다(민법 2①). 이들은 법의 경우도 행위자의 내부적인 심정이 널리 참작된다는 것을 나타내고 있다.

반면에, 도덕도 예의(禮儀) 또는 예절(禮節)의 경우처럼 공손한 태도와 단정한 몸가짐과 같은 외부적 행위를 통하여 평가되는 경우가 많은 것이 있다.

따라서 법은 「누구도 생각을 벌하지 아니한다(Cogitationis poenam nemo meretur)」는 점과 관련하여서는, 법의 외면성(外面性)과 도덕의 내면성(內面性)이 성립될 수 있지만, 법의 외면성·도덕의 내면성은 라드부르흐가 말한 바와 같이 양자간의 관심(關心) 방향의 차이라고 하여야 할 것이다.

(나) 수준설 : 법은 보통의 사람이 지킬 수 있는 수준의 행위를 요구하는 것인 데 대하여, 도덕은 보통의 사람보다 높은 양심 수준의 사람으로서의 인격형성을 요구하는 것이라고 한다 → *그러나 사람들의 내면적 심정의 수준(水準)을 양분하는 일은 쉽지 않고, 게다가 이러한 사고는 이성적(理性的) 인간으로서의 평등의 이념에도 어긋난다.

(다) 강제설 : 법은 형벌 기타의 국가 공권력에 의한 제재(制裁)로 지켜지도록 강제하는 것인 데 대하여, 도덕은 양심의 가책과 같은 자발적인 의식에 의하여 자율적(自律的)으로 지키도록 되어 있는 것이라는 견해이다. 앞에서 말한 법의 정의(定義)는 대체로 이를 개념 요소로 하여 내린 결론이다 → *법 중에서 이른바 행위규범(行爲規範)은 그 내용이 도덕규범과 일치하는 것이 많다. 그리고 실정법(實定法)의 규정 중에는 제재가 따르지 않는 법규, 즉 「불완전법규」(不完全法規 - lex imperfecta) 또는 「훈시규정」(訓示規定)도 있고, 또 성질상 강제적으로 적용할 수 없는 「임의법규(任意法規)」도 많다. 다만, 도덕규범 중에서는 사회질서의 유지를 위하여 보통의 사람이 반드시 지키도록 할 필요가 있는 것은 법으로 규정되어 있는 것이 많다. 이 견지에서, 옐리네크(Georg Jellinek - 1851 ~ 1911)는 「법은 도덕의 최소한(ethische Minimum)」이라고 하고 있는 것이다(*이는 법의 「내용(內容)」에 착안한 말인데, 경제학자 슈몰러(Gustav von Schmoller - 1838 ~ 1917)는 법의 「효력(效力)」에 착안하여 반대로 「법은 도덕의 최대한(ethische Maximum)」이라고 하였다).

* 법은 일반적으로 행위자의 의무(義務)에 대응하는 권리(權利)가 있는 「이면성」(二面性)의 규범인 데 대하여, 도덕은 의무만 인정되고 그것에 대응하는 권리가 없는 「일면성」(一面性)의 규범이라는 차이를 인정하는 견해도 있다. 이러한 견해는 그것에 대한 제재(制裁)와 관련된 위의 「강제설」에 포함시킬 수 있는 것이다.

(4) 도덕과 법의 연관론

도덕과 법의 관계에 대해, 현재는 양자를 구별하면서, 서로 일치·중복하는 경우가 있는가 하면, 반드시는 일치하지 않고 어느 일방만 요구되는 경우 또는 오히려 전혀 상반되는 경우가 있다는 것을 인정한다.

(가) 양자의 일치·중복의 경우

형법의 경우가 그 대표적인 예이다. 민법상의 신의성실(信義誠實)의 원칙(민법 2①)과 법률행위의 유효요건으로서의 사회적 타당성(민법 103)의 경우도 그 예이다.

* 우리나라 형법에서는 살인죄, 상해죄, 폭행죄, 유기죄, 학대죄, 체포·감금죄, 협박죄 등의 경우 범죄인이 자기 또는 배우자의 「직계존속」(直系尊屬－부모·조부모·증조부모 등)에 대해 이러한 죄를 저지른 때에는 더 무거운 처벌을 하게 되어 있다(형법 250②·257②·258②·260·271②·273②·275②·277②·283② 등). 이는 인륜·도덕의 대본(大本)인 「효도」(孝道)가 법에 반영된 대표적인 사례이다. 다만, 이러한 형법의 처지에 대해서는, 민주주의의 「평등(平等)」을 규정하고 있는 헌법 제11조에 위반한다는 비판이 있기도 하다.

** 최근에 제기되고 있는 극심한 고통을 당하고 소생의 가능성이 없는 환자에 대해 그 안락사(安樂死－euthanasia) 또는 존엄사(尊嚴死－death with dignity)를 인정할 것인가가 논쟁의 대상이 되고 있다. 앞으로 인명 존중의 도덕이 여전히 법의 발목을 잡고 이를 허용하지 않을 수 있을 것인지는 심각하게 지켜볼 일이다 → *이 문제에 대해, 종래 생명 존중의 도덕적 이유·하나님 모독이라는 종교적 이유 등으로 반대의 의견이 지배해 왔다. 그러나 존엄한 인명이지만, 이를 인위적으로 끊는 것을 엄격한 요건 아래 인정하여야 한다는 견해도 만만찮다. 예컨대, ① 불치병으로 사망이 목전에 임박할 것, ② 병자의 고통이 목불인견(目不忍見)일 것, ③ 오직 병자의 극심한 고통을 완화시키기 위한 목적으로 할 것, ④ 본인의 진지한 부탁 또는 승낙이 있을 것, ⑤ 의사(醫師)가 직접 행하는 것을 원칙으로 할 것, ⑥ 방법이 윤리적이고 타당하다고 인정될 것 등의 요건을 충족하면, 안락사, 나아가 존엄사를 인정하는 것이 오히려 인도주의(人道主義)와 유가족(遺家族) 보호의 요청에 부합한다는 것이다.

(나) 양자 간의 무관계의 경우

법이 도덕과 관계가 없는 경우로는, 법규범 중에서 앞에서 말한 조직규범(組織規範)이 대표적인 것이다. 행위규범(行爲規範) 중에서도 보행자의 좌측 통행과 차량의 우측 통행에 관한 법규, 과학적 기술과 관련된 법규와 상법의 회계·계산에 관한 규정 등 기업관계의 기술적 법규도 도덕규범과는 상관이 없다.

(다) 양자 간의 상반의 경우

법과 도덕이 상반(相反)하는 경우로는, ① 도덕적으로 비난의 대상이지만 법적으로는 규율 대상이 되지 않는 경우(*우리나라의 현행법상으로는, 아무 상관이 없는 사람이 생명에 대한 위험이나 경제적으로 생존(生存)의 위협을 받을 정도의 곤궁에 빠진 다른 사람을 돕지 않는 사람에 대하여 법적 제재를 인정하지 않는 것이 그 예이다), ② 도덕적으로는 비난의 대상이 되지 않지만 법적으로 제재를 받는 경우(*정치범 내지 이른바 확신범(確信犯-Überzeugungsverbrecher)의 처벌, 시효(時效)의 제도, 서면에 의하지 않은 증여계약의 해제에 관한 규정(민법 555)) 등이 있다.

* 과거 우리나라는 사람이 위급한 것을 보고도 돕지 않으면 「100대의 매질형 곧 견급태일백(見急笞一百)」에 처하도록 되어 있었다. 지금도 이러한 경우를 법적 처벌의 대상으로 삼는 나라도 있다. 이는 기독교 성경에 나오는 예수의 선한 사마리아 사람 비유(누가복음 10 : 30~37)에 좇아 「사마리아 법제」(Samaritan law)라고 한다.

라. 종 교

(1) 종교의 의의

종교(宗敎)가 사회규범으로서 사회생활의 질서 유지를 위하여 중요한 역할을 하지만, 한 마디로 종교를 정의하기란 힘든다. 다만, 현재의 문명사회에서 말하는 종교는 대체로 불완전한 사람이 삶과 죽음에 관한 문제를 초월하여 어떤 영혼의 이상향(理想鄕)을 희구하는 신앙 형태를 가리킨다고 할 수 있다.

* 우리나라의 대표적인 종교인 불교와 기독교의 교리(敎理)의 요체(要諦)는 다음과 같이 말할 수 있다.

불교의 경우 사람의 삶과 죽음 내지 생로병사(生老病死)가 다 고통이라는 「일체개고(一切皆苦)」로부터 출발하여(*고제(苦諦)), 그 모두가 욕심과 미련에서 나오는 것이고(*집제(集諦)), 이 욕심을 없애는 것이 고통 문제의 해결 방법인 바(*멸제(滅諦)), 이는 석가모니 부처님의 가르침을 옳게 보고 받아들이며(正見), 살아 있는 모든 것들에게 자비를 베풀겠다고 생각하며(正思), 거짓되고 사람의 불화를 가져오는 말을 삼가며(正言), 살생이나 도덕질 또는 음행을 하지 않으며(正業), 남을 해치지 않는 생업을 가지며(正命), 그릇된 마음 상태가 되지 않도록 끊임없이 노력하며(正精進), 몸의 움직임이나 생각이 온전하도록 성심을 다하며(正念), 마음을 한 곳에 집중하고 흐트려지지 않도록 하여야 한다(正定)고 하는 이른바 팔정도(八正道)를 실천함으로써(*도제(道諦)), 주관적으로는 해탈(解脫)하고, 객관적으로는 열반(涅槃)에 들며, 종국적으로 각자 부처의 세계를 이룩하게 된다는 것이다(*이는「사성제(四聖諦)」의 요지이다).

다음에, 기독교의 경우 하나님의 극진한 사랑으로 사람은 하나님의 형상대로 천하보다 귀하게 창조되었으나, 사람이 하나님을 거역하고 저지른 죄 곧 이른바 「원죄(原罪)」로 인해 수고하고 무거운 짐진 자가 되었다는 근본 문제에서 출발하여, 사랑의 하나님이 그 외아들 예수를 이 세상에 보내 사람의 죄악에 대한 대속물(代贖物)로 십자가에 못 박혀 죽게 하고 사흘만에 부활시킴으로써, 천하 만민에게 죄의 문제로부터 해방되어 이 세상에서 하나님의 영(*성령(聖靈))과 함께 살아가고 죽어서는 하늘 나라 또는 천당(天堂)에서 하나님과 영생(永生)할 수 있는 길을 열어놓았기 때문에, 이 사실을 거저 믿고 받아들이기만 하면 영육의 구원을 얻는다고 한다(*이는 「사영리(四靈理)」의 요지이다).

(2) 종교규범의 특색

(가) 법규범과의 차이

종교는 「개인적」이고 「내면적」인 「영적(靈的)」 문제로, 세속의 인간사회를 초월하는 「초국가적」인 「이상(理想)」의 세계를 지향하는 것이라고 할 수 있다. 이에 대해, 법은 「사회적」이고 주로 「외면적」인 「구체적·경제적 삶」의 문제로, 「국가적」인 「현실(現實)」의 세계를 규율한다. 따라서 법과 종교는 서로 차원을 달리하는 것이다.

(나) 법 발달에 대한 종교의 영향

① 종교의 경우 종교인이 행동하고 마음과 생각을 가다듬어야 할 처신(處身) 또는 다잡을 생활의 자세나 태도에 대한 가르침 또는 경전(經典) 중에 율법(律法) 내지 계율(戒律)이 있기 마련이다. 이는 「종교규범(宗敎規範)」으로서, 이른바 고등종교(高等宗敎)의 경우 고도의 도덕적(道德的)인 내용을 포함하고 있다. 물론, 행위규범으로서의 종교는 원래 당해 종교의 신자(信者)만 상대로 하는 것이지만, 그 내용이 보편적 타당성을 가진 것이면 법규범과의 관계를 가지게 된다.

② 그 결과, 적어도 서양의 법제와 법사상은 기독교의 영향을 많이 받아왔다. 예컨대, 노예 제도의 폐지, 이자 제한의 법리, 인도주의에 바탕을 둔 형벌 제도의 개선, 경제적·사회적 약자의 구호, 노동법의 탄생, 세계평화를 지향한 국제법의 발달 등이 그러하다. 또 로마제국에 의한 기독교 공인 이래 법철학에 관한 「자연법론(自然法論)」은 궁극적으로 기독교의 교리(敎理)에 귀결

되고 있다고 해도 과언이 아니다.

③ 그리고 이슬람 제국과 같이, 종교와 국가의 관계에서 「제정일치(祭政一致)」로 종교가 국가에 의하여 강제될 때에는, 종교규범은 이른바 「율법(律法)」으로 법규범으로서의 구속력이 인정되는 것이다.

* 종교는 그 중에 도덕률을 포함하고 있기 때문에, 법과 도덕과의 관계에 유사한 「법과 종교」의 관계가 문제가 된다. 이에 대해, ⓐ 종교와 도덕을 혼동하거나, ⓑ 양자의 차이는 단순히 그 율법이 초자연적인 연원(淵源)에서 유래한 것인가 아닌가에 있을 뿐이라는 처지에서, 종교의 법과의 관계를 다루는 것이다.

- 법 : 모든 사람에 대한 의무를 정한 규범
- 도덕 : 개개인의 자신에 대한 의무를 정한 규범
- 종교 : 절대자에 대한 의무를 정하는 규범

(3) 국가와 종교

근대 민주국가에서는, 정치와 종교의 분리 곧 「정교분리(政教分離)」가 인정되고 있다 → *① 사람의 내심적인 신앙 문제 곧 종교에 대해 국가가 간섭하지 않는 「종교 또는 신앙의 자유」를 보장하고(헌법 20), 나아가 ② 국교(國教)를 인정하지 않고 「종교 간이나 종파(宗派) 간의 평등」과 그 활동의 자유를 보장하고 있는 것이다(헌법 10①・17・19 등).

제 2 절 법의 목적

1. 법의 목적의 두 가지 의미

① 법의 목적(目的)은 법이 실현하여야 할 목표로서, ⓐ 실제의 경험적 의미의 목적과, ⓑ 나아가, 법의 궁극적 목적 곧 「법의 이념(Idee des Rechts)」으로 나뉘어진다. 전자는 「법적 안정성」의 확보로, 후자는 「정의」의 실현으로 파악되고 있다. 법의 목적, 특히 법의 이념(理念)은 「법의 개념(Begriff des Rechts)」과 함께, 법철학상의 2대 중요 과제이다.

* 예링(Rudolf von Jehring－1818～1892)은 그 저서 『법에서의 목적(Der Zweck in Recht)』에서 사람의 모든 실천은, 예컨대 좋은 음식을 만드는 것은 맛있게 먹고 몸을 건강하게 할 목적으로 하는 것과 같이, 「목적 활동」이고, "목적은 법의 창조자이다"라고 하고 있다. 예링은 법을 추상적인 형식 논리의 세계에서 완전히 해방시켜, 모든 사회 발전의 단계에서 그것에 적합한 것을 창출하기 위해 행하는 목적(目的)과 타산(打算)의 산물이라고 파악하고, 현실 사회의 여러 가지 이익 목적이 법을 창조하는 것이라고 주장한다.

** 학문의 궁극적 목적은 진(眞)이며, 도덕은 선(善), 예술은 미(美), 정치는 나라의 통치(統治), 의학은 사람의 건강(健康) 등이 그 궁극적 목적인데, 법(ius)은 전통적으로 「정의」(正義－justice)가 궁극적 목적으로 파악되어 왔다.

② 법적 안정성(法的安定性)의 확보는 정적(靜的)인 「기능(機能)」 면에서 사회질서의 유지와 관련된 「법의 존재」에 의의가 있고, 정의(正義)의 실현은 동적(動的)인 「내용(內容)」 면에서 구체적인 사건이나 분쟁을 해결하는 기준으로서의 「법의 적용・해석」의 경우에 의의가 있는 것이다.

2. 법적 안정성의 확보

법은 사회질서 유지를 위한 규범이므로, 사회의 안정과 질서의 유지는 「법 자체의 안정성(安定性)(Sicherheit des Rechts selbst)」이 전제가 되어야 한다.

이는 법에 따름으로써 안심하고 생활을 할 수 있게 되는 것을 의미하며, 「법에 의한 사회질서의 안정」이 아니고, 「법 자체의 안정」을 가리킨다(*법적 안정성은 법의 현실적 기능에 관한 이념이기 때문에, 그 결과 법에 의해 사회질서 유지가 확보되는 것이다).

* 이러한 법의 목적이 널리 공통적으로 또한 시간적·공간적으로 사회의 구석구석까지 골고루 미칠 수 있기 위해서는, ① 법의 내용이 명확할 것(*성문법화), ② 용이하게 변개(變改)되지 않을 것(*의회제도에 의한 신중한 입법·개정 절차), ③ 확실한 집행이 따를 것(*실효성 있는 강제력), ④ 살아 있는 사람과 그 의식(*도덕관·양식 내지 상식)에 합치할 것 등이 요청된다.

3. 정의의 실현

가. 정의와 구체적 타당성

① 실력(힘)의 지배로부터 탈피하고 「정의」의 이념에 따라 사회질서가 유지되어야 법이 가치있는 것이라고 사람들의 지지를 받고 생명력을 가지게 된다.

② 정의의 이념은 분쟁 내지 사건의 당사자인 특정인에 대해 적용됨으로써 실현되는 것이므로, 법의 목적이 가진 동적인 측면이고, 정의(正義)의 실현은 곧 「구체적 타당성(具體的妥當性－konkrete Billigkeit)」 또는 「형평(衡平)」의 실현이라고 할 수 있다.

* 법과 정의가 깊은 관계가 있다는 것은 로마나 그리스의 신화(神話)에 나오는 여신(女神)에 관한 그림이나 조각상으로도 잘 알 수 있다. 따라서 여신(*로마 Justitia, 그리스 Temis)을 「정의(正義)」의 여신이라고 하기도 하고 「법(法)」의 여신이라고 하기도 한다.

  정의(*법)의 여신은 왼손에는 천평(天秤) 저울, 오른손에는 칼(劍)을 들고, 눈은 가리고 위엄있는 모습을 하고 있다.

  저울은 대립물의 「형평(衡平)」을, 칼은 제재(制裁)에 의한 「강제(强制)」를 나타내고, 이로써 양심에 의한 판단에 따라 「정의(正義)」를 실현하고자 하는 것이 법의 이념이라고 가르치고 있는 것이다.

나. 정의의 특질

(1) 일반성 · 보편성

정의는 그 실현의 대상 면에서 개인적 이익뿐 아니라 사회 일반의 이익과 관련된 것이다. 사회 구성원 개인의 이익은 동시에 타인의 이익과 연결된다(*위법행위자에 대한 형벌 · 손해배상책임의 부과는 피해자 개인 문제에서 구성원 전원에게 영향을 준다) → ∵ 이 의미에서, 정의의 「일반성 · 보편성」

(2) 사회성 · 상대성

정의는 개인적 · 주관적인 것이 아니고 보편적 · 객관적인 것이라고 하더라도, 그것은 자연과학적인 사실이나 경험적인 사실과 같은 보편성 · 객관성이 아니며, 그 기준은 사회 구성원이 무엇을 옳다고 생각하는가의 「가치판단(價値判斷)」의 문제이다. 이는 개인적인 가치판단이나 세계관이 아니라, 사회적으로 그 정당성이 널리 구성원에 의해 인정되고 수용되어야 할 가치판단 · 세계관을 의미한다(*이러한 가치판단의 수용범위가 넓으면 넓을수록 위의 보편성 · 객관성이 높아진다) → ∵ 이 의미에서, 정의의 「사회성 · 상대성」

(3) 역사성 · 가변성

정의의 내용은 시대에 따라 유동하고 사회 상황에 따라 변화한다. 법의 역사는 옛 정의관(正義觀)과 새 정의관 간의 대립 · 투쟁의 역사이다(*특히, 혁명기에는 정의가 전면적으로 변화하며, 그렇지 않더라도 단계적 · 점진적으로 변화한다) → ∵ 이 의미에서, 정의의 「역사성 · 가변성」

다. 정의의 내용

(1) 법률적 정의와 헌법적 정의

(가) 법률적 정의

개개 법률의 입법 목적으로, 단행법의 경우 명문의 규정 형식을 취하는 것이 보통이다(*교육기본법 제1조의 목적 규정 등) → *개개 법률의 조문 또는 법규는 이 목적에 의해 가치판단이 되고 해석 · 운용된다.

* 교육기본법 제1조(목적) – 이 법은 교육에 관한 국가의 권리의무와 국가 및 지방자치단체의 책임을 정하고 교육제도와 그 운영에 관한 기본적 사항을 규정함을 목적으로 한다.

(나) 헌법적 정의

개개의 법률의 구체적 목적의 설정과 가치판단은 무제약적인 것이 아니며, 모든 법의 공통적인 목적에 따라야 하는데, 이는 최상위법인 헌법의 정의, 즉 국민주권·인간존엄성·기본적 인권 존중 등 곧 「민주적 기본질서(民主的基本秩序)」라고 할 수 있다.

* 모든 법에 공통적인 목적 내지 이념인 헌법적 정의를 달리 표현하면, "이 세상에서 살아가는 사람이 행복하고 평화롭게 공동사회를 실현하는 것", 각 사람에게 그때 그때 처한 형편과 처지에 따라 공평하게 취급하고 대우하는 것 곧 「평등(平等-equality)」이라고 할 수 있다.

이는 각 사람을 각기 처한 처지에 어울리게 대우함으로써 행복하게 하는 것으로, 유명한 로마의 법학자 울피아누스(Domitius Ulpianus-AD 170-228)의 「성실히 살아가는 것, 이웃을 해치지 않는 것, 각 사람에게 그의 것을 주는 것이 정의이다」라고 한 말 속의 "각 사람에게 그의 것을 주는 것"(*Honeste vivere, altcrum non laedere, suum cuique tribuere-"Suum Cuique Tribuere")이라고 할 수 있는 것이다.

또 라드부르흐(Gustav Radbruch-1878~1949)는 정의에 관하여 "같은 것은 같게, 같지 않은 것은 같지 않게 취급하는 것이 정의이다"라고 하면서, "전법률적·초법률적인 법 이념으로서의 「정의」의 중핵은 「평등」이라는 이상이다"라고 하였다.

이와 같이 평등을 요체(要諦)로 하는 정의는 아리스토텔레스(Aristoteles-BC 384~322)의 「평균적 정의」(*기계적 배분→ 형식적 평등)과 「배분적 정의」(*비례적 배분→ 실질적 평등)의 관념과 연결된다.

(2) 평균적 정의와 배분적 정의

(가) 평균적 정의 : 모든 사람을 똑같은 가치를 가진 인간으로 취급하여, 각기 차별을 두지 않고 급부·반대급부의 균형으로서의 평등 대우(treatment as an equal)를 하도록 하는 것을 말한다(*매매 목적물과 대금, 노동과 임금, 손해와 배상 등의 경우).

(나) 배분적 정의 : 개인의 인격·재능·경험 등 그 능력이나 공적의 차이에 따라 그것에 맞게 재화·명예와 그 밖의 이익을 배분하도록 하는 것을 말한다(*조세부담·영전수여 등의 경우).

* 아리스토텔레스는 정의를 「일반적 정의」와 「특수적 정의」로 구분하였는데, 전

자는 「준법성」(*군인이 용감하게 싸워야 하는 것과 같이 개인이 국가나 단체에 대해 의무를 다하는 것)을 취지로 하는 정의를 가리키고, 후자는 「평등」을 취지로 하는 정의를 가리키는 것이었다. 후자의 「특수적 정의」를 「평균적(平均的) 정의」와 「배분적(配分的) 정의」로 나누었다. 아리스토텔레스의 평균적 정의·배분적 정의의 관념은 후일 오거스틴(Aurelius Augustinus－AD 354～430)의 『신국(神國)』, 아퀴나스(Thomas Aquinas－AD 1226～1274)의 『신학대전(神學大典)』 등에 의한 정의론(正義論)으로 계승되었다.

그리고 아리스토텔레스의 「평균적 정의」는 서로 대등한 지위에 있는 두 사람의 관계를 전제로 한 것이고, 「배분적 정의」는 3인 이상의 관계를 전제로 한 것이며, 「일반적 정의」는 다수인을 전제로 한 것이라고 파악함으로써, 전통적인 「공법(公法)」과 「사법(私法)」의 구별에 관한 이론적인 기초가 되었다.

사법은 대등한 관계의 법으로서 평균적 정의에 바탕을 둔 법이며, 공법은 상위자와 하위자 간의 관계의 법으로서, 배분적 정의 또는 일반적 정의에 바탕을 둔 법이라는 것이다.

라. 정의의 판단기준

(1) 판단의 가치기준

법의 이념인 정의를 평등, 각자에게 각자의 것을 주는 것 등으로 파악한다고 하더라도, 이러한 일반적·추상적인 정의(正義)의 내용만으로 정의가 구체적으로 실현이 되는 것이 아니므로, 무엇으로 정의를 판단하는 타당한 가치기준으로 삼아야 할 것인가가 문제이다(*실력·업적(*자본주의 기본원칙)·노동가치 등). 이는 각자의 세계관·인생관에 따라 또한 시대 상황에 따라 다를 수 있다.

(2) 라드부르흐의 3가지 가치기준

(가) 개인주의

개인을 도덕적·이성적 인격자로 보고 개인의 행복을 인격의 완성에서 찾으려는 데서 출발하여, 개인 가치를 우위에 둠으로써 정의는 개인의 의사를 실현하는 것이며, 이를 실현하는 수단으로 국가가 있고 단체가 있다 → ∴ 국가나 단체는 개인의 기본적 인권으로서의 인간의 자유와 행복을 보장하여야 한다. 이것이 정의이다.

(나) 전체주의

개인의 의사 · 가치는 서로 충돌하는 것이므로, 국가 · 민족 등의 단체가치의 지상성(至上性)에 따라, 개인은 단체의 구성원으로서의 의무 · 직분을 지키고 단체를 위해 공헌해야 한다(*단체가 행복하면 개인도 행복하게 된다. 단체의 쇠퇴 · 멸망은 개인의 파멸을 가져온다) → ∴ 단체의 요청이 있으면 개인의 생명과 재산을 희생하는 것이 정의이다(*나치스 독일 · 파시스트 이탈리아 · 군국주의 일본 등).

(다) 문화주의

인간이 창작한 작품 · 문화에 절대적 가치를 두고, 개인 · 단체는 그 자체로서는 가치가 있는 것이 아니며, 학문 · 예술이라는 업적의 담당자로서 가치가 있다 → ∴ 인간 행위의 결과 · 업적인 작품 · 문화를 유지 발전시키는 것이 정의이다(*라드부르흐의 개인적 처지이며, 또한 이에 입각한 수사적 표현으로, "우리는 작품을 존중하고 그 작자를 경멸한다"(푸르타크), "적어도 우리는 자신의 생명을 영원한 예술의 창조만큼 평가하지 않는다"(쿨트 아이스나), "후이디아스의 한 조각상은 수백만의 고대 노예의 모든 곤궁을 보상하기에 충분하다"(드라이치우케) 등이 있다).

* 사람은, ① 개인으로서의 생활과 ② 사회 구성원으로서의 생활의 두 측면이 있다. 그러므로 정의의 실현을 위해서는 이들 가치의 조화가 필요하다. 다만, 문화는 인간이 생존하지 않는 사회에서는 무의미하다 → ∴ ① · ② 중의 어느 한 쪽에 편중하는 것은 역사적으로 · 경험적으로 바람직하지 않고(*초기 자유주의 경제의 파탄 · 전체 사회주의의 붕괴 등), ① · ②의 조화가 정의의 판단기준이 되어야 할 것이다. 헌법적으로, 국민주권, 평화주의, 인간의 존엄성, 기본적 인권(fundamental human right)의 존중 등에 의한, "개인을 평등하게 취급하고 그 자유를 보장함으로써 행복하게 공동생활을 할 수 있는 평화로운 사회"의 실현이 법의 궁극적인 목적 곧 이념이며 정의에 관한 구체적 판단기준이 된다고 본다.

마. 정의와 질서

정의가 법의 이념이지만, 현실적으로 특정한 인간이나 집단의 이익만을 위하고 많은 사람의 희생을 강요하는 법도 존재한다. 이와 같은 이른바 「악법(惡法)」도 법으로 인정할 수 있는가가 문제이다.

(1) 악법효력 긍정설

법의 현실적 목적인 법적 안정성의 견지에서 「악법도 법(dura lex, sed lex)」으로서의 효력을 인정하여야 한다(*소크라테스의 「선량한 시민은 악법에도 따라야 한다. 그렇지 않으면 악한 사람으로 하여금 좋은 법을 어기게 하는 것이 된다」, 라드부르흐의 「실정법으로 유지하려고 하는 법적 안정성은 실로 정의의 하위형식으로 부정한 실정법의 효력도 정당화한다」, 괴테(Goethe－1749～1832)의 「무질서에 빠지는 것보다는 정의롭지 못한 악한 법의 질서에도 굳이 참겠다」고 한 것 등).

* 소크라테스가 국가가 인정하지 않는 신(神)을 믿지 않고 청년들을 타락시킨다는 죄목으로 투옥되어 처형을 당하게 된 데 대해 측근들이 탈옥을 권유하였으나, 소크라테스는 "사랑하는 아폴로도스여, 내가 죄 없이 사형에 처해지는 것보다도 오히려 내가 죄가 있어서 사형을 당하는 것을 보기를 원하는가?"라고 하였고, 또 아내 크잔디페가 「당신은 부당하게 사형을 당하게 되는 것이다」라고 했을 때 "그렇다면, 당신은 내가 오히려 정당하게 사형 당하기를 원하는가?"라고 하고, 독배를 마셨다.

(2) 악법효력 부정설

법의 궁극적 목적인 정의의 실현에 중점을 두는 처지이다. 이는 프랑스 시민혁명 시대의 인권선언 중 악법에의 저항권(right of resistance)은 「소멸함이 없는 자연권(自然權－자연법상의 권리)이다」라고 한 데에 잘 나타나고 있다 → ∴ 악법에 대해서는 그것이 정의에 반하므로 복종할 의무가 없다.

제 3 절 법의 분류

1. 법 분류의 의의

법은 시중에 나와 있는 「법전」 또는 「육법전서」에 수록되어 있는 것만으로도 알 수 있는 바와 같이 수많은 「종류」가 있는데, 그것이 법의 모두가 아니라는 것은 말할 것도 없다. 아주 복잡하게 산재(散在)해 있는 무수한 법규범의 전체상을 파악하기 위해 각종의 법을 일정한 「표준」 또는 「기준」에 의하여 이론적으로 구분하는 것이 법의 「분류(分類－classification)」이다.

법은 그 구분에 무엇을 「기준(基準)」으로 삼을 것인가에 따라 여러 가지로 분류된다. 법의 성립과정이나 존재형식 또는 법의 연원(淵源)을 기준으로 「성문법과 불문법」으로 분류할 수도 있다. 이는 「법원(法源)」의 문제로서 별도로 다루기로 한다. 여기서는 이를 제외한 법의 분류에 대해 살펴본다.

* 「육법」 또는 「육법전서」라고 할 때의 육법(六法)은 헌법 · 형법 · 민법 · 상법 · 형사소송법 · 민사소송법을 가리킨다. 종래 이 6개의 법이 기본적인 법률로 중요하고 모두 사법시험의 필수과목이 되어 있었기 때문에 각종 법령을 수록한 법령집은 이러한 중요한 법이 다 들어 있다는 것을 나타내기 위해 「육법전서(六法典書)」라고 일컬어 왔다. 이제는 시판(市販)의 법령집을 그냥 「법전(法典)」이라고 부른다. 「육법전서」라고 하면 오히려 6개 법률 정도로 소수의 법률만 수록하고 있는 것이 아닌가 하는 오해를 불러일으킬 수 있기 때문에, 「육법전서」라는 명칭을 잘 사용하지 않는다.

그리고 법의 이론적 분류라고 할 수는 없지만, 「민사법」과 「형사법」의 구분이 많이 회자된다. 넓은 의미의 「민사법(民事法)」은 민법 · 상법 등의 사법과 이와 관련된 절차법인 민사소송법을 총칭한다. 이는 사법 중에서 가장 기본적인 법인 민법(民法)의 「민(民)」자를 앞에 붙인 것이다. 좁은 의미의 민사법은 상법(商法) 등 기업이나 상거래에 관련된 법을 총칭하는 이른바 「상사법(商事法)」을 제외한 민법과 민사소송법 중심의 법규를 가리킨다(*민사소송법은 상사법에 관한 재판에도 적용된다).

그리고 범죄와 형벌에 관련된 실체법인 형법 등을 총칭하는 「형사법(刑事法)」

이라는 말이 「민사법」에 대응하여 쓰인다. 넓은 의미의 형사법에는 절차법인 형사소송법 등도 포함하기도 한다.

2. 법의 내용에 의한 분류

가. 국내법과 국제법

(1) 양자의 의의

규제의 범위 내지 대상이 그 나라의 국내에 한정되는가 또는 국외에도 미치는가에 따라, 전자에 관한 법이 「국내법(國內法－national law, domestic law)」이고, 후자에 관한 법이 「국제법(國際法－international law, law of nations)」이다.

(2) 양자 간의 관계

국제법은 국제사회에서 국가를 주체로 하여 국가 간에 적용되는 법으로, 종래 ① 규범성이 미약하고(*입법의 기관이 정비되어 있지 않고 주로 국가 상호간의 합의・승인으로 성립・적용된다), ② 강제력(*위반에 대한 제재)이 미흡하여, 법이냐 아니냐가 문제가 될 수 있었다.

그러나 국제법도 국가라는 조직적 사회의 권력에 의해 인정되고 각국의 헌법 등의 국내법의 지지를 받으며, 현재는 UN의 집단안전보장 체제나 국제사법재판소를 통하여 불완전하지만 그 강제력을 발휘하고 있다. 따라서 국제법도 그 법적 규범성을 부인할 수 없다.

국제법의 법규범성을 인정하는 경우 양자 간의 체계상의 관계가 문제가 된다(*일원설・이원설의 대립).

- 국내법・국제법 일원론(一元論) : 양자는 통일적인 하나의 법체계를 형성하여 서로 영향을 미치고 통용된다. 그 이유는, ① 우리나라는 헌법상 항구적인 세계평화와 인류공영에 이바지하고 국제평화의 유지에 노력하며 헌법에 의해 체결・공포된 조약과 일반적으로 승인된 국제법규는 국내법과 동일한 효력이 인정되며(헌법 전문・5①・6①), ② 이원론을 취하게 되면 국제법에 위반한 국내법이 존재하게 된다.
- 국내법・국제법 이원론(二元論) : 양자는 차원을 달리하고 서로 독립한 별개의 법체계를 이루고 상호간에 영향을 미치지 않는다.

(3) 양자가 저촉하는 경우

국내법과 국제법 사이의 저촉과 관련하여, 「국내법(헌법) 우위설」과 「국제법(조약) 우위설」의 대립이 있다(*이는 국내법·국제법 간의 체계상의 관계에 관한 「일원설」에서의 문제이다). 다만, 국제관계에 관한 한, 국내법 위반의 국제법도 그 효력이 인정된다는 데 대해서는 이론(異論)이 없다.

┌ 헌법 우위설 : 국가원수인 대통령은 헌법을 수호할 의무가 있으므로(헌법 66②), 대통령은 헌법에 위반한 조약을 체결하고 비준하도록 하는 것(헌법 73)은 인정되지 않는다. 헌법은 조약을 헌법에 우월하는 법규라고 명문으로 규정하고 있지 않다. 조약의 우위(優位)를 인정하면, 조약이 체결됨으로써 헌법이 수정·변경되는 결과가 된다.

└ 조약 우위설 : 우리나라는 국제평화주의를 채용하고 있고(헌법 전문·5①·6①), 헌법재판소의 위헌입법심판권(헌법 107①·111①ⅰ)의 대상에 조약이 포함되어 있지 않다.

나. 직접법과 간접법

일정한 사회생활의 규범 그 자체를 직접 정하는 것인가, 당해 내외의 법률관계에 대하여 어느 법을 적용할 것인가를 정하는 것인가에 따른 분류로서, 전자는 「직접법(直接法)」, 후자는 「간접법(間接法)」이다.

(a) 직접법(*실질법·사항규정) : 헌법, 민법, 상법, 형법, 민사소송법, 형사소송법 등 통상적인 법을 가리킨다.

(b) 간접법(*형식법·충돌규정) : 국제사법, 국제형법 등 섭외적(涉外的)인 법률관계에 어느 나라 법(*「준거법」)을 적용할 것인가를 정하는 법이다.

* 다음의 공법·사법·사회법의 구분은 직접법에만 해당한다. 간접법 중 「국제사법(國際私法)」은 공법과 사법의 어느 것에도 해당하지 않는다.

다. 공법과 사법

(1) 분류기준과 공법·사법의 의의

(가) 분류기준에 관한 학설

(a) 이익설 : 법의 보호 대상이 「공익(公益－사회 공공의 이익)」인가 「사익(私益－개인 내지 사인의 이익)」인가에 따른 분류로, 공익을 대상으로 하는

법이 「공법(公法－public law)」, 사익을 대상으로 하는 법이 「사법(私法－private law)」이다 → *그러나 공익과 사익은 구별이 곤란하고 서로 결합・혼재한다. 예컨대, 형법의 경우 사회질서의 유지 면에서는 공익을, 개인의 생명・재산의 보호 면에서는 사익을 보호하는 것이며, 민법의 경우 행위무능력 제도는 개인의 사적(私的)인 이익을 보호하는 것이면서 사회적 이익 곧 공익과도 관계가 있는 것이다. 더욱이, 이른바 「사회법(社會法)」의 출현・충실에 따라 공법・사법의 구별이 더욱 어렵게 되고 있다.

(b) 주체설 : 법률관계 내지 규제(規制)의 주체가 국가 등의 공공단체인가 개인 또는 사적 단체인가에 따라, 국가 기타 공공단체 간의 관계 및 공공단체・사인 간의 관계를 규율하는 법이 「공법」이고, 사인 상호간의 관계를 규율하는 법이 「사법」이다 → *그러나 같은 매매 기타의 거래인 데도 국가 기타 공공단체가 당사자이면 그것을 규율하는 법이 공법으로 인정되게 된다.

(c) 법률관계설 : 법이 규율하는 생활관계, 즉 「법률관계(法律關係)」의 내용 여하에 의한 분류로서, 그 내용을 어떻게 이해할 것인가에 따라, ① 불평등한 자 간의 권력적 지배・복종의 관계를 규율하는 법이 「공법」이고 대등한 자 간의 자유로운 대립관계를 규율하는 법이 「사법」이라는 견해(*이른바 「성질설」), ② 국가 통치권(統治權)의 발동과 관련된 법이 「공법」, 비통치관계를 규율하는 법이 「사법」이라고 하는 견해, ③ 국민 내지 공민(公民)으로서의 생활관계를 규율하는 법을 「공법」, 개인 내지 일반 시민(市民)으로서의 생활관계를 규율하는 법을 「사법」으로 파악하려는 견해 등이 대립한다 → *이들 견해는 각기 일리(一理)가 있는 것이라고 할 수 있지만, 이 분류에 의하면, 예컨대 국제법은 대체로 「사법」(*평등관계의 법)이 되고, 친족법은 「공법」(*친자관계법 등은 반드시 평등관계의 법이라고 할 수 없다)이 되는 등 각기 문제점이 있다.

(나) 공법・사법의 의의

이상과 같이, 공법과 사법의 구분에 관한 학설은 제각기 문제점이 있는데, 대체로 위 법률관계설(法律關係說) 중의 ③의 견해를 주축으로 삼고, 그것으로 불명확한 경우 다른 견해들을 참작하여 공법・사법의 구분을 하여야 할 것이다 → ∴ 공법은 국민(공민)으로서의 공적 생활관계, 사법은 시민(사인)으로서의 사적 생활관계를 규율하는 것이며, 이 구별을 판정하는 데에 국가 통치권의 발동에 관한 법인가 아닌가, 권력적 지배·복종관계의 법인가 평등관계의 법인가 등이 참작되는 것이다. 헌법·행정법·형법·민사소송법·형사소송법 등은 공법에 속하고, 민법·상법·어음법·수표법 등은 사법에 속한다.

* 공법·사법의 구별은 로마법에서부터 유래한 것으로, 울피아누스에 의하면, “공법은 로마의 국가적 지위에 관한 법이고, 사법은 로마의 시민인 개인의 이익에 관한 법이다”라고 함으로써, 이익설(利益說)의 처지에 따른 구분을 하였다.

(2) 사법의 분화와 그 우위성 확보

중세에는 공법·사법의 미분화의 상태였으나, 근대 시민사회에서는 자유로운 경제활동의 보장이라는 측면에서 「사법(私法)」의 분화(分化)와 공법에 대한 우위성이 확보되었다.

* 근대사법 내지 시민법의 이념 : 개인의 독립성과 평등·자유 → ① 사유재산 존중(소유권 절대)의 원칙 ② 사적자치(계약자유)의 원칙 ③ 자기책임(과실책임)의 원칙

(3) 사법의 공법화와 공사혼합법

현대 자본주의의 발전과 함께 나타난 사회적 모순(*빈부격차·경제불안·공해 등)을 해결하기 위한 사법 내지 시민법(市民法)의 수정(*① 재산권의 공공성(公共性) ② 계약자유의 제한 ③ 무과실책임주의)과 함께, 개인의 인간다운 생활의 보장을 위한 법제(*경제적 약자의 주체성 확립·경제문제에 대한 국가의 간섭과 규제)가 형성되었다 → 「사회법(社會法－Sozialrecht)」, 또는 「공사혼합법(公私混合法)」의 출현

* 공사혼합법은 공법의 통치·통제의 원칙을 사법적인 자유·평등의 원칙으로 완화하고, 또한 사법의 자유·평등의 원칙을 공법적인 통치·규제의 원칙으로 수정함으로써, 사회정의(社會正義)를 실현하고자 하는 공법·사법의 중간영역법 내지 혼합법으로, 노동법(labor law)·사회보장법(social security law)·경제법(Wirtschaftrecht) 등이 이에 속한다.

- 노동법 : 노동자를 보호하고 자본가와의 간의 노사관계의 실질적 평등을 보장하기 위한 법 분야
- 사회보장법 : 자본주의의 사회제도・경제체제의 모순・결함을 시정하여 경제적・사회적 약자를 보호하는 것을 목적으로 하는 법 분야
- 경제법 : 자본주의 시장경제의 자유경쟁을 해치는 기업의 독점을 규제하고 정보의 비대칭성(非對稱性)으로 인해 불리한 위치에 있는 소비자와 중소기업의 이익을 보호하기 위한 법 분야

라. 실체법과 절차법

법률관계의 실체, 특히 권리의무의 실체(*내용・귀속자・범위 등)에 관한 법인가, 실체상의 법률관계 내지 권리의무의 실현 또는 그 운용(*행사・보전・강제 등)의 절차에 관한 법인가에 의한 분류로서, 전자의 법이 「실체법(實體法－substantive law)」, 후자의 법이 「절차법(節次法－adjective law)」이다.

- 실체법 : 민법, 형법, 상법 등
- 절차법 : 민사소송법, 민사집행법, 부동산등기법, 비송사건절차법, 형사소송법 등

* 절차법은 실체법의 존재를 전제로 하는 실체법에 종속된 법이지만(*양법이 충돌・저촉하는 경우 실체법이 우선한다), 절차법이 없으면 실체법은 실현되지 못하여 그 실효성을 발휘할 수 없다 → ∴ 양법의 존재는 수레의 두 바퀴처럼 밀접한 필요 불가결의 관계에 있는 것이다.

3. 법의 효력의 범위에 의한 분류

가. 일반법과 특별법

법의 효력이 미치는 범위(*사람・사항・지역・생활관계 등)에 제한이 없는 법인가, 그것에 관한 효력이 제한적・특수적인 법인가에 의한 분류로서, 전자가 「일반법(一般法－general law)」, 후자가 「특별법(特別法－particular law)」이다 → *이 구분은, ① 절대적인 것이 아니고 상대적인 것이며(*「민법 → 상법 → 은행법」의 경우처럼, 상법은 민법에 대해서는 특별법이지만, 은행법에 대해서는 일반법이다), ② 하나의 법률 중의 규정 상호간에도 인정될 수 있다(*민법 중의 일반 소멸시효와 특별한 단기소멸시효).

┌ 일반법 : 민법, 형법, 등
└ 특별법 : 상법, 군형법 등

* 법의 효력 또는 적용 순서에 관하여, 「특별법 우선(特別法優先)의 원칙」(*일반법은 특별법에 대하여 보충적으로 적용된다)이 인정된다.

나. 원칙법과 예외법

특정한 사항에 대하여 일반적 · 원칙적으로 적용되는 것인가, 그 적용을 배제하고 특수적 · 예외적으로 적용되는 것이가에 의한 분류로서, 전자가 「원칙법(原則法)」, 후자가 「예외법(例外法)」이다 → *「본문(本文)」과 「단서(但書)」(*민법 5①의 본문과 단서)

* 일반법과 특별법과의 차이점 : ① 효력이 미치는 범위가 넓음(*널리 법의 적용범위의 문제) ↔ 좁음(*특정 적용대상의 경우의 문제) ② 일반법의 특별법에 대한 보충적인 적용 ↔ 예외법에 의한 원칙법 적용의 완전한 배제

** 유의점 : ① 예외법은 엄격하게 해석하여야 하며(*확장해석의 금지), ② 거증책임이 원칙법은 원고 측(*청구인)에, 예외법은 피고 측(*피청구인)에 있다.

다. 기본법과 부속법

어느 특정한 법률관계에 관해 기본이 되는 법을 「기본법(基本法)」이라고 하고, 특정 기본법의 의미를 명확히 하고 세칙으로 보충하거나 시행기일을 정하는 등 보조적인 기능을 하는 법을 「부속법(附屬法)」이라고 한다(*예컨대, 민법과 부동산등기법의 경우 전자는 기본법 · 후자는 부속법, 상법과 그 시행규정의 경우 전자는 원칙법 · 후자는 부속법이다).

* 일반법과 특별법과의 차이 : ① 양자는 합체하여 적용되고 우열관계가 없다. ② 부속법은 기본법을 전제로 하기 때문에 기본법의 폐지는 부속법의 폐지를 가져온다.

4. 법의 효력의 강행성 유무에 의한 분류

법은 그 효력이 강제적인가 아닌가에 따라 「강행법(强行法 - imperative law)」과 「임의법(任意法 - dispositive law)」으로 분류된다. 이와 관련하여, 개별적인 법령 중에도 강행성(compulsion)을 띤 조항과 그렇지 않은 조항이 있을 수 있

다. 특히, 이러한 경우 전자를 「강행규정」 또는 「강행법규」, 후자를 「임의규정」 또는 「임의법규」라고 한다.

가. 강행법

당사자의 의사 여하에 관계없이 그 적용이 강요되는 법을 가리킨다. 주로, 공법, 사법 중의 물권법·권리의무의 주체(*자연인·법인)와 그 조직·행위능력에 관한 법규, 친족법·상속법 및 선량한 풍속 기타 사회질서(민법 103)의 유지와 관련이 있는 규정이 이에 속한다(*법 조문에, "…하여야 한다", "…할 것을 요한다" 등으로 표현되고 있다).

* 사법상(私法上)의 강행규정 중에 어떤 행위를 금지하거나 또는 어떤 행위를 하는 데 필요한 조건을 정하고 있는 규정의 경우 그 위반 행위의 효력이 무효(無效)가 되는 「효력규정(效力規定)」과 그 사법적 효력에는 영향이 없고 행위자의 책임부담 등의 제재가 따르는 것에 불과한 「명령규정(命令規定)」이 있다(*행정적인 단속규정의 경우).

** ① 고도완전규정(위반 무효·제재 유) → ② 완전규정(위반 무효·제재 무) → ③ 저도완전규정(위반 유효·제재 유) → ④ 불완전규정(위반 유효·제재 무)

나. 임의법

당사자의 의사로 그 적용을 배제할 수 있는 법을 가리킨다. 사법 중의 계약법 내지 채권법·상행위법 등이 이에 속한다(*법 조문에, "다른 의사표시가 없는 때에는, …할 수 있다" 등으로 표현되고 있다).

* 임의법은, 당사자에 의한 다른 정함이 없을 때 비로소 적용되는 「보충규정(補充規定)」(*민법 473본문)과 당사자의 의사가 명백하지 않을 때 당사자의 의사를 해석하기 위한 「해석규정(解釋規定)」(*민법 105)이 있다.

5. 법의 성립자료에 의한 분류

가. 고유법과 계수법

법이 제정·성립된 그 사회에서 발생한 것인가 아닌가에 따라, 「고유법」과 「계수법」의 구분이 있다. 고유법(固有法-indigeneus law, native law)은 그 사회에서 도덕이나 관습을 기초로 하여 생성·발달한 규범을 자료로 한 법을 말하고, 다음의 계수법에 대해서는 「모법(母法)」으로 불리운다. 계수법(繼受法-adopted law)은 다른 국가 내지 사회에서 생성·발전한 법을 이식(移植)하고 있는 법을 가리키며, 전자에 대해 「자법(子法)」이라고 한다.

* 다만, 고유법이라고 해도 그 중에 외국법의 영향을 받은 것이 있고, 또 계수법이라고 해도 자기 나라의 고유법이 포함된 것도 있다. 따라서 양자의 구별은 상대적인 정도의 차이라고 할 수 있다.

나. 계수법의 양태

(1) 관습법적 계수법

다른 사회에서 발달한 법이 그 사회(자기 나라)에 이식되어 관습법으로 시행된 경우를 가리킨다(*로마법이 도이취에 들어와 13~14세기에 관습법화하여 「보통법」(gemeines Recht)이 된 경우가 그 예이다).

(2) 입법적 계수법

다른 사회에서 발달한 법을 모법으로 삼아 입법자가 그 사회의 법으로 제정한 것을 말한다(*예컨대, 나폴레옹 민법전(1804년)·상법전(1807년)을 벨기에·이탈리아 등 라틴 제국에서 계수하여 법전화한 경우).

* 계수법이 그 나라·사회의 고유문화와 융화하여 고유법화하는 경향이 있다. 그리고 법의 계수현상이 아주 현저한 법부문(*상거래법)은 세계적으로 조약 등으로 통일되어 가는 경향이 있다(*「세계법화」 또는 「통일법화」).

다. 법제의 연구방법

고유법은 자기 나라·사회의 법제만 탐구함으로써 충분한 것이 원칙이지만, 계수법의 경우에는 모법의 내용과 모법을 형성·발전시킨 배경의 탐구, 즉 모법 연구의 중요성이 인정된다.

제 4 절 법의 연원

1. 법원의 의의

가. 법원의 다의성

「법의 연원(淵源)」을 줄여서 「법원(法源)」이라고 부르는데(*여기서도 「법원」이라고 한다), 법원이란 ① 법이 존재하고 있는 형식(*현실 사회에서 직면하는 분쟁을 처리하는 데 재판을 기준이 되는 법의 발현형식), ② 법에 관한 지식을 얻거나 법의 내용을 인식하기 위한 자료(*법전, 입법이유서, 판례집, 저서, 논문 등), ③ 법을 제정하는 원천 또는 법을 성립시키는 기본적인 힘(*국민, 국가, 군주, 하나님 등), ④ 법의 규범으로서의 가치가 유래하는 근원(*법의 타당근거－법의 이념 또는 존재이유) 등 여러 의미로 사용된다.

여기서는, ①의 의미의 법원에 관해서만 살펴본다.

나. 법의 존재형식으로서의 법원

위 ①의 의미의 법원(source of law, Rechtsquellen)은, 법관이 제도적으로 따라야 할 「제도상(制度上)의 법원」(*법률상의 법원 · 규범적 법원 · 법해석상의 법원이라고도 한다)과 법관이 사실상 따르고 있는 「사실상(事實上)의 법원(*사실적 법원 · 법사회학상의 법원)」으로 나뉘어지는데, 다음에 말할 성문법(제정법)과 관습법 · 조리는 전자에 속하고, 판례 또는 학설 등은 후자에 속한다.

법의 존재형식으로서의 법원은 「성문법」과 「불문법」으로 대별된다.

2. 성문법

가. 성문법의 의의

성문법(成文法－written law)은 문서(*명문의 규정)로 표현되고 있는 법을 가리킨다. 성문법은 국가의 조직 · 제도상의 권한있는 기관(*입법기관)에 의하여 문서로 일정한 형식·절차로 공포되는 것이기 때문에 「제정법(制定法－statute)」이라고도 한다.

- 분량·체제의 관점
  - 법전(法典－code) : 편·장·절 등으로 체계화되어 있고 조문의 수가 비교적 많은 것
  - 단행법(單行法) : 어느 특정한 사항에 관하여 규정하고 있고 비교적 조문의 수가 적은 것
- 제정 절차의 관점 …… 헌법－법률－명령－조례(자치법)－규칙, 조약·행정법 등
- 규범 내용상의 관점 …… ① 조리적 규범(*형법) ② 관습적 규범(*가족법) ③ 기술적 규범(*어음·수표법) ④ 정책적 규범(*노동법)

* 성문법은 다양한 내용을 가진 법원으로서 매우 중요하고, 그 적용에는 「해석(解釋)」을 필요로 한다.

나. 성문헌법

① 헌법은 국가의 조직 내지 통치기구에 기본적 사항 및 국민의 기본적 인권을 정한 국가의 최고법규이다(*「대한민국 헌법」). 라드부르흐는 "국가는 헌법을 전제로 하고 또 반대로 헌법은 국가를 전제로 한다"라고 하고 있는데(『법학입문』). 이는 「국가가 있는 곳에는 반드시 헌법이 있다」(Every state has a constitution)을 가리키는 것이다.

② 헌법은, ⓐ 「법 중의 법」·「법률 중의 법률」·「규범 중의 규범」, 나아가 이른바 「규칙 중의 규칙(norma normarum)」으로, 법률·명령·규칙 등 다른 법규범보다 우월한 효력이 인정되고, 모든 국가기관·단체 등의 처분과 행위는 헌법에 위반한 것이어서는 안되는 「최고규범성·우월성」이 인정되며(*헌법재판소의 위헌법률심판권(헌법 111① i)과 대법원의 명령·규칙·처분에 관한 위헌·위법심사권(헌법 107②)), ⓑ 법률보다 엄격한 절차로서만 개정할 수 있다(*「경성헌법(硬性憲法－regid constitution)」의 경우－이와 대비하여, 일반법률의 경우와 마찬가지의 절차로 개정할 수 있는 「연성헌법(軟性憲法－flexible constitution)이라고 한다).

* 헌법은 처음에는 관습법으로 존재하고 있었는데(*영국은 지금도 마찬가지로

「불문헌법(不文憲法－unwritten constitution)」의 국가이다), 「입헌주의(立憲主義－constitutionalism)」 국가의 성립과 함께, 국가의 통치체제의 근거와 한계를 법전으로 명문화할 필요에서 「성문헌법(成文憲法－written constitution)」이 출현하게 되었다. 최초의 성문헌법은 1776년～1789년에 걸쳐 미국의 각주에서 제정되었고, 1789년에는 미합중국(U.S.A.) 헌법이 성립하였다. 그 후 1791년에 프랑스 헌법이 제정되었다. 우리나라 헌법은 1948년 7월 12일에 제정되어 7월 17일에 공포된 것으로, 지금까지 9차례의 개정(*최후의 개정은 1987년 10월 29일의 개정이다)을 거쳐 현재에 이르고 있다.

** 헌법과 법률의 개정 내지 절차에 관한 차이는 다음과 같다.

- 헌법(헌법 128～130)－① 국회 재적의원 과반수 또는 대통령의 발의(*20일 이상 공고) → ② 국회 재적의원 3분의 2 이상의 찬성으로 의결(*공고된 날부터 60일 이내) → ③ 국회의원 선거권자 과반수의 투표와 투표자 과반수의 찬성(*국회 의결 후 30일 이내)
- 법률(헌법 49・52・53)－① 국회의원 또는 정부의 법률안(개정안) 제출 → ② 국회 재적의원 과반수의 찬성으로 의결 → ③ 정부에 이송하여 대통령이 공포, 법률안에 이의가 있으면 그 이송 후 15일 이내에 이의서를 붙여 국회에 환부하여 재의(再議)를 요구하고 재의에 대해 국회 재적의원 과반수 출석과 출석의원 3분의 2 이상의 찬성으로 의결 → ④ 확정된 법률안을 그 이송 후 50일 이내에 대통령이 공포(*대통령이 공포하지 않으면 국회의장이 공포) → ⑤ 원칙적으로 공포일부터 20일 후 발효

다. 법 률

법률(法律－act, Gesetz)은 여러 가지 의미로 사용되고 있지만, 여기서 말하는 법률은 좁은 의미(*협의(狹義))로, 국가의 최고 입법기관인 국회(國會)의 의결을 거쳐 제정되는 법, 즉 헌법에서 「법률」이라고 규정하고 있는 것을 가리킨다(헌법 53④～⑦ 등).

* 법률
- 협 의 : 국회의 제정법
- 광 의 : 성문법 일반
- 최광의 : 법 일반

라. 조약・행정협정

(a) 조 약 : 국가 간의 문서에 의한 명시적인 계약(*2국간 조약) 또는 합

동행위(*다국간 조약)을 말한다(*대통령의 조약 체결·비준권과 국회의 조약 체결·비준에 대한 동의권－헌법 73·60).

(b) 행정협정 : 국회의 승인없이 행정기관인 정부 간에 체결할 수 있는 국가 간의 계약을 말한다(예컨대, *SOFA(Status of Forces Agreement Between the R.O.K. and the U.S.A.)).

마. 명 령

명령(命令)은 국회의 의결을 거치지 않고 일정한 권한있는 국가기관에 의해 제정된 성문법 중에서 자치법에 속하지 않는 것을 말한다.

— 대통령령
  - 위임명령·집행명령(실시명령)(헌법 75)
  - 재정경제명령과 긴급명령(*국회 동의 요함－헌법 76)

— 총리령·부령(헌법 95)

— 규 칙 : ① 대법원(헌법 108), ② 헌법재판소(헌법 113②), ③ 중앙선거관리위원회(헌법 114⑥), ④ 국회(헌법 64①) 등 국가기관에서 독자적인 규칙 제정권에 의해 제정하는 법규

바. 자치법

국가 이외의 사회 내지 단체가 단체의 내부조직·구성과 구성원에 관한 사항을 정한 것을 널리 「자치법(自治法)」이라고 한다.

- 지방자치단체의 자치법 : 지방자치단체의 의회 의결 및 그 장(長)에 의해 제정된 조례와 규칙(헌법 117①－법령의 범위 내에서 자치사무에 관한 규정(規程) 제정 → 지방자치법 15 이하)
- 법인의 「정관(定款)」·취업규칙·단체협약
- 보통거래약관(*학설 대립－자치법설·상관습법설·법률행위설)

* 법인의 정관 등에 대해서는, ① 성문법의 경우와 달라 공포(公布)를 요하지 않는다는 것을 이유로 「불문법」으로 취급하여야 한다고 하거나, ② 국가 법 우위의 처지에서 단순한 계약조관(契約條款) 또는 「약관」(約款)으로 취급하여 그 법규성을 문제로 삼을 수 없다는 견해 등이 있다. 그러나 회사 등 국가 이외의 단체가 내부의 조직과 구성원을 규율하기 위해 자율적으로 정한 법규로 보고 지방자치단체의 자치법의 경우에 준하는 성문법규로 취급할 수 있다고 해야 할 것이다. 보통거래약관(*「약관」으로 약칭)은 그 본질 또는 효력의 근거에 관해 이른바 「자

치법설(自治法說)」을 취하면 그 성문법규성을, 그리고 「상관습법설(商慣習法說)」을 취하면 그 불문법성을 인정하는 것이 된다.

3. 불문법

가. 불문법의 의의

불문법(不文法-unwritten law)은 문서로는 표현되고 있지 않지만, 국가의 공권력에 의해 그 준수가 강제되어 재판의 기준으로 인정되는 법을 말한다.

나. 불문법의 종류

(1) 관습법

(가) 관습법의 의의

관습법(慣習法-customary law)은 사회생활의 관습을 내용으로 하는 불문법을 말한다. 이는 실제의 사회에서 관습에 의해 발생한 사회생활상의 규범이 성문화는 되어 있지 않지만 국가에 의해 승인되어 강행하게 된 것을 가리키며, 최초의 법은 인간의 사회생활상의 규칙이 집적(集積)하여 성립된 관습법이었다.

(나) 관습법의 성립요건

관습법으로서 유효한 법원(法源)이 되기 위한 요건으로는, ① 사실인 관습(ⓐ 전국적인 것으로, ⓑ 선량한 풍속 기타 사회질서에 위반하는 것이 아닐 것)+② 법이라는 일반적 신념 또는 일반인의 법적 확신(opinio iuris et necessitatis)+③ 국가기관(*법원)에 의한 확인을 요한다→ *거래법·담보법, 국제법 분야에서 많이 인정되고 있는데, 「죄형법정주의」와 「조세법률주의」의 요청과 관련하여 형법·조세법의 경우에는 관습법의 성립이 허용되지 않는다.

(다) 관습법의 기능

① 「성문법 우선(成文法優先)의 원칙」에 따라, 성문법이 없는 경우에만 적용된다(*관습법의 「보충적 효력(補充的效力)」-민법 1).

② 다만, 상사(商事)에 관해서는, 「상관습법(商慣習法)」은 성문법인 「민법(民法)」에 대해 우선적 효력이 인정된다(상법 1).

* 우리나라는 「성문법 우선의 원칙」에 따라 관습법이 성문법에 우선하는 관습법의 「성문법 개폐력(改廢力)」이 인정되지 않지만, 상관습법(商慣習法)이 성문법인 민법에 대해 예외적으로 우선적 효력이 인정됨으로써, 고도로 합리주의의 정신이 중시되는 기업을 규율 대상으로 하는 상법은 상관습법의 생성과 발전이 성문상법의 제정과 개정의 원동력이 되고 있다. 이를 상법(商法)의 「관습적 기원성(起源性)」이라고 하며, 이는 역사적 사실로서 또한 상법의 「경향(傾向)」으로서 널리 인정되고 있는 것이다.

(2) 판례의 경우

(가) 판례의 의의

판례(判例)는 법원이 동종의 사건에 관해 내린 판결이 누적된 것, 즉 판결례 또는 재판례로서, 많은 판결을 통해 일반적·추상적으로 표시된 법적 판단 곧 판결이론(判決理論)을 가리킨다.

(나) 판례의 법원성

① 우리나라의 경우 법률적·제도적으로는 판례의 구속력 곧 「판례법(判例法－case law)」을 인정하고 있지 않다. 그 이유로는, ⓐ 상급법원의 판단은 당해 사건에 한해서만 하급법원을 기속하고(법원조직법 8), ⓑ 대법관 전원의 회의(*3분의 2 이상의 찬성을 요하는 다수결)에 의해서만 법령의 해석·적용에 관한 종전의 판결을 변경할 수 있게 되어 있으며(동법 7①iii), ⓒ 법관은 헌법·법률에 의하여 그 양심에 따라 심판하여야 한다는 것(헌법 103) 등을 들 수 있다.

② 다만, 사실상으로는 대법원 판례의 법원성(法源性)이 인정된다고 할 수 있다. 이는, ⓐ 대법원 판례와 다른 하급심의 판결은 대법원에 의한 상고심(上告審)에서 기각될 수 있고, ⓑ 대법원도 종전의 판결을 함부로 변경할 수 없으며(*그 변경은 전원합의부에서만 가능), ⓒ 일반인도 대법원의 판례에 대해 그것에 따르고 승인하려는 의식이 있게 되기 때문이다.

* 영미법의 경우에는, 앞에 나온 판결례 곧 「선례(先例)」는 후일의 동종의 사건에 대해 법관의 판단을 구속한다는 「선례 구속성의 원칙」에 의해 판례의 법원성이 인정되고 있다.

(3) 조 리

조리(條理－nature of things)는 당해 법률관계의 사물 자연의 성질에 적합한 원리(*그 시대·사회에서의 기본적인 가치·이념 내지 삶의 이상·목적)를 말한다. 법은 그 조리를 구체적·기술적으로 표현한 것이라고도 할 수 있다(민법 1).

* 스위스 민법 제1조 제2항에서, 「법관은 관습법을 따르고, 관습법도 없는 때에는 자기가 입법자이었더라면 제정하였을 것인 바를 따라 재판하여야 한다」라고 규정하고 있는 데, 이 규정은 조리의 법원성(法源性)을 가장 잘 표현한 것으로 평가되고 있다.

4. 성문법과 불문법의 관계

가. 성문법 중심주의

(1) 성문법제로의 진전

법의 역사는 불문법에서 성문법의 시대로 진전되어 왔다고 할 수 있다. 성문법은, ① 그것을 필요로 할 만한 사회의 사정이 성숙하고, ② 특별한 제정기술이 없어서는 안 되므로, 어느 정도 문화가 발전한 시대라야 비로소 성문법이 나타나게 되는 것이다(*바빌로니아 함무라비 법전(BC 18세기), 로마 유스티니아누스 법전(AD 533) 등).

* 유럽의 경우 중세까지 오히려 일반적으로 불문법(不文法)인 관습법이 중심이었고, 그것을 성문화한 것이 있기는 하였으나, 새로이 제정된 성문법은 극히 예외적인 것이었다.

근세에 와서, 근대 시민사회 의식과 중앙집권적 근대국가의 형성으로, 종래의 관습법이나 소규모적인 제정법을 청산하고, 프랑스의 1804년 나폴레옹 민법전·1807년 나폴레옹 상법전을 비롯하여, 도이취·이탈리아 등에서 차례로 근대적인 성문법전을 편찬하게 되어, 그 이후 프랑스·도이취 등의 이른바 「대륙법(大陸法)」의 영향을 받은 국가들이 「성문법」 중심의 법체계를 정비해 나가게 되었다.

우리나라의 경우도 마찬가지이다.

(2) 성문법의 특색

근대사회에서 성문법의 우위성(*「성문법 중심주의(成文法中心主義)」)은 성문법이 가진 다음과 같은 특색(*장점)에 유래한 것이라고 할 수 있다.

(a) 명확성 · 안정성 : 문자와 문장으로 표현되어 있기 때문에, 법의 존재와 그 의미 · 내용을 인식하기 쉽고, 사람들의 행동에 예측 가능성을 줌으로써 사회생활을 안정시킬 수 있다(*법적안정성 확보).

(b) 민주성 · 목적성 : 국민의 의사를 반영하고 일정한 목적을 위해 제정함으로써 새로운 사회질서를 창성하는 데 이바지할 수 있다.

(c) 진보성 · 기술성 : 내용의 변경이 비교적 용이하고 사회의 신속한 개혁이나 기술적인 문제에 대응하기 쉽다.

* 이상으로, 근대사회에서는, ① 국가권력에 의한 자의적(恣意的)인 법 운용을 방지하고, ② 시민의 권리를 확인하고 실효성 있게 보장할 법치주의(法治主義) 또는 「법의 지배(rules of law)」를 가능하게 하기 위하여, 법의 의미 · 내용이 명확하고 안정된 성문법의 중요성이 널리 인식되게 된 것이다.

(3) 성문법의 단점

위와 같은 장점에도 불구하고, 성문법은 다음과 같은 한계 또는 결점이 있다.

(가) 단점의 내용

(a) 추상성 · 일반성 : 종래 대체로 짧고 간단한 문장으로 표현되기 때문에, 표현 내용이 추상적이어서 그 의미를 구체적으로 밝히기 위한 해석을 할 필요가 있다.

(b) 비현실성 · 비타협성 : 일정한 목적으로 의식적으로 제정한 것이기 때문에, 법 제정 이후의 새로운 사회적 수요나 살아 있는 사람의 의식에서 떠나 타당하다고 할 수 없는 경우가 생기기 쉽다.

(c) 고정성 · 엄격성 : 의미 · 내용이 한 가지 의미로 곧 일의적(一義的)으로 고정되어, 그 개정이나 새로운 입법을 하지 않는 한, 현실의 상황에 따른 탄력적인 운용이 어려운 경우가 생길 수 있다.

* 이상과 같은 성문법의 결점 또는 불합리성은 불문법(不文法)으로 보충할 수 밖에 없을 것이다.

(나) 불문법의 보충적 기능

성문법 중심주의 아래서는 불문법은 원칙적으로 성문법에 대한 보충적 기능 또는 구실밖에 인정되지 않는 것이다.

* ① 관습법의 경우 조리(條理)와 함께 성문법에 대한 보충적 효력이 인정되고 있다(민법 1, 상법 2).

② 판례의 법원성(法源性)을 인정한다고 해도, 법원(法院)은 입법기관이 아니고 법의 적용기관에 지나지 않기 때문에, 구체적인 사건을 통하여 법의 추상성이나 불비를 보충하는 구실을 할 수 있을 뿐이고, 판례가 성문법 규정의 내용 자체를 변경할 만한 효력이 있는 것은 아니다.

나. 불문법 중심주의

(1) 불문법의 특색

일반적으로 근대사회 이후에는 성문법이 법의 중심을 이루고 있지만, 사회관계가 복잡해 가고 신속하게 변하고 있는 현대의 사회에서는 점점 불문법(不文法)의 중요성이 높아져 간다고 할 수 있다 → *다만, 불문법에도 단지 성문법을 보충하는 것 이상으로 무시할 수 없는 다음과 같은 매력 · 장점이 인정된다. 불문법(不文法)은 현실을 살아가는 사람들의 규범의식에 의해 지지되어 구체적인 생활사실에 밀접하게 정착하고 있는 것이기 때문이다.

(a) 개별성 · 구체성 : 법의 의미 · 내용을 그때그때의 생활관계에 맞게 개별적이고 구체적으로 결정 · 구상할 수 있다.

(b) 유동성 · 유연성 : 현실에서 생긴 구체적인 분쟁의 해결에 탄력적 · 합리적으로 대처하기 쉽다.

(c) 현실성 · 타당성 : 현실을 살아가고 있는 사람들의 의식에 적합하고 거기에 알맞은 타당한 해결을 가능하게 하는 법을 형성하기 쉽다.

* 불문법은 성문법에 없는 이러한 장점이 있기 때문에, 영미법 제국에서는 전통적으로 불문법, 특히 판례법(判例法－judge-made law)에 중요한 의의를 인정하여 오늘날까지 기본적으로 「불문법 중심주의(不文法中心主義)」에 입각하여 법체계를 형성하고 있는 것이다.

(2) 영국의 판례법체계

① 영국에서는, 11세기 노르만 민족이 침공하여 확립한 강력한 왕권(王權) 아래 비교적 일찍부터 중앙집권적인 왕실법원(王室法院－Royal Court)이 사법권(司法權)을 독점하고 영국 각지의 관습법을 존중하면서 이를 국내법으로 통일시키기 위해 널리 영국 국민의 일반 관행에 따라 재판함으로써, 13세기에는

스코틀란드를 제외하고 전 왕국 공통의 법인 「보통법(普通法－Common Law)」이 형성되었다. 이는 소송을 개시하기 위한 영장(令狀)을 중심으로 한 「소권법(訴權法)의 체계」(*추상적인 권리의무관계를 미리 규정하고 있는 「실체법(實體法)」을 전제로 한 법체계와 대립한다)로서, 왕실법원이 과거에 내린 판결을 집적(集積)한 것이었다.

* 소(訴)를 제기하여 구제를 받으려면, 국왕으로부터 소송개시를 위한 영장(令狀)을 받아 소송으로 구제를 받을 수 있는 권리 곧 「소권(訴權)」이 있어야 한다. 따라서 국왕을 대신하여 대법관(Lord Chancellor)이 국쇄를 눌러 영장(*기본영장－Original Writ)을 발급함으로써 소송이 개시되어, 국민은 구제를 받게 되는 것이었다.

② 이 보통법이 엄격한 소권에 묶여 차차 경직화하여 모든 사회의 수요에 응할 수 없게 되었다. 따라서 15세기에는 국왕의 대관(代官) 또는 그 측근으로 최고고문인 대법관(Lord Chancellor)으로 보통법 법원과는 별개의 법원이 구성되어, 거기서 보통법의 결함을 보완하면서 기존의 판례(*선례)에 입각한 보통법(Common Law)의 엄격한 적용에 의하지 않고 형평(衡平)과 정의관(正義觀)을 기초로 하여 구체적으로 타당한 결과를 이끌어내는 재판이 행해지게 되었다. 이렇게 하여 형성된 것이 「형평법(衡平法－Equity)」이며, 이것도 역시 법관이 형성하는 판례법(判例法) 체계이었다.

③ 또 이들 보통법·형평법은 원래 각기 별도의 법원에서 적용해 왔지만, 1873년 대법원법(大法院法)에 의하여 동일 법원에서 적용할 수 있게 되었다.

* 이와 같이 하여, 영국에서는 일찍부터 자력으로 공통의 보통법이 형성되었고, 또 법원 내부에서 법조(法曹)의 양성이 이루어지게 된 것 등을 이유로, 로마법이나 대륙법의 침투를 허용하지 않고 독자적인 법역(法域)을 형성하여, 오늘날에도 변함없이 「판례법 중심주의(判例法中心主義)」 내지 「불문법 중심주의」를 견지하고 있다.

(3) 선례구속성의 원칙

① 19세기경(*대륙에서 성문법화(成文法化)가 진행된 시기)에, 영국에서는 「선례 구속성(先例拘束性)의 원칙(Doctrine of Stare Decisis)」이 확립되었다. 즉, 동종의 사건에 대하여 상급 또는 동급의 법원에 선례가 된 판결이 있는

경우, 법관은 그 선례에 따라 판결을 하여야 했다. 그 결과, 대법원(*귀족원-House of Lords)의 선례(先例)는 모든 하급법원을 구속할 뿐 아니라, 당초에는 대법원 자신도 구속하기 때문에 대법원 판례의 변경은 불가능하고 그 변경은 제정법(制定法-statute)에 맡겨지게 되었다. 이리하여 「판례법 중심주의(判例法中心主義)」의 존재가 다시 확인된 것이다.

② 그러나 같은 영미법계이더라도, 이 선례구속성의 정도는 나라에 따라 다른데, 미국의 경우 대법원은 자기의 선례를 그 다수결로 변경할 수 있으며, 또한 영국도 엄격한 선례구속성이 비판의 대상이 되어 1966년에 와서는 대법원에 의한 선례의 변경이 가능하게 되었다.

* 법원의 판결은, 그 결론 부분인 「주문(主文)」과 결론에 이루는 과정을 표시하는 「이유(理由)」로 구성된다. 판결 이유 부분에 판례법에 해당하는 것이 포함되어 있는데, 일반적으로 이유 부분은 상당히 상세하여 그 중에서 어느 것이 판례법으로 인정되는 것인가가 확실하지 않는 경우도 많다. 특히, 이유 부분 중에는, 그 판결의 결정적인 「주(主)된 판결이유(判決理由-ratio decidendi)」와 이와 별개로 참고 의견이나 일반적 견해에 지나지 않는 「방론(放論-obiter dictum)」의 부분이 있는데, 판례법은 전자를 말하는 것이다.

다. 금후의 방향

성문법과 불문법은 각기 장점이 있다. 따라서 어느 쪽이 더 좋은 법체계인가는 단정적으로 말하기 어려운 문제이다. 대체로 근대 국가는 주로 성문법 중심(成文法中心)의 법체계를 취하고 있다고 할 수 있다.

그러나 성문법의 경우, 그 추상성·고정성 때문에 법해석이 항상 필요하고, 본래 보충적인 구실밖에 하지 않는 불문법(不文法), 특히 판례법에 기대하는 부분이 크게 부각되어 가고 있다.

타방, 영미법은 불문법 중심주의(不文法中心主義)를 견지하고 있다고 해도, 근시에는 많은 성문법이 제정되고 있고, 또한 선례 구속성(先例拘束性)은 많이 완화되어 가고 있다.

* 앞으로, 종래 어느 주의를 취하는 국가도 성문법과 불문법의 장점을 취해가면서 상호 보충적·보완적으로 법을 운용해 나가야 할 것이다. 근자에 우리나라가 사법개혁추진위원회를 통해 「법학전문대학원(Law School)」제도를 비롯하여, 국민참여재판·증권집단소송 등을 채용하고, 나아가 최근의 회사법(*상법 제3편)의

개정(*집중투표제도 · 주식매수선택권 · 이사회 산하의 감사위원회 · 이사의 충실의무와 회사 사업기회 유용 금지 등)으로 미국에서 판례법으로 형성되어 온 영미법, 특히 회사법의 제도가 대폭 채용되어 온 사실은 이와 관련하여 주목할 만하다.

┌ 대륙법 : 사고의 과정이 이론과 관련된 추상적 · 연역적임.
└ 영미법 : 사고의 과정이 사실과 관련된 구체적 · 귀납적임.

제 5 절 법의 효력

1. 법의 효력의 의의

가. 법의 효력의 두 의미

① 법이 제정 또는 성립되면 그 내용이 실현되어 사회생활을 규율하는데, 이러한 법의 내용에 따른 구속력(拘束力)을 법의 효력(效力－force of law)이라고 한다.

② 법은 지켜져서 구속력을 가져야 하는 것이지만, 자연법칙(*「필연 · 인과의 법칙」)과 달라 언제나 지켜지는 것이 아닌 「당위(當爲의 법칙」인 규범 내지 규칙이다.

③ 따라서 법의 효력은 지켜져야 한다거나 또는 지키는 것이 마땅한 면인 「타당성」과 현실적으로 지켜지고 있다는 면인 「실효성」의 두 가지 면이 인정되는 것이다.

- 법의 타당성(妥當性－Gültigkeit) : 법이 실정법으로 정해져 그 준수가 요구되는 것 →*이는 법이 왜 지켜져야 하는가에 대한 합리적 이유에 관한 문제로서, 주로 「법해석학(法解釋學－dogmatische Rechtswissenschaft)」에서의 고찰방법과 관련이 있다.
- 법의 실효성(實效性－Wirksamkeit) : 법이 현실적으로 적용되어 실시되고 있는 것 또는 사실로서 지켜지고 있는 것 →*이는 법이 생성하여 유지되고 있는 사실상의 원인에 관한 문제로서, 주로 「법사회학(法社會學－sociology of law)」에서의 고찰방법과 관련된다.

나. 법의 타당성과 실효성의 관계

전혀 지켜지지 않는 법, 즉 조금도 실효성을 수반하지 않는 것은 결국 타당성도 없게 되고, 그것은 더 이상 법이라고 할 수 없는 것이다. 반면에, 전혀 타당성이 없이 지켜지는 법은 진정한 의미의 법이 아니고, 폭압이나 맹목적 복종수단에 불과한 것이다.

* 켈젠(Hans Kelsen－1881～1973)은 『순수법학(純粹法學)』에서, 1인의 준수자도 없는 법도 법이라고 함으로써, 법이 타당성이 있으면 그 효력이 있는 법이며, 실효성이 있는가의 여부는 문제가 되지 않는다고 하고 있다→ *그러나 이는 법이 사회적 사실인 일면을 간과하고 있다. 법이 전혀 실효성이 없게 되어 아무도 법을 지키지 않는 기간이 오래 지속되면, 법은 효력을 잃게 되고, 아울러 타당성도 없게 되는 것이다.

다. 법의 효력에 관한 문제

① 각종의 법부문에 공통되는 문제는, ⓐ 효력의 「근거(根據)」와 ⓑ 효력의 「범위(範圍)」이다.

② 그 밖에, 법의 효력에 관해서는, 「효력의 구체적 내용(具體的內容)」도 문제가 될 수 있는데, 이는 각종의 법 부문에 따라 다른 것이다.

③ 법의 효력의 범위에 관련된 법의 효력은 법의 타당성(妥當性)을 의미하고, 법의 실효성은 타당성의 판단의 경우 하나의 표준으로 간접적으로 문제가 되는 데 지나지 않다.

2. 법의 효력의 근거

법은 왜 지켜져야 하는가 하는 문제로서, 법이 달성하고자 하는 목적 내지 이념을 성취하기 위하여 법을 지키도록 하는 타당성의 근거로서, 법학(法學)의 역사와 현대법학에 이르기까지 도달한 결론이 어떤 것인가에 관한 각종 학설을 살펴본다.

* ┌ 법의 일반적 내용에 따른 견해 : 신의설・자연법설・가치설
　└ 법의 제정・성립에 따른 학설
　　　├ 법을 성립시키는 힘 자체에 중점 : 실력설・명령설・법단계설
　　　└ 법에 따르는 사람의 의사에 중점 : 역사설・승인설

가. 신의설

신의설(神意說)은 하나님의 의사 또는 그 신탁(神託)을 받은 자의 명령이 법의 효력의 근거라고 한다(*이른바 「왕권신수설(王權神授說)」의 처지) → *법과 종교적 규범의 미분화 시대인 고대・중세에는 타당하였을지 모르지만, 그 과

학적 근거가 결여되어 있고(*신앙과 과학의 혼동), 신앙의 자유가 인정되는 현대에는 모든 사람에게 적용되는 이론으로 받아들이기 힘들다.

나. 실력설

이는 「사실설(事實說)」이라고도 하는데, 「실력설(實力說)」은 지배자의 지배·억압의 수단인 실력이 법의 효력의 근거이다(*「힘이 정의이다－Might makes right) → *전제군주·독재주의 국가의 경우 그 합리화를 위한 이론이며, 법의 실효성(實效性)에 관한 설명으로는 일리가 있을지 몰라도 타당성은 설명하지 못하며, 또 기존의 법질서를 타파하는 실력도 법으로 인정되어 법을 지킬 정신이 무시될 수 있다.

다. 명령설

명령성(命令說)은 「권력설(權力說)」이라고도 하며, 법을 주권자(*전제군주)의 명령으로 보는 견해이다(*「진리가 아닌 권위가 법을 만든다－Auctoritas, non veritas facit legem」) → *법은 지키지 않으면 안되는 당위의 법칙이 아니라 사실상 지켜지는 것에 불과한 것이 되어, 실력설의 경우와 마찬가지로 타당성에 관한 설명은 되지 못한다.

라. 자연법설

자연법설(自然法說)은 실정법(實定法－현재 실시되고 있는 법규)의 배후에 시공(時空)과 인간의 경험을 초월한 영원불변의 「자연법(自然法－natural law)」이 있으며, 이것이 모든 법의 효력의 근거이다 → *실정법(positive law)의 지도원리(*법을 제정하고 해석하는 데 목표로 삼아야 할 원칙)가 될 수 있는 점은 평가할 만하지만, 법이 현실 사회와 함께 존속한다는 인식과 맞지 않으며, 소수의 법을 제외하고 시공을 초월한 변함없는 자연법이 존재한다는 것이 문제이고, 또 실정법에는 악법(惡法)도 있을 수 있다는 점이 무시된다.

* 현대 「신자연법론(新自然法論－new natural law theory)」: 시공에 따라 변하는 자연법 또는 근대과학의 연구와 조화할 수 있는 자연법 인정한다 → 이 의미의 자연법은 「사물 자연의 성질, 이치·도리」(*조리(條理))를 법의 효력의 근거

로 본다는 점에서 경청할만하다.

** 자연법설에 입각한 「자연법사상(自然法思想)」은 이른바 「법실증주의(法實證主義-legal positivism, Rechtspositivismus)」와는, 법과 도덕 간의 문제에서처럼, 양자간의 대립과 상관성을 두고 흥미로운 법리학상의 논의를 벌여오고 있다.

- 자연법사상 : 사람이 나면서부터 가진 자연권(自然權)으로서의 생존의 권리를 지키기 위해 필요한 보편적이고 영구불변한 자연법이 있다고 보는 사상으로, 자연법은 인위적으로 형성되는 실정법(실정법)에 우월하는 존재로 파악한다. 이는 「자연법론(自然法論-natural law theory, Naturrechtslehre)」이라고도 한다.
- 법실증주의 : 법은 사람이 설정하는 것으로 파악하고, 경험적으로 검증이 가능한 사회적 사실로서의 존재인 실정법만 법학의 인식 내지 연구의 대상으로 삼는다.

마. 역사설

역사설(歷史說)은 「민족확신설(民族確信說)」이라고도 하며, 법은 민족 속에서 역사적으로 자연히 발생하는 민족정신의 발현이므로 민족의 법적확신이 이러한 법의 효력의 근거가 된다는 것이다(*법은 마치 언어・종교・도덕・관습과 같이 그 민족으로부터 태어나 성장하고 민족이 쇠퇴・멸망하면 동시에 법도 소멸하고 만다)

* 역사설은 근대법전의 편찬에서 「관습법(慣習法) 우위」를 주장하기 위한 도이취의 「역사법학파(歷史法學派)」의 견해이다(*샤비니(Friedrick Karl von Savigny-1779~1861) 등). 과거에 행해진 사실을 과대시한 나머지 "이러이러 하였다"는 사실을 「이러 하여야 한다」는 규범으로 전환하여야 한다고 하는데, 과연 그렇게 전환할 수 있다는 근거를 명확히 제시할 수 있는가가 문제이다. 법의 역사는 이성(理性)에 의한 투쟁의 역사이며, 현실의 법은 대부분 의식적・정책적으로 제정되는 것이다. 또 이로써는, 자기 민족과 관계없는 외국법 계수의 현실에 대한 설명도 곤란하다.

바. 법단계설

법단계설(法段階說-legal theory of stage)은 켈젠의 『순수법학(純粹法學)』(1934)에서 주장하고 있는 견해로서, 법의 효력의 근거를 법의 단계적 구조에 의하여 보다 상위규범(또는 그 위임)에서 구한다(*명령 → 법률 → 헌법 → *근본규범) → *실정법의 형식적 효력의 근거에 대한 설명으로는 타당하고, 또 법의 타당성의 근거에 대한 설명으로도 어느 정도 인정할 수 있다. 그러나 「근본규범(根本規範－basic norm, Grundnorm)」이 무엇인가가 문제이며(*다수결로 헌법이 제정되는데, 그러면 다수인의 의사가 근본규범인가가 문제가 된다), 관습법의 성문법의 강행규정 개폐력에 대한 설명 또한 곤란하다.

사. 승인설

승인설(承認說)은 「계약설(契約說)」·「의사설(意思說) 등으로 불리우기도 한다. 이는 사회구성원 다수의 승인(recognition－*비자율적·무의식적 승인 포함)을 법의 효력의 근거로 파악한다. 반대자인 소수자에게도 실효성이 미치기 위한 것으로, 개인의 의사가 아니고 사회 총체적 의사를 인정한다(*근대 자유주의·개인의 사적자치 내지 의사 존중의 요청, 국가는 사람들 간의 계약으로 성립한다는 사회계약설 등의 영향을 받은 견해이다). 이 승인설이 일보 더 나아간 것이 「여론설(輿論說)」이다(*법을 만드는 원동력이 여론이고, 그 만들어진 법의 효력을 유지하는 근거도 여론이다) → *유아와 같은 법이 무엇인지 인식할 수 없는 자에 대하여는 설명이 곤란하고, 또 법의 타당성의 근거로서도 적당하지 않다. 법의 효력이 일시적인 여론몰이의 영향을 받을 경우도 있을 수 있는 것이다.

* 승인설은 법이 지켜지는 사실상의 원인으로서의 실효성(實效性)에 관한 법의 효력의 근거에 주안점이 있는 것으로, 다수의 횡포를 인정하는 것이 될 염려가 있다. 그러나 사회구성원 다수가 법을 승인한다는 것은 법이 지켜지는 사실상의 원인인 법의 실효성(實效性)의 근거가 될 뿐 아니라, 그 자체가 다수인의 승인에 의해 법이 지켜진다는 것은 그것이 합리적이라는 것 곧 타당성(妥當性)이 인정된다는 것을 의미한다고 할 수 있다.

아. 가치설

법은 지켜야 하고 지켜지는 것은 그것이 가치(價値－Werte)가 있어서이고, 법은 그러한 가치 곧 법에 내재하는 이상(*개인의 인격 존중, 그 생명·자유·행복의 보장과 건강하고 문화적 생활의 증진, 공공복리의 구현 등)을 실현하려고 하는 것이다 → *현대법학에서 법은 가치·이상을 「정의의 실현」에 두고 이를 법의 효력의 근거라고 한다.

이상의 여러 견해가 모두 문제점을 안고 있다고 하면, 이 가치설(價値說)은 구체성을 띠지 않은 추상적인 이상론(理想論)이라고 할 수 있지만, 법의 효력의 근거에 관한 논의 자체가 성질상 추상론이 되지 않을 수 없다는 점을 참작하면, 달리 특별한 탁견(卓見)을 찾을 수 없는 현재로서는 이 견해에 좇을 수밖에 없다.

3. 법의 효력의 범위

* 법의 효력이 미치는 한계 내지 범위에 관하여, 내용적으로는 앞에 말한 법의 「효력의 근거」가 문제가 되며, 형식적 한계는 「법원(法源)」 간의 우열관계의 문제이다. 그리고 법원에 속하는 개개의 법규범의 효력의 범위는 시간적·인적·장소적인 한계로 파악할 수 있다.

가. 법의 효력의 형식적 한계

이 문제의 경우 켈젠의 「법단계설(法段階說－legal theory of stage)」에서와 같이, 하위법규(下位法規)는 그 효력의 근거가 상위법규(上位法規)에 있으므로, 동일한 사항에 대해 상위규범에 어긋나는 법규는 효력이 없다.

(1) 헌법의 최고법규성 : 이는 헌법재판소의 「위헌법률심판권(違憲法律審判權)」으로 인정되고 있다(헌법 111① i).

* 헌법재판소의 위헌법률심판권은, 「법률」이 헌법에 위반하는가 않는가의 여부는 법원의 재판이 대상이 된 구체적인 분쟁·사건의 해결을 통하여 이루어져야 하고, 분쟁·사건이 없이 추상적으로 법률의 헌법에 대한 위반 여부를 법원의 제청으로 판단할 수 없다(107①·111① i).

** 명령·규칙·처분의 「위헌·위법심사권(違憲·違法審査權)」은 최종적으로 「대법원」에 있다(헌법 107②).

(2) 헌법과 다른 법규범의 관계

① 헌법 → 법률 → 명령(대통령령 → 총리령 → 부령) → 지방자치단체의 조례·규칙

② 법률과 조약 : 조약 우월(*∵ 체약국의 조약준수의무)

③ 헌법과 조약 : 주권의 본질과 관련 → *헌법위반 조약의 효력(*주권의

절대성 · 무한계성 → 헌법우위설, 주권의 상대성 · 세계 중의 일원 → 조약우위설)

(3) 모순되는 법규범 상호간의 관계

① 후법(신법) 우선의 원칙(*「후법(後法)」은 전법(前法)을 폐지한다(Lex posterior derogat priori)」)

② 특별법 우선의 원칙(*「특별법(特別法)은 일반법(一般法)에 우선한다(Lex specialis derogat legi generali)」)

③ 성문법 우선의 원칙(*관습법의 보충적 효력)

나. 법의 시간적 효력

(1) 법 효력의 발생시기

(가) 불문법

불문법은 「성립시(成立時)」에 효력이 발생한다. 따라서 효력발생시기는 성립시기와 일치한다. 법으로 인정될 만한 객관적 상태, 즉 구속력이 성립한 때에 효력이 발생하는 것이다.

- 관습법 : 당해 관습을 인정하는 판례가 확립된 때
- 판례법 : 판결이 선례로 확립된 때
- 조　리 : 국민이 법이라고 확신한 때

(나) 성문법

당해 법에서 정한 때 곧 「시행일(施行日)」에 효력이 발생한다(*법률의 경우 헌법 53⑦). 성문법은 성립시(*법률의 경우 국회의결)와 효력발생시기(*법률의 경우 공포 · 시행)가 일치하지 않는 것이 원칙이다.

* 성문법은 이미 성립한 법을 국민에게 알리기 위한 표시행위인 「공포(公布)」의 시점과 시행시점 간에 「주지기간(周知期間) – time lag」이 필요하다 → *이는 법의 내용을 일반 국민에게 널리 알려 그 시행을 준비할 수 있게 하기 위해 인정되는 것인데, ① 구체적인 주지기간은 국민생활과의 관계의 경중(輕重)이나 법문(法文)의 장단 등에 따라 차이가 있으나, 법률의 경우 공포일부터 20일간으로 되어 있으며(헌법 53⑦), ② 주지기간을 두면 탈법(脫法) 등의 폐해가 염려되거나 긴박하게 시행할 필요가 있는 경우에는 공포와 동시에 효력이 발생하도록 할 수 있다.

(2) 법 효력의 소멸시기

(가) 불문법

불문법은 그 폐지·변경이 된 때에 효력이 소멸한다.

- 관습법 : ① 관습법의 내용과 모순되는 성문법의 출현한 때 ② 새로운 내용의 관습법이 출현한 때 ③ 관습법의 기초인 사실상의 관습이 소멸한 때
- 조 리 : 일반인의 법적 확신이 없어진 때
- 판례법 : 대법원에 의하여 판례가 변경되어 그것이 새로운 판례로 확립된 때

(나) 성문법

성문법은 전부 또는 일부가 폐지된 때에 그 전부 또는 일부의 효력이 소멸하며, 모순 또는 변경된 내용의 새로운 성문법이 출현하면 종전의 법규는 효력을 잃는다.

(a) 내재적 원인에 의한 법의 소멸 : 법령 중의 유효기간 곧 시행기간의 경과(*이른바 「한시법(限時法)」의 경우), 제정 목적의 달성 등으로 소멸하는 것을 가리킨다. 그 밖의 내재적 원인과 관련된 법의 폐지 일반을 보면 다음과 같이 정리할 수 있다(*이는 성문법에 한정된 경우가 아니다).

- 목적 사항의 소멸에 의한 폐지 : 법의 목적이나 대상이 되는 사항이 소멸하면, 법이 그 제정·성립의 이유·근거를 잃고 폐지된다(*식민지에 관한 법규의 경우).
- 실질적 원인에 의한 폐지 : 법의 해석과 적용에 의해 폐지되는 경우로서, ① 사회사정의 변경의 경우(*화폐가치의 급락·물가의 급등 등으로 인한 이른바 「사정변경(事情變更)의 원칙의 적용」), ② 법 사상의 변경의 경우(*선량한 풍속 기타의 사회질서, 신의성실의 원칙, 권리남용 금지 등과 관련된 법의 해석·적용으로 법의 내용의 기초인 실질적 의미의 변경) 등을 들 수 있다.
- 문화성·사실성과의 관련에 의한 폐지 : 인류 문화의 수준을 현저히 하락시키는 법은 법일 수 없고(*특정 민족 학살), 국민의 사실상의 지지를 잃은 법은 폐지될 수밖에 없다(*미국의 금주법-1911년 수정헌법(제18조)으로 인정된 것이 1933년 수정헌법 제21조로 폐지되었다).

(b) 외재적 원인에 의한 법의 소멸

① 법의 명문의 규정에 의한 성문법의 폐지·변경(*신법이 구법의 전부

또는 일부를 폐지하는 명문의 규정을 두는 경우)

② 후법(신법) 우선의 원칙에 의한 구법의 폐지(*종래의 법의 전부 또는 일부와 저촉하는 신법이 성립되면 그 범위 내에서 구법이 소멸한다. 다만, 「보통법적인 신법은 특별법적인 구법을 개폐(改廢)하지 않는다」)

③ 관습법에 의한 성문법의 폐지 · 변경(*불문법 국가의 경우)

(c) 법의 효력의 정지 : 이는 법의 적용을 일정한 기간 동안 유보하는 것을 가리키며, 법의 효력을 종국적으로 소멸시키는 법의 폐지와 구별된다.

(3) 법의 효력 불소급의 원칙

(가) 의 의

법의 효력 불소급(效力不遡及)의 원칙 또는 법률 불소급(法律不遡及)의 원칙은, 법은 그 시행 이전에 생긴 사항 또는 법률관계에 대해서는 적용되지 않는다는 법의 시간적 효력의 범위와 관련된 원칙을 가리킨다.

(나) 취 지

법을 그 시행 이전의 사항에 대해 소급하여 적용하는 것은 국민의 법률생활의 안정성을 해하고, 예견가능성을 박탈하고, 나아가 「법치주의(法治主義)」 국가의 원리에 반하게 된다, 특히, 개인의 자유 · 재산(*기득권)을 침해하거나 국민에게 새로운 의무나 부담을 가져오는 법의 경우에는 이 원칙이 강조된다(*형법 제1조 · 헌법 제13조에 의한 형벌 불소급(刑罰不遡及)과 소급입법(遡及立法)의 제한).

(다) 예 외

이 원칙의 취지상 조세의 감면(減免), 범죄에 대한 형벌의 감면 등과 같이, 국민에게 이익을 주거나 부담을 경감시키는 법은 그 소급적 적용을 인정할 수 있다.

(4) 경과법 · 경과규정

법의 소급효를 인정하는 경우 또는 어느 사항이 구법 · 신법에 걸쳐 있는 경우 혼란을 피하기 위하여 두는 법규를 말한다(*단행법이면 「경과법(經過法)」, 법령 중에 설정된 조문이면 「경과규정(經過規定)」이 된다).

다. 법의 인적 · 장소적 효력

(1) 속인주의와 속지주의

① 법의 효력의 범위 또는 한계와 관련해서는, 앞에 말한 시간적 효력이 존속하는 범위 내에서, 유효한 법이 어떤 사람에 대해 또한 어느 곳의 생활관계에 관해 적용될 수 있는가 하는, 법의 인적 · 장소적 적용 범위 내지 한계가 문제가 된다. 이에 관해서는, 「속인주의」와 「속지주의」의 대립이 있다.

② 속인주의(屬人主義)는 「국적주의(國籍主義－principle of nationalities)」라고도 하는데, 일국의 법은 그 나라의 국민이 자국이나 외국 어느 나라에 있더라도 모든 국민에게 그 자국법(自國法)을 적용한다는 주의를 말한다. 이에 대해, 속지주의(屬地主義)는 「영토주의(領土主義－territorial principle)」라고도 하며, 그 나라의 영역(*영토 · 영해 · 영공) 내에 있는 자국민이나 외국인 모두에 대해 그 영역국의 법 곧 자국법을 적용한다는 주의를 가리킨다.

(2) 속인주의의 문제점과 속지주의

(가) 속인주의에서 속지주의로의 발전

역사적으로 처음에는 속인주의가 지배하였다. 그러나 국제적인 사람의 교통과 교류가 빈번함으로써 속인주의를 유지할 수 없게 되었다→ *법관은, ① 모든 사람에 대해 그 사람의 소속 국가의 자국법(自國法) 곧 본국법(本國法)을 적용하며 재판하는 것이 곤란하게 되었고, 또한 ② 다른 나라의 국민과의 분쟁에 어느 나라 법을 적용할 것인가도 문제가 되기 때문이다.

(나) 속지주의의 원칙

오늘날에는 「속지주의」를 원칙으로 하고 「속인주의」를 가미하고 있다. 따라서 법의 시행지역인 자국의 영역 내에서는 자국민은 물론 외국인도 규율할 수 있고, 반면에 자국 영역 밖에서는 자국민이라도 규제할 수 없다는 것이다. 물론, 이 원칙에 대해서는 예외가 있다.

* 일국의 법은 속인주의 아래서는 그 나라의 영역 전반에 걸쳐 시행되는 것이다. 그래도 법이 규율하는 것은 영역 그 자체가 아니라 거기서 생활하는 사람의 행동이기 때문에, 속지주의라고 하더라도 결국 사람에 관한 효력과 중복되지 않을 수 없는 일이다.

(다) 속지주의의 예외

(a) 사회적 · 경제적 · 문화적 · 정치적 조건에 의한 예외 : ① 국제법상의 치외법권(治外法權)을 가진 외교사절 · 주둔군 등의 토지 · 시설 ② 영역의 일부에만 적용되는 지방자치법 등의 경우 ③ 점령지 · 공해상의 선박 등

(b) 속인주의의 적용에 의한 예외 : ① 치외법권을 가진 외국인 ② 주둔 외국인 ③ 외국에서 죄를 범한 내국인(형법 3) ④ 외국에 있는 우리나라 선박 · 항공기 내에서 죄를 범한 외국인(형법 4) ⑤ 신분 · 능력 · 친족 · 상속의 경우 내국인 ⑥ 헌법상의 권리의무의 경우 내국인

* 위 (a)의 ① · ③ 및 (b)의 ① · ②의 경우는 외국법이 적용되고, (a)의 ② 및 (b)의 ③ · ④ · ⑤ · ⑥의 경우는 내국법이 적용된다.

제 6 절 법의 적용

1. 법의 적용

가. 법 적용의 의의

법의 「적용(適用)」은 법적 분쟁의 해결과 관련하여, 추상적인 법규범을 현실의 개별적인 사건에 해당시켜 구체적으로 가치판단을 함으로써, 법의 힘 곧 효력을 실제로 발휘하게 하도록 「법적 효과(法的效果)」를 부여하는 것을 말한다.

* 분쟁의 해결과 법의 적용 : 분쟁의 해결 방법으로는, ① 우호적 해결 또는 자력구제, ② 화해, ③ 조정, ④ 중재, ⑤ 재판 등이 있는데, 그 중에서 ⑤의 재판(*법원 내지 법관에 의한 분쟁의 해결)의 경우에 「법의 적용」이 특히 문제가 된다.

나. 법 적용의 논리적 순서

재판의 경우 법관은 미리 정립되어 있는 법규범(法規範)을 인정된 사실(事實)에 해당시킴으로써 결론을 끌어낸다. 따라서 법의 적용은, 일정한 법규를 「대전제」(大前提)로 하고, 구체적 사실(*법의 적용 대상인 사실)을 확정하여 이를 「소전제」(小前提)로 하여, 「결론」(結論)으로서 법적효과를 부여하는 판결을 하는 「삼단논법」(三段論法)의 형식을 취한다고 할 수 있다 → *여기서 법의 적용은, ① 법의 검인 → ② 사실의 인정 → ③ 법의 내용과 사실이 일치하면 사실에 법을 적용하는 것 등 3단계를 거치게 된다. 이러한 과정을 논리학상의 삼단논법에 대해, 「법적 삼단논법(法的三段論法)」 또는 「판결삼단논법(判決三段論法)」이라고 부른다.

(1) 법의 검인

법의 「검인(檢認)」이란, 문제가 된 사실에 관련된 법적 효과(*법률효과)를 정하고 있는 법을 찾아 그것이 법으로서의 효력을 가지고 있는가를 조사하는 것을 말한다 → *이때 법으로서 유효하기 위해서는, ① 적법하게 성립한 것일 것, ② 효력이 발생하였을 것, ③ 효력이 소멸・정지되고 있지 않을 것이 요청된다.

(2) 사실의 인정

법의 적용 대상이 되는 사실의 존부(存否)와 그 내용(內容)을 인정 내지 확정하는 것, 즉 법적 효과가 생기기 위한 요건으로서의 사실(*「법적 사실(法的事實)」)을 인정하는 것을 사실의 「인정(認定)」이라고 한다 → *법적 사실은 과거의 사실이다. 따라서 사실의 인정은 그 특수성으로, 「증거주의」(*증거재판주의) 아래 누가 증거를 들 책임이 있는가(*「입증책임(立證責任)」 또는 「거증책임(擧證責任)」) 하는 것이 문제가 된다.

(가) 민사사건의 경우

「형식적 진실주의(形式的眞實主義)」 아래 주장자 곧 원고(原告)가 입증책임을 부담한다 → *이 입증책임의 원칙 아래서는 입증이 곤란한 경우, 앞에서 자세히 언급한 바와 같이, ① 입증책임의 완화 또는 전환, ② 사실의 추정(推定－presumption), ③ 사실의 의제(擬制－fiction)가 인정된다.

(나) 형사사건의 경우

「실체적 진실주의(實體的眞實主義)」 아래 원고인 검사(檢事)가 피고의 범죄사실에 대한 입증책임을 진다. 민사재판의 경우와 달라, 입증책임의 완화 또는 범죄사실의 추정이나 의제는 인정되지 않는다.

(3) 법의 적용

법적 사실이 인정되면, 검인된 법을 인정된 사실에 해당시켜 법적 효과를 부여하는 판결을 한다.

* 甲이 乙의 자동차를 며칠간 타고 놀다가 돌려줄 생각으로 살짝 가져 갔다. 이 행위에 대해 법적 재제를 가하려면, ⓐ 이러한 사실을 규율하는 법이 있는가를 확인하여야 한다. 형사적 재제에 국한시켜 살펴본다면, 남의 물건을 주인 모르게 살짝 가져가는 여러 가지 경우를 유형화하고 있는 형법 제329조의 규정(「타인의 재물을 절취하는 자는 6년 이하의 징역 또는 1,000만원 이하의 벌금에 처한다」)과 형법 제331조의 2의 규정(「권리자의 동의 없이 타인의 자동차, 선박, 항공기 또는 원동기 장치의 자건거를 일시 사용한 자는 3년 이하의 징역, 500만원 이하의 벌금, 구류 또는 과료에 처한다」)이 있다는 것을 찾아내고, ⓑ 甲과 이 乙의 자동차를 살짝 가져간 사실이 그것을 일시적으로 사용하고 돌려준 것이 아니라, 아예 돌려줄 생각이 없이 가져갔거나 또는 오랫동안 사용하다가 돌려준 것임을 인정하여, ⓒ 법원에서 이 사실에 대하여 형법 제329조를 해당시켜 300만

원의 벌금형을 과하게 되었다고 하자. 이 예에서, ⓐ가 「법의 검인」, ⓑ가 「사실의 인정」, ⓒ가 「법의 적용」이 된다.

위의 甲의 행위가 형법 제331조의 2의 규정의 적용에 의한 형벌을 받는 것이 정당화되려면, 甲의 행위(*며칠간 타고 놀다가 돌려줄 생각으로 乙의 자동차를 무단으로 살짝 가져간 행위)가 형법 331조의 2의 「권리자의 동의 없이 타인의 자동차를 일시 사용한」 것에 해당되어야 한다. 이 권리자의 동의 없이 타인의 자동차를 일시 사용하는 것에 甲의 행위와 같은 것도 포함되는가 않는가를 이론적으로 밝히는 것이 다음에 말한 「법의 해석」의 문제이다.

2. 법의 해석

가. 법 해석의 의의

법의 해석은 법규범의 개개의 말이나 문장의 의미·내용을 명확하게 밝히는 것을 말한다 → *법의 해석은 「법의 적용(適用)」과 관련하여 기능적으로 법규범을 구체적으로 문제가 된 사실에 해당시킬 수 있도록 그 의미·내용을 명확히 하고 구체화하는 작업을 의미한다.

나. 법 해석의 필요성

(가) 법규범의 다의성

입법의 불충분에 기인한 의미·내용에 관한 다의성(多義性)의 문제는 해석으로 해결하는 수밖에 없다.

- 난해한 한자어(漢字語) : 민법 제249조 「평온(平穩)·공연(公然)하게 동산을 양수한 자가 선의(善意)이고 과실(過失)없이 그 동산을 점유한 경우에는 양도인이 소유자가 아닌 때에도 즉시 그 동산의 소유권을 취득한다」.
- 용어 선택의 잘못 : 민법 제7조 「법정대리인은 미성년자가 아직 법률행위를 하기 전에는 전 2조(*제5조·제6조)의 동의와 허락을 "취소"할 수 있다」("취소" → "철회"의 잘못).

(나) 법규범의 일반성·추상성

사회에서 일어날 수 있는 모든 사태를 직접 빠짐없이, 그것도 의문의 여지가 없이, 법으로 규정하는 것은 불가능하다 → *특히, 불확정개념의 경우(*인

(人), 재물(財物) 등)와 일반조항의 경우(*민법 2·103 등)가 문제가 된다.

* 영미법은 구체적인 사건을 대상으로 형성된 판례법을 기초로 한 것이므로, 내용이 상세하고 구체적이어서 거의 해석의 여지가 없다.

(다) 법의 부존재·흠결

법관이 구체적인 사건을 처리하려고 할 경우 그것을 위한 적절한 법문이 없는 경우가 있다 → *입법 당초부터의 흠결(*제1차적 흠결)과 사회의 변화·발전에 대응할 법규의 부존재(*제2차적 흠결)로 구분되는데, 이는 조리(條理)의 적용 또는 해석에 의한 흠결의 보충(「보충적 해석」)이 필요한 것이다.

* 형사사건의 경우에는 「죄형법정주의(罪刑法定主義)」의 요청상 법의 흠결에 대한 보충의 문제는 없다.

(라) 법 규범의 수정 문제

이 문제는, 입법론(立法論)은 별문제로 하고, 해석으로서는 어쩔 수 없는 것이 원칙이다 → *다만, 구체적 사건에 대해 적용할 법문의 존재가 인정되기는 하지만, 그 법문을 통상의 의미대로 적용하면 부당한 결과가 될 경우가 있을 수 있다. 이 경우에는 타당한 결과를 가져오기 위한 법의 해석은 있을 수 있다(*형법 제366조의「재물의 손괴」의 경우 물리적인 파손뿐 아니라, 그 본래의 효용을 잃게 하는 행위도 포함하는 것으로 해석할 수 있다).

* 종래 특히 「성문법 중심주의(成文法中心主義)」의 대륙법계 국가의 법학은 실정법에 대한 해석에 관련된 법학 부문으로서의 「해석법학(解釋法學)」이 중심이 되고 있다.

다. 법 해석의 분류

- 법규적 해석
- 학리적 해석
  - 문리해석
  - 논리해석
    - 확장해석·축소해석·변경해석
    - 반대해석·유추해석·물론해석

(1) 법규적 해석

이는 「입법해석(立法解釋) 또는 「강제해석(强制解釋)이라고도 하며, 별도의 법규정(*정의규정·목적규정·해석기준규정 등－*민법 제98조)을 두어 이전의 법규를 해석하는 것을 말한다 → *이는, ① 위임에 의한 해석권의 인정이 가능하지만, ② 사법해석과 행정해석과는 다르다(이는 학리적 해석에 준한다).

* 입법 해석의 특색은 그 해석의 대상에 관한 한 절대적 권위를 가진다. 「유권해석(有權解釋)」은 입법해석과 사법해석·행정해석을 포괄하는 의미이다.

- 사법해석 : 사법기관인 법원이 행하는 해석으로 판례로 표시된다.
- 행정해석 : 행정관청이 법을 시행·집행하는 데 자기의 판단으로 해석하거나 상급관청이 하급관청의 질의에 해답하는 형식으로 이루어지는 해석 → *이는 상급관청에 의해 취소될 수 있고, 소송에서 법원에 의해 부정될 수 있다.
- 입법해석 → 법규적 해석

(2) 학리적 해석

이는 학리(學理-학문적 이론)에 의해서 법규범의 의미·내용을 명확하게 하는 것을 가리키며, 「학설(學說)」로 나타난다.

(가) 문리해석과 논리해석

「문리해석」(文理解釋)은 법규범의 언어(말)와 문장 곧 법문(法文)에 충실한 해석으로, 법해석의 기초이고 출발점이다. 「논리해석」(論理解釋)은 법문 이외의 사물의 도리에 주안을 두고 하는 해석이다.

(나) 문리해석의 경우 유의점

문리해석에서는, ① 법문의 일상적인 용법에 따른 보통의 의미로 파악할 것, ② 법률안의 제안이유서 등에 의한 제정당시의 의미로(*연혁적 해석 또는 역사적 해석), 또는 현재의 사회적 수요를 기초로 한 해석당시를 기준으로(*발전적 해석 또는 목적론적 해석), 법문의 의미를 파악할 것, ③ 입법 기술상의 용어 사용의 관례를 존중할 것(*이상·초과 / 이하·미만 / -와·와, 및 / -(이)나·또는) 등이 요청된다.

*
- 장 점 : 법적 안정성의 확보 (*누구의 해석에 의하더라도 동일한 결론이 된다)
- 문제점 : ⓐ 일반조항의 경우 ⓑ 다의적인 법문의 경우 ⓒ 용어가 잘못 사용된 경우

(다) 논리해석상의 참작사항과 방법

(a) 태 도 : 입법목적·입법취지, 다른 법과의 관련, 법의 연혁, 사회정의·형평의 관념 등을 참작하여 해석하도록 한다.

* 목적해석 또는 「목적론적 해석(目的論的解釋)」은 논리해석 중에서 해석의 대상인 법규범의 목적에 따라 해석하는 것을 가리킨다(*예링의 『법에서의 목적』에서 「목적이야말로 모든 법의 창조자이다」라고 하고 있다).

- 입법자 의사설(주관설 · 주관적 해석) : 입법 당시에 인정된 의사가 목적이라고 파악하여 그 당시의 입법자의 의사를 명백히 하여 그것에 따라 당해 법문을 해석하는 것(*입법이유서 · 의사록 참작) → *입법 이후에 사정변경이 있는 경우에는 부적당하다.
- 법률 의사설(객관설 · 객관적 해석) : 법문에 관한 현재의 사회에서 인정되는 목적을 명확히 하여 그것에 따라 해석하는 것 → *해석자의 주관적 견해가 마치 현재 법의 목적인 것처럼 취급될 염려가 있다.
- * 먼저 입법자의 의사를 명확히 하되, 그것에 따른 해석으로는 부당한 귀결이 될 경우 법문에 관한 객관적인 의미 내지 취지를 명확히 밝혀서 해석하도록 하여야 할 것이다.

(b) 방 법
- 법문 중심 : 확장해석 · 축소해석 · 변경해석
- 법문 이외의 의미 중심 : 반대해석 · 유추해석 · 물론해석

- 반대해석 : 법문에 일정한 사항을 인정하고 있는 경우 그 반대되는 것을 인정하지 않는 해석(*민법 제356조에서 저당권은 부동산에 인정된다고 규정하고 있는데, 동산에는 저당권이 허용되지 않는다고 해석하는 것)
- 물론해석 : 법문에 일정한 사항을 규정하고 있는 경우 법문에 명기되어 있지 않는 사항도 그 중에 당연히 포함된다는 해석(*민법 제150조의 적용대상인 조건부권리에 기한부권리도 당연히 포함된다고 해석하는 것)
- 확장 · 축소해석 : 법문의 자구를 그것이 가진 통상의 의미 이상으로 넓게 · 좁게 해석
- 유추해석 : 어느 사항에 대해 명문의 법 규정이 없는 경우 입법이유 등을 참작하여 유사한 사항에 적용되는 법규를 그 사항에 적용하도록 하여야 한다고 해석하는 것 → *이러한 유추해석에 의해 그 유사한 사항에 관한 법규를 적용하게 될 때 그 적용을 「유추적용」(類推適用)이라고 하며(*죄형법정주의의 파생원리로 형법의 경우 「유추해석의 금지」), 이 취지를 명문으로 규정할 경우 「준용」(準用)이라는 용어를 사용한다.
- 변경해석 : 법문의 용어 또는 사항이 종전과 달리 변경된 경우 그 변경된 것을 가리키는 것으로 해석하는 것(*「해양수산부」→「국토해양부」)
- *예컨대, 「차마 통행 금지(車馬通行禁止)」의 규정의 경우 - ① 당나귀도 통행 불가(확장해석) ② 사람은 통행 가능(반대해석) ③ 유모차는 통행 가능(축소해석) ④ 맹수는 통행 불가(물론해석) ⑤ 소도 통행 불가(유추해석)

제 7 절 법의 발전

1. 사회와 법의 발전

가. 법과 그 변천 · 발달

① 법은 사회적 산물로서, 사회의 변화에 따라 변천하고 발달하여 왔다(* 법의 「사회적 상대성」).

② 그러나 변화하는 법의 기저(基底)에는, 시대나 장소와 관계 없는 영구불변의 법이 있다고도 할 수 있는데, 이것이 이른바 「자연법(自然法－natural law)이다. 이러한 자연법에 대해, 시대와 장소에 따라 적응하여 구속력(拘束力) 내지 효력을 가진 법을 「실정법」(實定法－positive law)이라고 한다.

③ 자연법은 주로 법 이론상의 근본적인 문제에 관한 「법철학(法哲學)」의 대상이다. 여기서는 실정법을 중심으로 법의 발달사를 간단히 살펴본다. 그것도 현재 우리나라 실정법에 많은 영향을 끼치고 있는 유럽의 법제를 대상으로 한다.

나. 법 변천의 경향

법은 장기적 · 역사적으로 볼 때 사회의 이상(理想) 내지 법의 이념(理念)에 접근 · 진화해 가는 경향이 있다.

- 자유 · 평등 : 노예제도 → 폐지
- 형평과 정의 : 손해배상에 관한 과실책임 · 개인책임 → 배상책임의 사회화 · 무과실책임
- 사회적 평등 : 사교육 → 공적 비용에 의한 의무교육

2. 고대의 법

가. 원시사회의 법의 생성

(1) 원시규범・습속

법・종교・도덕 등이 미분화한 상태에서, 타부(Tabu, Taboo－금기(禁忌)), 타리온(Talion－동해복수(同害復讐)) 등 이른바

「원시규범」 또는 「습속(習俗)」이 지배하였다.

(가) 타 부

일정한 사람이나 물건에 대해 신성한 것(깨끗한 것) 또는 속된 것(부정한 것)을 구별하여, 그것에 접촉하는 것을 금하고 그것을 범하면 초자연적인 제재(制裁) 또는 신벌(神罰)이 과해진다고 믿게 한 습속을 말한다. 그러한 제재나 신벌에 대한 믿음으로써 그 금기(禁忌)가 지켜져 사회의 질서가 유지된다는 것이었다.

(나) 타리온

'눈에는 눈, 이에는 이'라고 하는 것처럼(*기독교 구약성경 출애굽기 21 : 23~25 참조), 피해자가 그 입은 피해만큼 가해자에게 피해를 입히는 것이 허용되는 것, 나아가 그러한 보복이 이른바 「혈족복수(血族復讐－Blutrache)」로 확장되어 피해자 개인뿐 아니라 피해자가 소속한 혈족집단에 의한 가해자 또는 그 혈족집단에 대한 보복이 허용되는 것을 말한다. 이럼으로써, 그러한 보복을 당하지 않기 위해 남에게 해를 끼치는 죄를 범하지 않게 되어 질서 유지를 가져올 수 있다는 것이다.

(2) 습속에서의 법의 분화

문화의 진보와 함께, 사적인 복수 금지・도피성 등을 거쳐, 사회의 조직이 강화되고 사회의 중심력, 나아가 국가권력이 형성함에 따라 법규범이 습속에서 분화・발전하고, 그것이 사적(私的)인 제재 대신에 사회의 조직적인 힘, 특히 국가의 공권력에 의한 제재(*형벌・손해배상 등)로 시행해 가게 되었다.

* 이른바 도피성(逃避城－city of refuge)은 주로 고의성이 없이 단순한 과실로 살인을 저지른 자가 피해서 들어오면 보호하고 거기서 재판이 이루어지는 곳이었다(*기독교 구약성경 민수기 35 : 6,12 참조).

나. 고대 국가의 법

(1) 성문법의 형성

고대 국가가 형성되어 감으로써 습속에서 법이 분화하기 시작하였는데, 초기에는 불문법(不文法)인 「관습법」(慣習法)으로 시행되었다. 그 후 차차 국가의 조직·체제가 갖추어짐에 따라 다음과 같은 「성문법(成文法)」이 형성되기에 이르렀다.

(가) 함무라비 법전

고대 바빌로니아 제국의 함무라비(Hammurabi) 왕이 통일 직후 BC 18세기에 포고한 법전(法典)으로, 기존의 각종 법령과 판례 등을 기초로 편찬한 것이다. 1901년 프랑스의 학술조사단이 이란의 고도 스사에서 발견한 높이 2.25m 하부둘레 1.9m 크기의 흑색 섬록석(閃綠石－diorite) 돌기둥에 설형문자(*쐐기글자)인 아카드 어로 법문이 새겨져 있는데, 이는 현재 파리의 루브르 박물관이 소장하고 있다. 돌기둥 상부에는, 함무라비 왕이 정의의 신 샤마슈에게서 법전을 받고 있는 장면이 조각되어 있다. 하부에는 49란(표면 21란·이면 28란) 약 3,000행에 걸쳐 긴 서문과 282개 조문의 법문 및 발문(跋文)이 있다.

법문은 혼인·이혼·상속 등 68개 조문에 달하는 가족관계법을 포함하여, 그 밖의 민법 및 운송·중개의 경우와 같은 상거래, 범죄와 형벌 등에 관한 규정으로 구성되어 있다. 그 중에 중세의 무역거래 형태의 하나인 콤맨다(Commenda－자본가와 사업자 간의 행해단위의 이익분배계약으로 우리나라 상법상의 「익명조합」 또는 「합자회사」와 같은 공동기업 형태의 기원으로 파악되고 있다)에 유사한 관계의 내수항행에 관한 규정까지 포함되고 있다.

물론, 그 중에는 종교적·도덕적 규범이 미분화해 불완전한 부분도 포함되어 있지만, 그것이 근 4,000년 전의 법률이라는 사실로 보면 감탄을 금할 수 없는 매우 훌륭한 입법문화의 유산이다. 함무라비는 바빌로니아 제1왕조의 제6대 왕으로 BC 1792～1750년경의 43년간의 치세 중 재위 36년에 이르러 북부의 앗시리아, 서부의 스발투, 동부의 에람, 남부의 슈메르와 아카드를 지배하는 대제국을 건설하여 「사계(四界)의 왕」으로 일컬어지고 있다.

(나) 인도의 마누 법전

BC 4세기～AD 2세기 동안에 형성된 것으로, 시가체(詩歌體)의 12개 장

2,684개 조문으로 되어 있다. 이 마누(Manu) 법전은 강한 종교적 색체(*우주의 개벽(開闢)・만물의 창조 등)와 신분적인 계급제도를 기반으로 하고 있었다. 그 중에는 해사법(海事法)의 규정까지 포함하고 있으나, 종교적・도덕적 규범의 미분화로 법규범으로서는 불완전한 것이었다.

(2) 그리스 법

관습법이 존재하기는 하였으나, 예술・철학 등의 발전에 비해 법의 발전은 미미한 상태이었다. 그러나 AD 4세기 경의 「로드 해법(海法－lex Rhodia de iactu)」은 그리스 해법을 계수한 것으로 알려져 있다.

(3) 로마법

로마법은 BC 8세기경～AD 10세기에 걸쳐 형성된 법 체계이다.

로마는 고대 국가로서는 놀랄만큼 고도로 발달한 통치기구와 그것에 따른 공법(公法)의 체계도 잘 정비되어 있었지만, 후세에 지대한 영향을 준 것은 「법의 천재(天才)」의 산물로 불릴 정도로 유명한 로마의 「사법(私法)」이다.

(가) 고대 로마법

초기 로마사회의 전통적 관습을 기초로 형성된 소박하고 엄격한 형식주의의 「시민법(市民法－ius civile)」이었다. BC 450년경에 「12표법」 또는 「12동판법(十二銅版法－Leges duodecim tabularum, Twelve Tables)」으로 채록되었다(*도시국가법・농민의 법・가족중심의 법).

(나) 고전기 로마법

① 공화정(共和政) 말기에서 제정(帝政) 초기에 걸친 로마의 이른바 「고전기(古典期)」에 로마의 세력이 확대하여 세계국가화함에 따라, 「만민법」(萬民法－ius gentium)이 형성되었다.

② 다시 새로운 사회정세에 부응하기 위해 중요한 역할을 한 것이 법무관이었는데, 법무관들에 의해 성립된 「법무관법(法務官法－lex praetoria)」은 구체적 타당성을 존중함으로써 시민법의 형식주의를 수정하였다.

③ 이와 같은 로마법의 발달에 법학자가 끼친 역할은 커서, 권위있는 법학자의 학설은 이른바 「학설법(學說法)」으로서 법원(法源)으로 인정될 정도로 존중되었다. 그 학설도 추상적인 논리에 그친 것이 아니라, 전통과 정의를 조화시킴으로써 구체적인 사건의 해결을 도모하는 데 필요한 지침이 되었던 것

이었다. 이 시대를 로마법학의 「고전기(古典期)」라고 불리우고 있다.

(다) 시민법대전

로마 제국은 3세기 후반에 동서로 분리된 이후 그 중심은 동쪽(*비잔틴)으로 이동하였는데, 이 시대의 법은 주로 황제의 「칙법」(勅法－codex)으로 발전하였다. AD 6세기(530년경)에 유스티니아누스 황제(Iustinianus－AD 483~565)의 치세에 고전기 이래의 방대한 각종의 법원을 집대성한 법전이 편찬되었다. 이는 후일에 「시민법대전」(市民法大典－Corpus Iuris Civilis)으로 불리게 되었는데, 세계 입법사의 금자탑으로 평가되고 있다(*시민법대전의 구성－① 학설집(Digesta－그리스어 또는 별칭 Pandectae), ② 법학제요(Institutionen－그리스어 또는 별칭 Elementa), ③ 칙법(Codex) ④ 신칙법(Novellae)).

* 유스티니아누스 황제는 거의 잊혀져가고 있던 법학 전성시대의 학설을 모아 수정을 하여 「학설집」(Digesta－*그리스어 또는 별칭 Pandectae → 후일 도이취의 판덱텐 학파는 이 그리스어에 유래를 둔 것이다)을 편찬하고, 또 그 법학 전성시대의 학자 가이우스(Gaius)가 쓴 초학자를 위한 법학교과서라고 할 수 있는 「법학제요(法學提要)」를 편찬하였다.

이 두 책은 동로마 제국의 법률과 마찬가지의 구실을 하게 되었다. 이것이 후일 유럽 대륙법계의 법학에 영향을 미쳤는데, 민법체제의 경우 「인스티투티오네스 체계」의 프랑스 민법(*① 인(人)의 법 ② 물건(物件)의 법 ③ 소송(訴訟)의 법)과 「판덱텐 체계」의 도이취 민법(*① 총칙 ② 물권 ③ 채권 ④ 친족 ⑤ 상속)의 대립이 유명하다. 우리나라 민법전은 형식적인 체제에 관한 한 도이취 민법상의 판덱텐 체계를 취하고 있다.

특히, 도이취의 경우 유스티니아누스 황제가 편찬한 학설집과 법학제요에 고유의 게르만 법과 근대적 요소를 가하여 체계화한 「판덱텐 학파(Pandektenwissenschaft)」라는 법학파가 19세기 후반에 홍성하여, 근대 도이취 민법전의 성립에 주도적인 구실을 하였다.

3. 중세의 법

가. 게르만 법의 발달

① 로마 제국이 동서 로마로 분리됨으로써, 서유럽에서는 로마법의 존재가 잊혀지고 게르만 고유의 관습법이 지배하게 되었다. 이는 AD 4세기경부터

5세기까지의 민족 대이동에 따라 형성된 여러 게르만 민족국가에 영향을 끼쳤다. 프랑크 왕국의 칼 대제(AD 768～814)의 사후(死後)에 영토의 분리(*도이취·프랑스·이탈리아 3국의 전신(前身))로 각국 간에 게르만 법의 발달에 상당한 차이가 초래되었다.

② 중세의 경우, ㉮ 국가가 차차 조직과 권력을 강화하여 갔으며, ㉯ 법의 종교·도덕 등 다른 규범과의 분리가 진행되었으나, 중앙집권적 국가체제의 미확립으로, ⓐ 국가 이외의 교회·자치도시 등에 상당한 범위의 독자적인 입법권·사법권이 인정되었고, ⓑ 이 시대에는 신분에 의한 봉건적 토지영유제도와 상공업 분야의 독점적인 길드(Guild)제도를 기초로 한 사회이었기 때문에, 법은 신분적 차별과 고정적 제도로 확실성·안정성이 위주가 되고 탄력성(彈力性)이 결여되어 괄목할 만한 발전을 이룩하지 못하였다.

③ 12세기 이래 이탈리아의 북부 도시의 대학에 유럽 제국의 행정관과 사법관이 유학하여 로마법을 유럽에 광범위하게 전파하였다 → *① 프랑스의 경우 처음에는 남부를 중심으로 로마법의 영향을 받고 북부에는 관습법이 존재하였으나, 차차 로마법의 영향 아래 놓이게 되었으며, ② 도이취의 경우 중세에서 근세에 걸쳐 로마법이 전면적으로 계수되었다.

나. 중세 로마법학

① 로마법은 사법(私法)이 중심이었는데, 개인주의·자유주의의 원리가 지배하고, 특히 계약·불법행위·부당이득 등 채권 일반을 합리적으로 규율하는 우수한 법체계를 이루고 있는 것이었다.

② 그러나 서로마 제국의 멸망(AD 476년)과 함께 쇠퇴하여 서유럽에서는 점점 잊혀지고, 종래의 북유럽 각지의 게르만 민족의 관습법(*형법 중심의 소박한 법)이 지배하였다.

③ 그 후 AD 12세기에 와서 이탈리아 볼로냐(Bologna)대학에서 이르네리우스(Irnerius)가 로마법을 강의한 것을 계기로, 이탈리아의 각 도시에서 시민법대전에 관한 연구가 이루어짐으로써 로마법의 부활이 시작되었다.

④ 로마법의 연구는 시민법대전에 주석을 가한다는 형식으로 행해진 것이었기 때문에 「주석학파(註釋學派－Glossatoren)」로 불리운다. 처음에는, 「스

콜라 학파」에 의한 기독교 성서 해석상의 연구방법의 강항 영향을 받아 연역적 방법으로 일관한 논리적인 법해석학(法解釋學) 체계를 구성하였다. 그것이 「법학의 신학성(神學性)」이 기원이 되었다.

스콜라는 중세의 기독교 성당이나 수도원의 부속학교로, 여기서 기독교의 교의(敎義－종교상의 가르침 또는 교법)와 권위를 인정하고 그리스 철학자이며 학문의 아버지라고 존경을 받았던 아리스토텔레스를 원용하여 제반 학문의 체계를 세워갔는데, 이렇게 하여 이룩한 학문적 성과와 관련하여 이른바 「스콜라 학파」가 형성된 것이다.

⑤ 다음에, AD 13세기에 와서 부터는 시민법대전에 대한 단순한 주석에 그치지 않고 거기에 주해를 가하고 수정하거나 새로운 제도를 창설하거나 또는 이를 실무에 조언하는 등 실천적 목적을 위한 연구가 이루어졌다. 이러한 연구방법의 학파는 「후기주석학파(Postglossatoren)」 또는 「주해학파」(註解學派－Kommentatoren)」나 「조언학파(助言學派－Konsiliatoren)」로 불리운다. 그 연구방법이 논리적으로 체계화되어 그 이후 유럽의 각국에도 파급하여 사법(私法)에 관한 한 근대법의 형성에 큰 영향을 끼쳤다. 특히, 상법・국제사법은 주석학파에 의해 창시된 것이라고 할 수 있다.

* 로마법은 지금까지도 대륙법계 국가의 법제에 지대한 영향을 미치고 있는데, 도이취의 예링(Rudolf von Jehring)이 『로마법의 정신－Geist des römischen Rechts auf den vereschiedenen Stufen seiner Entwicklung, 1852-1865』에서 로마는 무력 및 기독교 교회에 의한 정복에 이은 각국의 로마법 계수로 세계를 3번 정복했다고 갈파하고 있는 것은 결코 과장이 아니다("Dreimal hat Rom der Welt Gesetze diktiert, dreimal die Völker zur Einheit verbunden, das erstmal, als des romische Volk noch in der Fulle seiner Kraft stand, zur Einheit des Staats, das zweitemal, nachdem dasselbe bereits untergegangen, zur Einheit der Kirche, das drittemal, infolge der Rezeption des römischen Rechts, im Mittelalter zur Einheit des Rechts; das erstemal mit äusserm Zwange durch die Macht der Waffen, die beiden andern Male durch die Macht des Geistes.").

** 중세 로마법의 계수(繼受－Rezeption) 또는 수용(受容)과 관련된 중요한 나라는, 앞에서 언급한 바와 같이 도이취와 프랑스이다.

① 도이취 : AD 15세기 후반부터 근세에 걸쳐 차차 로마법의 포괄적인 계수가

행해졌다. 그 이유는, ⓐ 도이취를 지배하고 있던 신성로마 제국은 과거의 로마 제국의 후계자라는 의식이 작용하였고, 도이취의 행정·사법 등의 관료는 이탈리아 대학에서 로마법을 공부한 자들이 많이 차지하게 되었으며, ⓑ 신성로마 제국이 약체화하였기 때문에 도이취의 관습을 기초로 한 법을 통일·정리하는 것이 불가능하였기 때문이다. 도이취에 계수된 로마법은 시민법대전에 주석학파나 주해학파가 주석·주해를 가한 것으로, 그 중심은 사법 중의 「채무법(債務法)」이었다.

② 프랑스 : 프랑스혁명 이전의 프랑스는 주로 북부·동부 지역의 「관습법(慣習法) 지역」과 중부·남부지역의 「성문법(成文法) 지역」으로 구분되어, 전자에서는 게르만계의 관습법이 적용되었고, 후자에서는 로마법의 영향 아래 놓여 로마법이 주된 법원이었다.

다. 교회법

교회법(敎會法－Canon Law)은 교회 내부와 교회 영내(領內)의 법률관계를 규율하기 위해 교황·종무협의회에 의해 제정된 규범이었다. 중세 후기(13~14세기)에 「교회법대전(敎會法大典－Corpus Iuris Canonica)」으로 집대성되었다. 교회 내부관계 외에, 일반 국민에 대한 혼인의 성립과 해소, 동산, 유언 등에 관한 관할권을 가지고, 세속법의 발달과 그 윤리화·사회적 약자 보호 등에 기여하였다(*예컨대, 낙성계약·이자금지·적당가격 이론·사정변경의 원칙 등). 그러나 경제생활에 불편을 준 경우(*예컨대, 이자 금지·시효제도에 관한 선의(善意) 요구 등)가 적지 않았기 때문에 일반적 수용은 적었다.

* 「교회법대전」은 1580년 이래 명명된 것인데, 이와 대비하여 로마법에 관한 유스티니아누스 황제의 법전은 「시민법대전」이라고 명명하게 된 것이다.

라. 도시법 등의 발달

① 이탈리아 상업도시 중심으로 「도시법(都市法－Statuta)」이 발달하여, 상사(商事) 분야 이외의 사항도 광범위하게 규율한 자치법(自治法)이었다.

② 다른 한편, 지중해·대서양·북해 중심의 「해사법(海事法)」이 발달하여(*「콘솔라토 델 마레(Consolato del mare)」·「올레론 해법(Roles d'Oleron)」·「비스비 해법(Wisby Seerecht)」 등), 근세 해상법(海商法)의 형성에 기여하였다.

4. 근세 · 현대의 법

가. 근세법 형성의 기초

① 정치적으로 개발된 평등 · 자유 및 기본적 인권사상이 입법에 크게 영향을 미치고, 중앙집권적 국가의 출현과 함께 근대적인 법제의 정비를 보게 되었다.

② 경제적으로 자본주의(資本主義)의 발달과 함께, 그 특색인 자유주의 · 개인주의가 사법(私法) 분야에 반영되게 되었다.

* ┌ 사람은 자유로운 의사에 의하여 경제활동을 행하고 이윤을 얻으면 사회의 부(富)도 얻을 수 있다고 생각한다. → 국가는 국민의 경제활동에 자유 방임해야 한다(*이른바 「야경국가」 지향).
  └ 자본주의 사회는 화폐경제가 발달한 사회이다 → 물자를 생산하거나 노동을 하거나 하는 것은 모두 상품으로서 화폐와 교환되는 것이다(*화폐를 매개로 한 「시장경제」 지향).

나. 근세 대륙법의 형성

(1) 프랑스

루이 14세의 「상사칙령(商事勅令－1663년)」 · 「해사칙령(海事勅令)－1681년」 등을 거쳐, 나폴레옹 민법전(1804)이 제정되고, 그 후 민사소송법전, 상법전, 치죄법전, 형법전 등 근대적 법전이 정비 · 집대성되었다. 특히, 나폴레옹 황제의 치세에 제정된 민법전(民法典)은 근대 시민사회의 기본적인 법전으로 전 세계에 큰 영향을 미쳤다.

* 1804년에 제정된 프랑스 민법전(code civil)은 세계 최초의 근대적인 민법전으로, 각국의 민법전의 모범이 되었다. 그 제정 과정에 나폴레옹은 심의회 의장으로 적극적인 활동을 하고 내용 면에도 큰 영향을 주었다. 이 때문에, 법률의 정식 명칭은 「프랑스인의 민법전」이지만, 「나폴레옹 민법전(Code Napoleon)」이라고 불리우고 있다. 후일 나폴레옹은 유배지 센트 헤레나 섬에서, 대단한 자긍심을 담아, "나의 진정한 영광은 수많은 전쟁에서의 승리가 아니다. 워털루의 패전이 이들 승리의 기억을 모조리 앗아가고 말았다. 그러나 아무도 앗아갈 수 없는 것, 영원히 살아남을 것, 그것은 나의 민법전이다"라고 말하고 있다.

(2) 도이취

고유한 관습법과 로마법 계수에 의한 양자 간의 결합으로, 관습법인 도이취 「보통법(gemeines Recht)」을 거쳐, 「프로이센 보통국법」(1794년)에 이어서, 특히 도이취의 새로운 「민법전」(1896년)과 「상법전」(1897년)을 성립시켜 야심차게 20세기(1900년)부터 시행하였다.

* 프랑스·도이취 법은 이른바 「대륙법계(大陸法係 - Continental legal system, Civil law system)」의 법제로 세계 각국에 영향을 크게 미치게 되었다.

다. 근대법의 특징

(1) 근대 사법의 원칙

자본가가 생산에 필요한 일손을 확보하기 위해서는 봉건적 신분제도를 타파하고 평등한 인격을 필요로 하게 됨으로써, 「개인의 평등」을 대전제로 하여, ① 소유권 절대의 원칙(*재산권의 존중), ② 계약자유의 원칙(*사적자치(Privatautonomie) 내지 법률행위의 자유), ③ 과실책임의 원칙(*자기책임주의)의 「근대 시민법의 3원칙」 또는 「근대 사법의 원칙」이 확립되었다. 이 원칙은 1804년 나폴레옹 민법전과 1896년 도이취 민법전 등에 의해 확립되었다.

(2) 국가의 기능과의 관계

국가는 개인의 경제활동을 보장하고 사생활에는 공공(公共)의 안전과 질서유지를 위한 필요 최소한도의 개입에 그치도록 하는 법제를 기본으로 하였다. 이는, ① 「죄형법정주의」(罪刑法定主義)와 ② 널리 「법치주의」(法治主義)로 나타났으며, 부수적으로 ③ 「국가권력의 분립 - separation of powers」 또는 「삼권분립」(三權分立)이 제도화하였다.

(3) 법 변천의 경향 : 19세기의 법 발달의 경향을 다음과 같이 설명하는 학자가 있다.

- 영국의 메인(Maine - 1822 ~ 1888) : 「신분에서 계약으로(from status to contract)」 변천
- 영국의 다이시(Dicey - 1859 ~ 1922) : 개인주의에서 단체주의로 발달
- 프랑스의 듀기(Duguit - 1859 ~ 1928) : 개인주의적·형이상학적 개념에서, 실제의 사회 현실·현상에 입각하여 법을 탐구하는 사회주의적·실증주의적 개념(*실제의 현실사회의 현상에 입각하여 사물의 근본원리를 탐구)으로 발전

* 형이상학(形而上學) : 사물의 본질 곧 존재의 근본원리를 사유(思惟－사고・지적 작용) 또는 직관에 의하여 탐구하는 학문으로 「무형학(無形學)」이라고도 한다. 이는 형체를 이루고 있는 사물에 관한 학문(*물리학・동식물학 등)인 「형이하학(形而下學)」과 대립하는 것이다.

라. 현대법

① 자본주의가 고도화됨에 따른 폐해와 모순으로 인해 근대 시민사회의 법이 지향하던 개인의 자유・평등・독립 등이 형식적이고 추상적・환상적인 이상(理想)에 그친 데 대해, 이 자유・평등・독립 등이 실질적・구체적으로 보장될 수 있도록 국가가 적극적으로 개입하고 조력하여야 하게 되었다.

② 따라서 종래의 근대 시민사회의 법 원리의 수정과 함께, 개인의 생존권과 인간다운 생활을 보장할 수 있도록 하기 위한 이른바 「사회법(社會法)」 부문의 법이 출현하였다.

③ 앞으로, 근대 시민사회의 법의 대계(大系)를 현실 사회에 적합하도록 수정・발전시키도록 하는 것이 현대법학의 과제이다.

5. 영미법의 형성

가. 영국법의 독자적 발전

① 영국의 경우 처음에는 게르만 법의 관습법이 실시되었고 또 일시적으로 로마의 지배를 받은 일이 있었다. 그러나 대륙법계의 국가들과 달라, 로마법의 영향을 거의 받지 않고 독자적인 법으로 발달하여 왔다.

② 영국은 AD 1066년 노르만 족의 윌리암에 의한 잉글랜드 정복(*Norman Conquest)과 함께 이른바 「정복왕 윌리암1세(William Ⅰ, the Conquer)」의 강력한 중앙집권국가(*잉글랜드(England) 왕국)가 성립하였다. 이 잉글랜드 왕국에서는 「왕실법원」(Royal Court)이 건국을 순회・관할하고 판례를 통해 각지의 관습법을 통일하여 전국에 공통적으로 적용할 「공통법(共通法－ius communis)」 내지 「보통법」 곧 이른바 '컴몬 로'(Common Law)를 형성하게 되었다.

③ 그 후 웨일즈(Wales)는 AD 12세기 중반에, 아일랜드(Ireland)는 AD

13세기 초반에, 각각 잉글랜드에 정복되어 잉글랜드와 같이 컴몬 로를 채용하였다. 한편, 스코틀랜드(Scotland)는 1704년에 잉글랜드에 통합되어 영국이 'Great Britain'으로 될 때까지 독립을 유지하고 있었다. 스콧틀랜드는 현재도 잉글랜드 등과 달리, 'Civil Law'의 법제를 채용하고 있다.

④ 위의 「보통법(Common Law)」의 경직성의 결함을 보충하고 구체적 타당성 있는 규율(*해결)을 위해 15세기 이래 왕실법원과는 별도로 국왕의 최고 고문인 대법관(Lord Chancellor)의 명령을 중심으로 보통법에 대한 독립한 법체계로서의 「형평법(衡平法－Euity)」이라는 판례법이 성립되었다. 1873년의 대법원법에 의한 법원제도 개편으로, 동일법원에서 양법을 적용함으로써 양법의 융화가 실현되었다.

* 대륙법계(大陸法系－Continental law system)는, 로마법, 특히 사법(私法) 중심의 「시민법대전(Corpus Iuris Civilis)」의 영향을 받았다는 점에서, 영미법계(英美法系－Anglo-American law system)를 「보통법계('Common Law' system)」라고 하는 데 대해, 「'Civil Law' system」으로 불리운다.

나. 선례 구속성의 원칙

영국법은 대법원(*상원(上院－House of Lords)의 판결에 관한 「주된 이유(ratio decidendi)」가 선례(先例－precedent)가 되는 「선례 구속성(先例拘束性)의 원칙(Doctrine of Stare Decisis)」에 의하여 판례법으로 형성되었다. 당초에는 입법에 의하지 않으면 대법원 자신도 선례에 구속되어 변경하지 못하였으나, 1966년 이래 대법원에 의한 선례의 변경이 가능하게 되었다.

다. 미국법의 특징

미국의 경우 판례를 주된 법원(法源)으로 하는 영국의 영향을 받았으나, 다른 영국 식민지와는 달라 전쟁으로 독립을 쟁취하고 「연방주의(聯邦主義－federalism) 국가로서 독자적 입법의 길을 걸어 왔다→ *① 주(州)의 입법권·사법권(*연방과 각주가 독자적인 성문헌법을 가짐), ② 「법의 지배」와 관련하여 연방대법원의 위헌입법심사권에 의한 사법부의 입법부에 대한 우위(*영국의 경우 국회 우위), ③ 선례 구속성의 원칙의 경우 연방대법원의 다수결에 의한 종래의 판례 변경의 인정 등이 그것이다.

* 법의 지배(Rule of Law)는 중세의 법 우위의 사상에서 유래되어 영미법(英美法)의 근간으로 발전해 온 기본원리이다. 이는 전단적(專斷的)인 국가권력의 지배(*사람에 의한 지배)를 배척하고 권력(權力)을 법으로 구속・제한함으로써, 국민의 권리・자유를 옹호하는 것을 목적으로 하는 원리이다.

이 원리의 본질에 관하여는, 영국 제임스 1세(James I－1566～1625)의 폭정을 비판하며 코우크(Edward Coke－1552～1634)가 인용한, 「왕은 누구의 아래에도 있어서는 안 된다. 그러나 하나님과 법 아래에 있어야 한다」고 한 영국의 승려 재판관 브랙톤(Henry de Bracton－?～1268)의 말이 이를 아주 적절히 표시하고 있다.

법의 지배의 내용으로 중요한 것은, ① 헌법의 최고법규성, ② 권력에 의해 침해되지 않는 개인의 인권, ③ 법의 내용과 절차의 공정성을 위한 법의 적정절차(due process of law), ④ 권력의 자의적(恣意的) 행사를 통제할 법원(法院)의 기능 등이다.

| 사항 찾아보기 |

[사]

■ 약력 이 균 성(李均成)

Kyoon-sung Lee

〈역 임〉

ㅇ 서울대학교 법과대학 졸업
ㅇ 대한해운공사 보험법무담당
ㅇ 인하대학교 법경대학 교수
ㅇ 한국외국어대학교 법과대학 교수
ㅇ 한국외국어대학교 법정대학 · 법과대학 학장
ㅇ 한국법학교수회 사무총장
ㅇ 한국법학원 연구이사
ㅇ 한국해사법학회 부회장 · 한국환경법학회 상임이사
ㅇ 한국해운물류학회 · 한국무역학회 감사
ㅇ 한국상사법학회 · 한국보험학회 회장
ㅇ 법무부 · 교통부 · 해운항만청 등 정부 정책자문위원
ㅇ 법무부 법무자문위원회 · 상법개정특별분과위원회 위원
ㅇ 사법시험 · 행정고시 · 도선사 시험위원 등

〈현 재〉

ㅇ 주식회사 KSS해운 상근감사
ㅇ 사단법인 기업법무협회 고문
ㅇ 재단법인 한국해사재단 감사
ㅇ 한국공정거래조정원 조정위원
ㅇ 한국외국어대학교 명예교수

〈연구업적〉

ㅇ 주석상법(공저)
ㅇ 신체계 상법 〔Ⅰ〕·〔Ⅱ〕·〔Ⅲ〕
ㅇ 국제해상운송법연구
ㅇ 해상법판례연구
ㅇ 기업법강의(공저) 등 저서 다수

ㅇ 전후 일본회사법의 전개
ㅇ 한·미 주식회사법의 비교연구
ㅇ 주식회사의 사외이사의 지위
ㅇ 주식회사의 일반주주의 보호
ㅇ 해난구조의 법률관계와 해상보험 등 논문 다수

법학입문

2009. 2. 10. 1판 1쇄 발행
2012. 9. 20. 1판 2쇄 발행

저 자 이균성
펴낸이 백 욱
펴낸곳 **육법사**
121-838 서울특별시 마포구 홍익로5길 65
TEL (02) 332-1830 · 1831
FAX (02) 332-1836
http://www.yp1966.co.kr
등록연월일 1966. 8. 19. 1-300호

ISBN 978-89-7214-168-6 93360
정가 15,000원

저자와
협의에 의하여
검인 생략